데일 카네기 이전에는 성인을 대상으로 하는 인간관계, 말하기, 처세에 관한 수업이 전무했다. 데일 카네기는 이러한 주제를 다루는 강연의 필요성을 깨달았고, 풍성한 사례와 실용적인 원칙을 제시하는 교육 프로그램을 개발했다. 이에 대한 대중의 반응은 매우 열광적이었는데, 그의 강연은 발 디딜 틈이 없을 정도로 많은 사람이 참여했다고 전해진다. 현재까지 그의 저서는 전 세계에서 1억 부 이상이 판매되었으며, 데일카네기연구소 졸업생은 45만 명이 넘는 것으로 알려졌다.

데일 카네기는 1955년 11월 1일에 뉴욕 포레스트 힐스에서 사망했으며, 미주리주 카스 카운티 벨턴의 묘지에 묻혔다. 그의 저서는 미국인의 문화와 생활방식에 가장 큰 영향을 끼친 책으로 꼽히고 있으며, 자기계발서의 훌륭한 고전으로 여전히 독자들의 사랑을 받고 있다.

데일 카네기 인간관계론

데일 카네기 인간관계론

초판 1쇄 발행 2023년 11월 29일
초판 10쇄 발행 2024년 2월 6일

지은이 데일 카네기
펴낸이 고영성
감수 신영준

책임편집 윤충희 **편집** 이지은 **디자인** 이화연 **저작권** 주민숙

펴낸곳 주식회사 상상스퀘어
출판등록 2021년 4월 29일 제2021-000079호
주소 경기도 성남시 분당구 성남대로 52, 그랜드프라자 604호
팩스 02-6499-3031
이메일 publication@sangsangsquare.com
홈페이지 www.sangsangsquare.com

ISBN 979-11-92389-27-1 04190
ISBN 979-11-92389-55-4 (세트)

HOW TO WIN FRIENDS AND INFLUENCE PEOPLE 인간관계론

데일 카네기

박선영 옮김
신영준 감수

상상스퀘어

이 책을 읽을 필요가 없는

한 남자에게 이 책을 바칩니다.

내 소중한 친구

호머 크로이

이 책으로 얻을 수 있는
12가지 효과

1. 틀에 박힌 사고에서 벗어나 새롭게 생각하고,

   새로운 비전과 야망을 갖는다.

2. 빠르고 쉽게 친구를 사귄다.

3. 평판이 좋아진다.

4. 사람들을 잘 설득한다.

5. 영향력, 신망, 업무 능력이 향상된다.

6. 새로운 고객, 새로운 거래처를 얻는다.

7. 소득 창출 능력이 향상된다.

8. 더 나은 직원, 더 나은 임원이 된다.

9. 불만 사항을 잘 처리하고, 논쟁을 피하며,
   즐겁고 원만한 인간관계를 유지한다.

10. 더 나은 연설가, 더 재미있는 대화 상대가 된다.

11. 일상적인 관계에서 심리학의 원리를 쉽게 응용하게 된다.

12. 주변 사람들에게 열정을 불러일으킨다.

이 책은 28개 언어로 번역되어 수없이 많은 독자들에게 이 모든 효과를 제공해 왔다.

성공의 지름길

로웰 토머스Lowel Thomas

지난 1월의 어느 추운 겨울밤, 뉴욕의 펜실베이니아 호텔 연회장으로 2500명의 성인 남녀가 모여들었다. 앉을 수 있는 자리는 7시 30분경에 모두 만석이었고, 8시가 지나도 열광적인 인파가 계속 밀려들었다. 널찍한 발코니석도 이내 꽉 찼다. 일터에서 힘든 하루를 보냈을 수백 명의 사람들이 서 있을 공간조차 부족해, 그날 밤 1시간 반 동안 자리에 앉지도 못하고 그저 바라봐야만 했다. 도대체 무엇을?

패션쇼?

6일 경륜 대회'? 아니면 클라크 게이블Clark Gable²이라도 등장했던

---

1   6일간 실내 트랙을 달리는 자전거 경주. 1800년대 말 영국에서 시작해 미국으로 건너가 인기를 끌었다. -옮긴이
2   미국의 전설적인 배우. 전성기 때 '할리우드의 제왕'이라는 별명을 얻었다. -편집자

걸까?

아니다. 사람들은 신문 광고에 이끌려 그곳을 찾았다. 이틀 전 저녁, 그들은 석간지 〈뉴욕 선〉을 집어 들었다가 마치 자신들의 얼굴을 똑바로 응시하는 듯한 전면 광고를 발견했다.

"소득을 늘리세요
효과적으로 말하는 법을 배우세요
리더십을 준비하세요"

너무 진부하다고? 그렇다. 하지만 믿든 안 믿든, 지구상에서 가장 세련된 도시에서, 인구의 20%가 실업 수당을 받는 불경기에, 2500명이나 되는 사람들이 그 광고에 이끌려 집을 떠나 펜실베이니아 호텔로 걸음을 서둘렀다.

그리고 이 점을 명심해야 한다. 그 광고는 흥미 위주의 타블로이드지가 아니라 뉴욕에서 가장 보수적인 석간지인 〈뉴욕 선〉에 실렸다. 광고에 응한 이들은 연 소득이 2000에서 5만 달러에 이르는 임원, 고용주, 전문직 등 경제적으로 상위 계층에 속한 사람들이었다.

그들은 '데일 카네기의 효과적인 말하기와 인간관계 연구소'에서 주관한 "비즈니스에서 효과적으로 말하고 영향력 행사하기"라는 매우 현대적이고 실용적인 강좌의 개강 수업을 듣기 위해 모였다.

왜 2500명이나 되는 기업가들이 그 자리에 모였을까?

불경기의 여파로 갑자기 배움에 대한 갈망이 생겼기 때문일까?

그건 아닌 것 같다. 지난 24년간 똑같은 강좌가 뉴욕에서 매 시즌 성황을 이루며 열렸기 때문이다. 그동안 1만 5000명이 넘는 기업가와 전문직 종사자가 카네기에게 교육을 받았다. 심지어 웨스팅하우스 전기 제조 회사, 맥그로힐 출판사, 브루클린 유니언 가스 회사, 브루클린 상공 회의소, 미국 전기 기술자 협회, 뉴욕 전화국처럼 회의적이고 보수적인 대규모 조직에서도 임직원들을 위해 사내에서 이 강의를 열었다.

중고등학교 또는 대학교까지 졸업하고 10년, 20년이 지난 이들이 이러한 교육을 받으러 온다는 사실은 우리 교육 제도에 심각한 결함이 있음을 단적으로 드러낸다.

성인들이 정말로 공부하고 싶어 하는 건 무엇일까? 이는 매우 중요한 질문이다. 시카고대학교와 미국 평생 교육 협회 그리고 YMCA 연합 학교는 이에 대한 답을 찾기 2만 5000달러의 비용을 들여 2년에 걸쳐 설문 조사를 실시했다.

조사 결과 성인들의 가장 큰 관심사는 건강이었다. 그리고 두 번째 관심사는 인간관계 기술을 개발하는 것으로 나타났다. 성인들은 다른 사람들과 잘 지내고 주변에 영향력을 발휘하는 기술을 배우고 싶어 했다. 대단한 연설가가 되거나 심리학에 관한 거창한 이야기를 듣고 싶은 것이 아니었다. 직장과 가정 그리고 사교 모임에서 즉시 활용할 수 있는 조언을 원했다.

성인들은 바로 이런 주제를 배우고 싶었다. 그렇지 않은가?

설문 조사를 실시한 사람들은 이렇게 말했다. "좋습니다. 사람들이 원하는 게 그거라면, 우리가 제공해 봅시다."

하지만 그들은 강의용 교재를 찾던 중에 일상적인 인간관계 문제들을 해결하는 데 도움을 줄 만한 책이 아예 존재하지 않는다는 사실을 알게 되었다.

이런 말도 안 되는 일이 있나! 성인 대부분이 쳐다보지도 않을 그리스어, 라틴어, 고등 수학 등에 관한 책은 수백 년간 쓰였다. 그런데 정작 사람들이 갈망하는 지식과 진정으로 열망하는 주제에 관한 책은 단 한 권도 없다니!

이것이 신문 광고를 보고 펜실베이니아 호텔로 몰려든 2500명의 열성적인 인파가 존재하는 이유를 설명하고 있다. 마침내 그들이 오랫동안 찾아 헤매던 것이 바로 이곳에 있었다.

고등학교와 대학교 시절, 그들은 지식만이 경제적, 직업적 보상을 얻는 길이라 믿으며 열심히 책을 뒤적거렸다.

그러나 사회에 나와 몇 년간 진흙탕 같은 현실을 경험하면서 급격한 환멸을 느끼게 되었다. 지식뿐만 아니라 말을 잘하고, 사람들의 마음을 사로잡을 줄 알며, 자신과 자신의 아이디어를 "판매"하는 능력을 갖춘 사람이 비즈니스에서 커다란 성공을 거두는 것을 보았기 때문이다.

그들은 곧 비즈니스에서 성공하기를 열망한다면 라틴어 동사에 관한 지식이나 하버드대학교 졸업장보다 인성과 대화 능력이 더 중요하다는 사실을 깨달았다.

〈뉴욕 선〉에 실린 광고는 펜실베이니아 호텔에서 열리는 강좌가 유익하고 재미있을 것이라 약속했다. 그리고 실제로도 그랬다.

이전에 강좌를 들은 18명의 수강생이 무대 스피커 앞에 줄지어 있었고, 그중 15명에게는 자신의 이야기를 발표할 시간이 정확히 75초간 주어졌다. 겨우 75초의 발표, 그리고 나면 "쾅"하고 의사봉이 울리고, 진행자가 "시간 다 되었습니다. 다음 분!"이라고 외쳤다.

들소 떼가 들판을 질주하듯 발표는 빠르게 진행되었고, 청중들은 자리에 서서 1시간 반 동안 발표를 지켜보았다.

가맹점 임원에서 제빵사, 무역 협회 회장, 두 명의 은행원, 트럭 판매원, 화학 약품 판매원, 보험 설계사, 벽돌 제조업 협회의 총무, 회계사, 치과 의사, 건축가, 위스키 판매원, 기독교 신앙 치료사, 인디애나폴리스에서 뉴욕까지 강의를 듣기 위해 온 약사, 3분짜리 중요한 발표를 준비하기 위해 강의를 들었던 아바나 출신의 변호사에 이르기까지, 발표자들은 미국 내 다양한 직업군의 단면을 그대로 보여 주었다.

첫 번째 발표자는 패트릭 J. 오헤어Patrick J. O'Haire라는 게일인[3] 이름

---

3   게일어군의 언어들과 관련된 민족으로 아일랜드, 스코틀랜드, 맨섬 지역의 토착 문화권을 형성했다. -편집자

을 가진 사람이었다. 아일랜드에서 태어난 그는 학교라고는 4년밖에 다니지 못했고, 어쩌다 미국으로 건너와 정비공을 거쳐 나중에는 운전사가 되었다.

나이가 마흔이 되고 식구 수가 늘자, 그는 더 많은 돈이 필요했고, 트럭 판매직에 도전하게 되었다. 그의 말을 빌리자면, 그는 열등감이 심해 누군가의 사무실을 찾아가도 복도 주변을 대여섯 번이나 맴돈 후에야 용기를 내어 문을 열고 들어갈 수 있었다고 한다. 판매직에 영 소질이 없다고 생각한 그는 다시 정비공으로 돌아갈까 고민하다가, 어느 날 '데일 카네기의 효과적인 말하기' 강좌 개강 모임에 초대한다는 안내장을 받았다.

하지만 그는 강좌에 참석할 생각이 없었다. 그런 곳에는 대학물을 먹은 사람들이 많아, 그들과 어울리지 못할 것 같아 두려웠기 때문이다.

보다 못한 아내가 설득에 나섰다. "혹시 모르잖아요. 당신에게 도움이 될지." 그는 마지못해 모임 장소에 갔지만, 그곳에서도 안으로 들어갈 용기를 내기까지 5분 동안 바깥에서 서성여야 했다.

처음 몇 번인가 연설을 시도했을 때, 그는 너무 두려워서 현기증이 날 지경이었다. 하지만 몇 주가 지나자 자신도 모르게 무대 공포증이 사라졌고, 어느덧 말하기를 즐기는 자신을 발견하게 되었다. 청중이 많으면 많을수록 더 신이 났다. 그러면서 사람을 만나는 두려움을 점차 극복했고, 고객을 대하는 두려움도 사라졌다. 그의 수

입은 급격하게 치솟았다. 그는 이제 뉴욕의 스타 판매 사원 중 한 명이 되었다. 그날 밤 펜실베이니아 호텔에서, 오헤어는 2500명의 청중 앞에 서서 유쾌한 입담으로 자신의 성공담을 들려주었다. 관객석에서는 연신 웃음이 터져 나왔다. 전문 연설가라도 그처럼 유창하게 말할 수 있는 사람은 흔치 않을 것이다.

다음 발표자인 고드프리 마이어Godfrey Meyer는 11명의 자녀를 둔, 머리가 희끗희끗한 은행가였다. 그가 카네기 강좌에서 처음으로 말하기를 시도했을 때, 말 그대로 뇌가 정지한 것처럼 꿀 먹은 벙어리가 되었다고 한다. 이어지는 그의 이야기는 말을 잘하는 사람에게 리더십이 어떻게 자연스럽게 따라오는지를 생생하게 보여 주었다.

그는 월스트리트에서 일하며 25년째 뉴저지주 클리프턴에서 살았다. 그동안 지역 사회 문제에 적극적으로 참여하지도 않았고, 알고 지내는 사람이래야 500명 남짓이 전부였다.

그가 카네기 강좌에 등록한 지 얼마 지나지 않았을 때, 세금 고지서를 받고는 요금이 부당하게 청구되었다는 생각에 몹시 화가 난 일이 있었다. 평소 같았으면 집에서 혼자 씩씩대거나 옆집 사람에게 투덜대는 것이 전부였겠지만, 그날은 달랐다. 그날 밤 그는 옷을 말끔하게 차려입고, 주민 회의에 참석해서, 사람들 앞에 나서는 것으로 분노를 터뜨렸다.

그 분노의 연설이 이뤄진 결과, 클리프턴 시민들이 그에게 시의회에 출마할 것을 촉구하게 되었다. 그래서 지난 몇 주 동안 그는 이런

저런 모임에 참석하여 지자체의 방만한 운영과 예산 낭비 문제를 적극적으로 비판했다.

그해 선거에는 96명의 후보가 출마했다. 투표 결과가 집계되었을 때, 세상에, 고드프리 마이어의 이름이 다른 모두를 앞서 있었다. 거의 하룻밤 사이에 그는 4만 명의 지역 사람들 사이에서 공인된 인물이 되었다. 그 분노의 연설 덕분에 지난 25년간 알고 지냈던 것보다 80배나 많은 사람을 단 6주 만에 친구로 만든 것이다.

게다가 의원 급여를 생각하면 카네기 강좌의 수업료를 투자한 대가로 1년에 1000%에 달하는 수익을 올린 셈이었다.

세 번째 발표자는 전국 식품 제조업 협회라는 대규모 조직을 이끌던 사람으로, 이사회 회의에서 자기 생각을 표현하는 것조차 어려웠다는 이야기를 전했다.

하지만 순발력 있게 생각하는 법을 배운 결과 2가지 놀라운 일이 일어났다. 그는 얼마 후 협회의 회장이 되었고, 그 자격으로 미국 전역에서 회의가 열릴 때마다 직접 연설을 맡았다. 그의 연설에서 발췌한 내용은 AP통신을 거쳐 전국 신문과 업계 잡지에 보도되었다.

2년간의 말하기 훈련 결과, 그는 자신의 회사와 제품에 대해 25만 달러의 거금을 들여 광고할 때보다 더 큰 홍보 효과를 무료로 누릴 수 있었다. 그는 예전에 로워 맨해튼[4]의 중요한 기업 임원들에게 전

4   뉴욕의 주요 상업 지구 -옮긴이

화를 걸어 점심 식사에 초대하는 것을 망설였다고 털어놓았다. 하지만 연설로 명성을 얻은 덕분에, 이제 그 임원들이 먼저 전화를 걸어 점심 식사에 초대하고 시간을 빼앗아 미안하다며 사과한다고 했다.

말하기 능력은 성공의 지름길이다. 사람들의 이목을 끌고 돋보이게 한다. 또한 설득력 있게 말할 수 있는 사람은 실제 자기 능력 이상으로 신뢰를 얻을 수 있다.

최근 들어 성인 교육 열풍이 전국을 휩쓸고 있다. 그 열풍에서 가장 주목해야 할 인물이 바로 데일 카네기로, 그가 성인들의 연설을 듣고 조언을 제공한 이력은 타의 추종을 불허한다. 리플리의 〈믿거나 말거나Believe-It-or-Not〉[5] 최근 연재에 따르면, 카네기는 지금까지 15만 건의 연설에 조언했다고 한다. 이 엄청난 숫자가 인상적이지 않다면 다음을 기억하길 바란다. 이는 크리스토퍼 콜럼버스Christopher Columbus가 아메리카 대륙을 발견한 이래로 지금까지 거의 매일 한 사람씩 이야기를 들었다는 뜻이다. 다르게 표현하자면 한 사람이 3분씩만 이야기했다고 쳐도, 15만 건의 이야기를 전부 연속해서 들으려면, 밤낮을 가리지 않고도 1년은 족히 걸렸을 것이다.

굴곡으로 가득한 카네기의 삶은 창의적인 아이디어를 가지고 열정에 불타오르는 사람이 어떤 업적을 이룰 수 있는지 보여 주는 훌

---

5   로버트 리플리가 특이한 소재를 발굴하여 연재한 만화. 1918년 〈뉴욕 글로브〉에 소개되면서 큰 인기를 끌었다. -옮긴이

륭한 사례라고 할 수 있다.

철길에서 10킬로미터 정도 떨어진 미주리주의 한 시골 농가에서 태어난 그는 12살이 될 때까지 전차도 구경해 본 적이 없었다. 하지만 46살이 된 지금은 홍콩에서 함메르페스트[6]에 이르기까지 전 세계 구석구석 가보지 않은 곳이 없다. 한번은 리처드 E. 버드Richard E. Byrd[7] 제독의 남극 탐사 기지인 '리틀 아메리카'와 남극점 사이의 거리보다 더 가까운 거리로 북극점에 접근한 적도 있다.

산에서 딸기를 따고, 우엉을 베며 1시간에 5센트씩 벌던 미주리주의 청년은 이제 대기업 임원들에게 자기표현 기술을 가르치며 1분에 1달러씩 번다.[8]

한때 사우스다코타주 서부의 초원에서 말을 타고, 소를 몰며, 송아지에 낙인을 찍던 목동은 나중에 런던으로 건너가 영국 황태자의 후원을 받으며 큰 강연을 주관했다.

처음 대여섯 번의 연설을 완전히 실패로 끝내버린 이 친구는 훗날 내 개인 매니저가 되었다. 내가 지금의 성공을 이룬 것은 데일 카네기에게서 받은 훈련 덕분이다.

---

6   노르웨이의 항구 도시. 유럽의 최북단에 위치한다. -옮긴이
7   미국의 탐험가. 1929년 11월 29일 세계 최초로 남극점 상공에 비행기로 도달하는 데 성공했다. -편집자
8   현재 가치로 22.14달러, 한화로 약 2만 9000원에 해당한다. -편집자

어린 카네기는 학업을 이어 가기 위해 고군분투해야 했다. 미주리주 북서부에 있는 카네기의 고향 농장에 엎친 데 덮친 격으로 해마다 불행이 닥쳤기 때문이다. 매년 "102"강[9]이 범람해 옥수수밭과 건초를 쓸어버렸고, 기껏 살찌워 놓은 돼지들은 콜레라로 병들어 죽었으며, 소와 노새 가격이 바닥으로 떨어져 카네기 가족은 시시때때로 은행의 빚 독촉에 시달려야 했다.

힘든 생활에 지친 카네기 가족은 원래 있던 농장을 팔고 미주리주 워렌스버그의 주립 사범 대학 근처에 다른 농장을 샀다. 카네기는 하루 1달러만 내면 학교 근처에서 하숙할 수 있었지만, 그마저도 형편이 되지 않아 매일 왕복 10킬로미터를 말을 타고 통학해야 했다. 집에 돌아가면 소젖을 짜고 나무를 베고 돼지에게 먹이를 준 뒤, 석유등 아래에서 고개를 꾸벅이며 눈이 침침해지는 순간까지 라틴어 동사를 공부했다.

심지어 그는 자정이 다 되어 잠자리에 들 때도 새벽 3시에 알람을 맞춰 놓았다. 그의 아버지는 두록저지종[10] 돼지를 키웠는데, 추위가 극심한 밤에는 새끼들이 얼어 죽을 위험이 있어 큰 광주리에 새끼들을 넣어 부엌에 있는 화덕 옆에 두고 그 위에 포대를 덮어 두었다. 새끼들은 새벽 3시만 되면 본능적으로 어미젖을 찾았다. 그래서 알

---

9 미주리주에 있는 강의 명칭 -옮긴이
10 돼지 품종의 하나. 북아메리카에서 많이 사육하는 우량 품종의 돼지다. -옮긴이

람이 울리면 카네기는 힘겹게 이불을 걷고 일어나 광주리에 든 새끼들을 어미에게 데려가 젖을 다 먹일 때까지 기다렸다가, 다시 따뜻한 화덕 곁으로 데려다 놓았다.

미주리주의 주립 사범 대학에는 600명의 학생이 있었다. 그중 카네기는 마을에서 하숙할 형편이 못 되는 6명 중 한 명이었다. 그는 말을 타고 집으로 돌아가 매일 밤 소젖을 짜야 하는 가난이 부끄러웠다. 꽉 끼는 외투와 짤막한 바지도 부끄러웠다. 그런 열등감은 그가 남들보다 일찍 성공의 지름길을 찾는 계기가 되었다. 그는 학교 안에 특별한 지위와 선망을 누리는 집단이 존재한다는 사실을 곧 알게 되었다. 그들은 바로 축구부와 야구부 그리고 토론대회와 웅변대회에서 우승한 학생들이었다.

자신이 운동에 소질이 없다는 것을 알았던 카네기는 웅변대회에 나가 우승해 보기로 마음먹었다. 그 후 몇 달간 웅변 연습에 모든 노력을 쏟았다. 안장에 앉아 학교에 오갈 때도, 집에서 소젖을 짤 때도 연습했다. 헛간 건초 더미 위에 서서 겁먹은 비둘기들을 상대로 일본인의 이주를 막아야 하는 이유에 대해 열정적인 몸짓과 함께 열변을 토하기도 했다.

하지만 그토록 철저한 준비와 연습에도 불구하고 대회에 나갈 때마다 참패를 면치 못했다. 한창 예민하고 자존심 강할 열여덟 나이였던 그는 너무 실망한 나머지 죽고 싶은 마음마저 들었다. 그러던 중 갑자기 상을 탔다. 한 대회가 아니라 대학에서 열리는 모든 웅변

대회마다 상을 받았다.

그러자 카네기에게 한 수 가르쳐 달라는 학생들이 생겨났고, 그들도 대회에 나가면 상을 받았다.

카네기는 대학을 졸업한 후 네브래스카주 서부와 와이오밍주 동부의 모래 언덕에서 목장 주인들을 대상으로 통신 강좌 판매를 시작했다.

하지만 넘치는 에너지와 열정에도 변변한 성과를 거두지 못했다. 하루는 너무 낙담한 나머지 한낮에 네브래스카주 얼라이언스의 호텔 방으로 돌아와 침대에 엎드려 눈물을 흘리기도 했다. 다시 대학으로 돌아가고 싶었고, 가혹한 생존 경쟁에서 도망치고 싶었다. 하지만 그럴 수는 없었다. 그는 오마하로 가서 다른 일을 구해 보기로 했다. 기차표를 살 돈이 없어 짐칸에 있는 말들에게 물과 먹이를 주는 대가로 화물 열차를 얻어 탔다. 사우스 오마하에 도착해서는 아머 앤드 컴퍼니에 취직해서 베이컨과 비누, 돼지기름을 팔러 다녔다. 그가 맡은 구역은 사우스다코타주 서부의 황량한 배들랜즈[11]와 목초지, 아메리카 원주민 거주지 일대였다. 화물 열차와 마차 그리고 말을 번갈아 타며 담당 구역을 돌아다녔고, 얇은 커튼 하나로 잠자리가 분리된 싸구려 숙소에서 잠을 잤다. 판매술에 관한 책을 읽

---

11   Bad Lands, 미국 사우스다코타주 남서부와 그레이트플레인스에 펼쳐진 건조 지역. 지역 대부분이 배들랜즈 국립 공원으로 지정되어 있다. -편집자

고, 야생마를 타고, 지역 사내들과 포커 게임을 했으며, 미납금을 수금하는 법을 배웠다. 한번은 오지에 있는 가게 주인이 베이컨과 햄을 주문하고 돈을 내지 못하자, 그의 가게에서 신발 수십 켤레를 가져다가 철도원에게 팔아서 그 돈을 회사에 보낸 일도 있다.

그는 보통 하루에 몇백 킬로미터씩 화물 열차를 타곤 했다. 기차가 정거장에 서면 화물을 내리는 사이에 부리나케 마을로 뛰어가 상인 서너 명을 만나 주문을 받았다. 그리고 출발 신호가 울리면 다시 역으로 달려와 이미 움직이기 시작한 기차에 재빠르게 뛰어올랐다.

카네기는 이렇게 해서 사우스 오마하 일대의 29개 판매 루트 중 실적이 25위에 불과했던 구역을 단 2년 만에 1위로 올려놓았다. 아머 앤드 컴퍼니는 그에게 승진을 제안하며 이렇게 말했다. "자네는 불가능해 보였던 일을 해냈어." 하지만 카네기는 승진을 마다하고 회사에 사표를 냈다. 그리고 뉴욕으로 건너가 미국 연극 예술 아카데미에서 공부한 후 〈서커스단의 폴리〉라는 연극에서 하틀리 박사 역을 맡아 전국을 돌며 무대에 올랐다.

카네기가 에드윈 부스Edwin Booth나 라이오닐 배리모어Lionel Barrymore 같이 훌륭한 배우는 결코 되지 못했을 것이다. 그도 그 정도의 판단력은 있었다. 그래서 다시 영업 사원으로 돌아가 패커드 자동차 회사에서 트럭을 판매하기 시작했다.

하지만 그는 기계에 관해 아는 것이 없었고, 알고 싶은 마음도 없었다. 끔찍하게 불행한 나날을 보내며 업무를 수행하기 위해 자신을 채

찍질해야 했다. 공부할 여유를 갖고 싶었고, 대학 때부터 꿈꿔왔던 책을 쓸 시간을 갖고 싶었다. 그래서 결국 회사를 나왔다. 낮에는 기사와 소설을 쓰고, 밤에는 가르치는 일로 생계를 꾸려 나가고자 했다.

그런데 무엇을 가르치면 좋을까? 대학 시절을 되돌아보니 비즈니스에 필요한 자신감, 용기, 자세 그리고 사람을 대하는 능력을 키우는 데 있어, 대학에서 배운 모든 과목을 합친 것보다 연설 훈련이 훨씬 더 유용하다는 사실을 알게 되었다. 그래서 뉴욕의 YMCA 학교를 찾아가 기업가들을 위한 공개 연설 강좌를 진행하도록 기회를 달라고 요청했다.

뭐라고? 기업가들을 연설가로 만들겠다고? 터무니없는 소리임을 그들은 알고 있었다. 전에도 그런 강좌를 시도해 보았지만, 결과는 항상 좋지 않았다.

YMCA가 하루에 2달러를 받겠다는 카네기의 제안을 거절하자, 그는 수익이 조금이라도 생길 경우에만 순수익의 일정 비율을 받는 것으로 합의했다. 그리고 3년 만에 YMCA는 카네기에게 2달러 대신, 계약 기준에 따라 30달러를 하루에 지급하게 되었다.

강좌는 규모가 점점 커져 다른 YMCA 지부와 도시들로 퍼져 나갔다. 얼마 지나지 않아 카네기는 뉴욕, 필라델피아, 볼티모어에 이어 런던과 파리까지 순회강연을 다니며 이름을 떨쳤다. 그런데 강좌에서 사용하는 교재가 수업에 참석한 기업가들에게는 너무 학문적이고 현실성이 부족했다. 카네기는 주저하지 않고 《공개 연설과 비즈니스 대화론》[12]이라는 제목의 책을 집필했다. 그 책은 이제 모든 YMCA 학교뿐 아니라 미국 은행가 협회와 전국 신용 관리자 협회에서도 정식 교재로 사용하고 있다.

오늘날 뉴욕시에 위치한 22개 대학에서 제공하는 모든 대중 연설 심화 과정의 수강생보다 훨씬 더 많은 수의 성인이 매 시즌 데일 카네기의 공개 연설 훈련에 참여하고 있다.

카네기는 누구라도 화가 나면 말을 잘할 수 있다고 주장한다. 그가 말하길, 마을에서 가장 무지한 사람이라도 턱을 갈겨 쓰러뜨리면 벌떡 일어나 윌리엄 제닝스 브라이언William Jennings Bryan[13]의 전성기 시절에 견줄 만큼 유창하게 말할 것이라고 한다. 카네기는 내면에서 끓어오르는 자신감과 아이디어만 있다면 거의 모든 사람이 대중의 마음을 움직이는 연설을 할 수 있다고 주장한다.

카네기는 자신감을 키우려면 두려워하는 일을 시도하여 성공하는 경험을 쌓는 것이 중요하다고 말한다. 그래서 강좌의 모든 수업마다 모든 참가자들이 말을 하도록 강요한다. 참석자들은 서로 공감하게 된다. 모두 같은 처지이기 때문이다. 그들은 꾸준한 연습을 통

---

12 원제는 'Public Speaking and Influencing Men in Business'로, 국내에는 《데일 카네기 성공대화론》이라는 제목으로 많이 알려져 있다. -옮긴이

13 미국의 정치인으로 1980년대부터 미국 민주당에서 지도적 역할을 했다. 미국 역사상 가장 인기 있는 연설가로 유명하다. -편집자

해 용기와 자신감, 열정을 기르고, 이는 개인의 말하기 능력으로 이어진다.

카네기는 공개 연설을 가르치는 것이 본업이 아니라 부수적인 일이라고 말할 것이다. 그보다는 사람들이 두려움을 극복하고 용기를 낼 수 있도록 돕는 것이 자신의 진짜 본업이라고 주장한다.

처음에는 단지 공개 연설에 관한 강좌를 시작했을 뿐이었지만, 찾아오는 수강생들은 대개 기업가들이었다. 그들 중 상당수는 30년 가까이 배움과 상관없이 살았다. 그들 중 절대다수는 수업료를 할부로 내야 할 정도로 수입이 빠듯했다. 그래서 확실하면서도 빠른 결과를 원했다. 당장 내일이라도 사업 거래나 공개 석상에서 활용할 수 있어야 했다.

따라서 카네기는 빠르고 실용적인 방식을 개발해야 했다. 그 결과 공개 연설, 판매 전략, 인간관계 그리고 응용 심리학을 결합한 독특한 훈련 시스템을 개발할 수 있었다.

그는 고정된 규칙에 얽매이지 않는 사람으로서 굉장히 현실적이면서도 즐겁게 참여할 수 있는 강좌를 개발했다.

수업이 종료되면 참가자들은 자체적으로 클럽을 결성해 이후에도 몇 년 동안 격주로 모임을 지속하기도 했다. 19명으로 구성된 필라델피아의 한 그룹은 겨울철에 달마다 두 번씩, 17년간 꾸준히 모임을 이어왔다. 모임에 참석하기 위해 몇십 혹은 몇백 킬로미터를 운전해 오기도 했다. 심지어 시카고에서 뉴욕까지 매주 통학한 사람도 있다.

하버드대학교의 윌리엄 제임스William James 교수는 평균적인 사람의 경우 잠재된 정신 능력의 10%만 개발한다고 말하곤 했다. 데일 카네기는 사람들이 잠재된 가능성을 개발할 수 있도록 도움을 제공함으로써, 성인 교육 분야에서 대단히 중요한 업적을 이룩했다고 말할 수 있다.

이 책을 최대한 활용하기 위한
9가지 제안

1. 이 책을 최대한 활용하려면 어떤 원칙이나 기술보다 중요하며 대단히 본질적인 1가지 필수 조건을 갖춰야 한다. 이 필수 조건을 갖추지 않는 한, 이 책에서 배우는 1000가지 원칙도 쓸모가 없을 것이다. 하지만 이 기본 자질을 갖추고 있다면 이 책을 최대한 활용하기 위한 제안들을 읽지 않아도 기적에 가까운 결과를 이룰 수 있다.

   그 마법 같은 조건은 무엇일까? **바로 배우고자 하는 깊고 강렬한 열의 그리고 인간관계 능력을 향상하고자 하는 확고한 의지다.**

   어떻게 하면 그런 의지를 키울 수 있을까? 이 책에 있는 원칙들이 얼마나 중요한지 끊임없이 자신에게 상기하는 것이다. 그 원칙들에 숙달하는 것이 사회적, 경제적 보상을 얻기 위한 경쟁에서 얼마나 도움이 될지 그려 보아라. 그리고 틈날 때마다 "나의 평판,

행복, 소득은 사람을 대하는 기술에 크게 좌우된다."라고 되뇌어라.

2. 처음에는 각 장을 빠르게 읽어서 전체적인 흐름을 파악하라. 그러고 나면 다음 장으로 서둘러 넘어가고 싶은 마음이 들 것이다. 단지 재미 삼아 이 책을 읽는 것이 아니라면 그러지 않길 바란다. 인간관계 기술을 향상하고자 이 책을 읽는다면 **다시 각 장을 정독해서 읽어라.** 길게 보면 그렇게 하는 것이 시간을 절약하고 원하는 결과를 얻는 방법이다.

3. **중간중간 책 읽기를 멈추고 내용을 곱씹어 보라.** 이 책에서 제시하는 각 제안을 언제, 어떻게 적용할 수 있을지 자신에게 물어보아라. 그렇게 읽는 것이 경주마처럼 앞만 보고 달려가는 것보다 훨씬 도움이 될 것이다.

4. **빨간색 색연필이나 연필 또는 만년필을 손에 들고 읽어라. 그리고 활용할 만한 제안이 보이면 밑줄을 그어라.** 정말 중요한 제안이 있다면 모든 문장에 밑줄을 긋거나 별표를 하는 것도 좋다. 표시를 하고 밑줄을 긋는 것은 책을 더 흥미롭게 만들고, 빠르게 복습하는 것을 훨씬 쉽게 해준다.

5. 나는 대형 보험사에서 15년간 관리소장으로 근무한 사람을 알고 있다. 그는 매달 회사가 발행하는 모든 보험 계약서를 읽는다. 그렇다. 똑같은 내용의 계약서를 매달, 매년 읽고 또 읽는다. 도대체 왜? 그래야만 회사의 보험 규정을 확실하게 기억할 수 있다는 것을 경험으로 알았기 때문이다.

나는 예전에 거의 2년에 걸쳐 공개 연설에 관한 책을 쓴 적이 있다. 그럼에도 내가 쓴 내용을 기억하기 위해 때때로 그 책을 다시 읽어야 한다는 사실을 발견했다. 우리가 망각하는 속도는 놀랄 만큼 빠르다.

따라서 이 책에서 실질적이고 지속적인 혜택을 얻고 싶다면, 한 번 훑어보는 것으로 충분하다고 생각하지 마라. 책을 정독한 후에 매달 몇 시간씩 복습하는 시간을 가져야 한다. 늘 책을 가까이 두고 자주 살펴보아라. 우리 앞에 놓인 무한한 발전 가능성을 끊임없이 머리에 새겨라. 이 책의 원칙들이 습관적이고 무의식적으로 이루어지려면, 지속적이고 적극적으로 복습하고 적용해야 한다는 사실을 기억하라. 다른 방법은 없다.

6. 버나드 쇼Bernard Shaw[1]는 이렇게 말한 적이 있다. "인간은 가르치려 하면 절대 배우지 못한다." 쇼가 옳다. **학습은 능동적인 과정이다.**

1　아일랜드의 극작가 겸 소설가. 1925년 노벨 문학상을 수상했다. -편집자

우리는 행함으로써 배운다. 그러므로 이 책에서 공부한 원칙들에 완전히 숙달하고 싶다면, 그 원칙들을 실행에 옮겨야 한다. 기회가 있을 때마다 이 책의 원칙들을 적용해 보라. 그렇지 않으면 금세 잊을 것이다. 지식은 사용해야만 머리에 남는다.

이 책에서 제안한 원칙들을 항상 적용하기는 힘들 것이다. 내가 이 책을 썼기 때문에 더 잘 아는 사실이지만, 나 역시 종종 내가 주장한 모든 것을 적용하기 어려울 때가 있다. 예를 들면 우리가 기분이 나쁠 때는 상대방의 관점을 이해하려고 노력하기보다, 그 사람을 비난하고 책망하기가 훨씬 쉽다. 많은 상황에서 칭찬할 점을 찾는 것보다 잘못한 점을 찾기가 더 쉬운 법이다. 상대가 원하는 것을 이야기하는 것보다 내가 원하는 것을 이야기하는 것이 더 자연스러운 법이다. 따라서 이 책을 읽는 동안 단지 정보를 습득하려는 것이 아니라는 점을 기억해야 한다. 당신은 새로운 습관을 형성하려는 시도 중이다. 그렇다. 당신은 새로운 삶의 방식을 시도하는 것이다. 그것은 시간과 인내심 그리고 매일매일의 실천이 필요하다.

따라서 이 책을 자주 펼쳐 보아라. 이 책을 인간관계에 관한 실무 지침서라고 생각하라. 특정한 문제 상황을 만났을 때, 예를 들면 아이를 돌보거나, 배우자를 설득하거나, 짜증 난 고객을 만족시켜야 할 때, 원래 하던 방식이나 충동적인 감정대로 행동하지 않도록 주의하라. 그러한 행동은 대체로 옳지 않다. 대신 이 책을 펼쳐서 밑줄친 단락을 다시 읽어라. 그런 다음 새로운 방식을 시도하고, 어떤 마법 같은 결과가 펼쳐지는지 지켜보라.

7. 배우자, 자녀 혹은 직장 동료에게 당신이 특정한 원칙을 어길 때마다 10센트나 1달러의 벌금을 내겠다고 제안하라. 이 책의 원칙들을 익히는 과정을 즐거운 게임으로 만들어라.

8. 월스트리트의 한 은행장이 우리 수업에서 자기계발을 위해 자신이 사용했던 효과적인 방법을 설명한 적이 있다. 그는 정규 교육을 거의 받지 못했음에도 현재 미국에서 중요한 금융가 중 한 명이 되었으며, 자신의 성공 비결이 직접 개발한 원칙을 꾸준히 실천한 덕분이라고 고백했다. 다음은 그가 실천했다는 방식이다. 내가 기억하는 선에서 그의 말을 최대한 있는 그대로 옮겨 보겠다.

"저는 수년 동안 하루의 모든 약속을 기록한 수첩을 가지고 다녔습니다. 우리 가족은 저를 위해서, 토요일 밤에는 어떤 계획도 세우지 않습니다. 제가 토요일 저녁의 일부를 자기 성찰과 검토 그리고 평가를 위해 할애한다는 것을 알기 때문입니다. 저녁을 먹고 나면 혼자 나와 수첩을 펴고 한 주 동안 있었던 모든 면담과 토론, 모임을 돌아봅니다. 그리고 자신에게 묻습니다.

'그때 내가 어떤 실수를 저질렀을까?'

'내가 잘한 일은 무엇일까? 어떻게 하면 더 좋은 성과를 얻을 수

있었을까?'

'그 경험으로부터 어떤 교훈을 얻을 수 있을까?'

이 주간 회고가 제 기분을 좋지 않게 만들 때도 종종 있습니다. 제가 저지른 큰 실수에 깜짝 놀랄 때도 많았습니다. 물론 해가 지날수록 그런 실수는 줄어들었습니다. 지금은 반성의 시간이 끝나고 나면 자신을 토닥여 주고 싶은 마음이 들기도 합니다. 이러한 자기 분석과 자기 교육을 매년 계속해 오고 있는데, 제가 시도한 어떤 방법보다 저에게 큰 도움이 되었습니다.

의사 결정 능력을 향상하는 데 도움이 되었을 뿐만 아니라, 인간관계에도 엄청나게 도움이 되었습니다. 여러분께도 이 방법을 자신 있게 추천합니다."

비슷한 방식을 사용하여 이 책에서 설명한 원칙들을 잘 적용하고 있는지 점검해 보는 것은 어떨까? 그러면 2가지 성과를 얻을 것이다.

첫째, 흥미롭고 값진 교육 과정에 참여하고 있는 자신을 발견하게 될 것이다.

둘째, 사람을 만나고 상대하는 능력이 한여름 초목처럼 쑥쑥 자라고 펴져 나가는 것을 발견하게 될 것이다.

9. 이 책의 끝에는 메모장이 있다. 그곳에 이 책에서 배운 원칙들을 적용하여 성공한 경험을 기록하라. 기록은 구체적일수록 좋다. 만난 사람의 이름과 날짜 그리고 어떤 결과를 얻었는지 적어라.

꾸준히 기록을 남기는 것은 더 큰 노력을 위한 동기부여가 된다. 그리고 몇 년이 지난 어느 날 저녁에 우연히 기록을 다시 보게 된다면 보물을 발견한 기분이 들 것이다!

이 책을 최대한 활용하려면:

1. 인간관계의 원칙에 숙달하려는 깊고 강렬한 열의를 가져라.

2. 다음 장으로 넘어가기 전에 각 장을 두 번씩 읽어라.

3. 중간중간에 책 읽기를 멈추고 각각의 제안을 어떻게 적용할지 자문하라.

4. 중요한 내용에 밑줄을 그어라.

5. 매달 책의 내용을 복습하라.

6. 기회가 있을 때마다 원칙들을 적용해 보라. 일상의 문제를 해결할 때 도움을 얻는 지침서로 이 책을 활용하라.

7. 원칙을 어길 때마다 10센트나 1달러의 벌금을 내는 게임을 통해 학습에 활기를 불어넣어라.

8. 매주 진행 과정을 점검하라. 어떤 실수를 저질렀고, 어떤 점을 개선했으며, 미래를 위해 어떤 교훈을 얻었는지 자문하라.

9. 이 책의 원칙들을 언제, 어떻게 적용했는지 책 뒤의 메모장에 기록하라.

데일 카네기의 친필 서명이 담긴
《데일 카네기 인간관계론》
무료 증정본을 받아 보시겠습니까?

방법은 다음과 같습니다.

이 책에서 제시한 원칙들을 공부하고 숙달한 다음 일상적인 비즈니스 활동이나 사교 모임에 적용해 보세요. 그런 다음 원칙들을 정확히 어떻게 적용했고, 어떤 결과를 얻었는지 자세한 이야기를 데일 카네기에게 보내 주세요. 구체적으로 작성하시는 것이 좋습니다. 여러분이 한 말, 상대방이 한 말 그리고 정확히 어떤 일이 있었는지 말씀해 주세요. 글을 잘 써야 한다는 걱정은 하지 않으셔도 됩니다. 저희가 원하는 것은 사실뿐입니다. 기고해 주신 글이 게재될 경우, 지면 요건을 맞추기 위해 어차피 수정하게 될 것입니다.

당사에 게재를 허락해 주신다면 그 글은 데일 카네기의 신문 칼럼에 인용되어 전국에 발행되는 일간지에 실리게 됩니다.

여러분의 이야기가 칼럼에 인용될 경우, 우편을 통해 데일 카네기의 친필 서명이 담긴 증정본을 무료로 보내드립니다.

따라서 《데일 카네기 인간관계론》의 원칙들을 정확히 어떻게 활용했는지 이야기할 사연이 있으시다면, '뉴욕시 파인허스트 애비뉴 150, 데일 카네기 칼럼' 앞으로 보내 주시길 바랍니다.

※ 본 내용은 《데일 카네기 인간관계론》 원서 내용을 그대로 옮긴 것으로, 이 책을 펴낸 출판사 상상스퀘어에서는 데일 카네기의 친필 서명이 담긴 무료 증정본을 제공하고 있지 않습니다.

감수자 신영준 박사의 친필 서명이 담긴
《데일 카네기 인간관계론》
무료 증정본을 받아 보시겠습니까?

책에서 제시하는 원칙들을 공부한 후에 직장이나 학교, 가정에서 실제로 적용해 보세요. 그런 다음 어떤 결과를 얻었는지 아래 QR 코드에 접속하여 온라인 설문지를 작성해 주세요. 내용은 되도록 구체적으로 써 주시면 좋습니다. 어떤 원칙을, 어떤 상황에서, 어떻게 적용했는지, 그로 인해 어떤 결과를 얻었는지 알려 주세요. 이때 여러분이 한 말, 상대방이 한 말 그리고 정확히 어떤 일이 있었는지 말씀해 주세요.

글을 잘 써야 한다는 부담은 갖지 않으셔도 됩니다. 여러분이 이 책을 통해 어떤 변화를 경험했는지, 그 사실이 가장 중요합니다.

여러분이 보내 주신 글은 감수자 신영준 박사가 직접 선별

하여 칼럼이나 유튜브 콘텐츠에 인용할 예정입니다. 여러분의 사연이 콘텐츠 제작에 활용될 경우 우편을 통해 신영준 박사의 친필 서명이 담긴 《데일 카네기 인간관계론 한/영 세트》를 보내드립니다.

https://bit.ly/3M940fx

차례

Part One
사람을 대하는 기본 기술

Part Two
사람들에게 호감을 얻는 6가지 방법

Part Three
사람들의 마음을 사로잡는 12가지 방법

Part Four
불쾌감이나 분노를 일으키지 않고
사람들을 변화시키는 9가지 방법

이 책을 어떻게 그리고
왜 썼는가?

미국의 출판사들은 지난 35년간 20만 종 이상의 책을 출간했다. 그중 대부분은 심각할 정도로 판매가 부진했고, 많은 책이 적자를 면치 못했다. 내가 "많은" 책이라고 했던가? 세계 최대 규모의 출판사 대표가 얼마 전 내게 털어놓기를, 출판 업계에 있은 지 75년이나 된 자신의 회사도 출간하는 책 8권 중 7권이 손해라고 했다.

그렇다면 나는 왜 무모하게 또 한 권의 책을 썼을까? 그리고 사람들이 이 책을 굳이 읽어야 하는 이유는 무엇일까?

둘 다 온당한 질문이다. 지금부터 그 질문에 답해 보겠다.

이 책이 어떻게 그리고 왜 쓰였는지 정확히 설명하기 위해서는, 미안하지만 로웰 토머스의 서문인 "성공의 지름길"에서 나온 내용을 한 번 더 간단히 언급해야 할 것 같다.

나는 1912년부터 뉴욕에서 기업인과 전문직 종사자를 대상으로 교육 강좌를 진행해 왔다. 처음에는 공개 연설에 관한 강좌만 진행했다. 그 강좌는 성인들을 대상으로 사업 거래나 공개 석상에서 순발력 있게 사고하고, 더 명확하고 효과적으로 침착하게 자기 생각을 표현하기 위해 실제 경험을 바탕으로 훈련하도록 설계되어 있었다.

하지만 강좌가 회를 거듭할수록 성인들에게 효과적인 말하기 기술을 훈련하는 것 못지않게, 일상적인 직장 생활이나 인간관계에서 사람들과 잘 지내기 위해 섬세한 기술을 훈련하는 과정도 필요하다는 것을 깨달았다.

또한 나 역시 그러한 훈련이 절실히 필요하다는 점을 점차 깨닫게 되었다. 몇 년이 지난 지금 돌이켜 보면 인간관계에 관한 이해와 요령이 부족했던 내 모습에 등골이 오싹해질 정도다. 20년 전에 이런 책을 가질 수 있었다면 얼마나 좋았을까! 값을 매길 수 없을 만큼 귀한 선물이 되었을 것이다!

우리가 마주치는 가장 어려운 문제는 아마 사람을 대하는 일일 것이다. 사업을 하는 사람이라면 특히 그렇겠지만, 가정주부, 건축가 혹은 기술자라 할지라도 마찬가지다. 몇 년 전 카네기 교육 진흥 재단의 후원으로 시행된 한 연구에서 매우 의미 있고 중요한 사실이 밝혀졌다. 그 사실은 나중에 카네기 공과대학교[1]에서 이루어진 추가

---

1   1900년 설립된 카네기 공업학교Carnegie Technical Schools가 시초이며, 1912년에 카

연구로도 확인된 바 있다. 이 연구들에 따르면 공학 같은 기술 분야에서도 기술 지식이 경제적 성공에 기여하는 정도는 15%에 불과하고, 나머지 85%는 인간관계 기술, 즉 인성과 리더십에 달려 있다고 한다.

나는 수년간 필라델피아 기술자 모임과 미국 전기 기술자 협회 뉴욕 지부에서 분기마다 강의를 진행해 왔다. 지금까지 어림잡아 1500명 이상의 기술자가 내 수업을 들었다. 그들이 나를 찾은 이유는 공학 기술에 관한 지식이 많다고 해서 고액 연봉을 받는 것이 아니라는 사실을 오랜 관찰과 경험으로 깨달았기 때문이다. 예를 들어 공학, 회계, 건축 혹은 다른 어떤 전문 분야에서도 기술적 능력만 갖춘 사람은 주급 25~50달러면 고용할 수 있다. 그런 인력은 시장에 늘 차고 넘친다. 하지만 기술 지식에 **더해서** 자기 생각을 잘 표현하고, 리더십을 발휘하며, 사람들에게 열정을 불러일으키는 능력을 갖춘 사람, 그런 사람은 고수익을 향해 나아갈 수 있다.

존 D. 록펠러John D. Rockefeller[2]는 한창 왕성하게 활동하던 시절에 기

네기 공과대학교Carnegie Institute of Technology로 이름이 바뀌었다. 1967년에 앤드루 멜런이 설립한 멜런 연구소와 통합되면서 카네키멜런대학교Carnegie Mellon University, CMU가 되어 현재까지 이어지고 있다. -편집자

2   미국의 기업가. 석유 사업으로 많은 재산을 모아 역대 세계 최고의 부자로 손꼽힌다. -편집자

업가 매튜 C. 브러시Matthew C. Brush[3]에게 이렇게 말했다. "사람을 대하는 능력은 설탕이나 커피처럼 구매가 가능한 상품이라네. 나는 그 능력을 사는 데 태양 아래 그 어떤 것보다도 많은 돈을 쓰겠네."

태양 아래 가장 값진 능력을 개발하는 강좌라면, 이 땅의 모든 대학교에서 강좌를 개설할 것이라는 생각이 들지 않는가? 하지만 이 글을 쓰는 현재까지도 성인들을 대상으로 실용적이고 상식적인 강좌를 운영한다는 대학이 단 한 곳이라도 있다는 말을 들어 본 적이 없다.

시카고대학교와 YMCA 연합 학교는 성인들이 무엇을 배우고 싶어 하는지 알아보기 위해 설문 조사를 실시했다.

그 설문 조사를 위해 2년의 시간과 2만 5000달러의 비용이 들었다. 마지막 조사는 코네티컷주 메리든에서 진행되었다. 전형적인 미국의 도시라는 이유로 선정된 것이다. 메리든에 사는 모든 성인은 상담을 진행한 후에 156개 항목으로 이루어진 설문에 답하도록 요청받았다. 설문에는 '직업은 무엇입니까? 교육 수준은 어느 정도입니까? 여가를 어떻게 보내십니까? 소득이 얼마입니까? 취미는 무엇입니까? 야망은 무엇입니까? 고민은 무엇입니까? 가장 공부하고 싶은 주제는 무엇입니까?' 등등의 질문들이 포함되었다. 조사 결과에 따르면 성인들의 가장 큰 관심사는 건강이었다. 그리고 두 번째 관

---

3   미국의 기업가. 미국 국제 조선 공사의 사장이었다. -편집자

심사는 사람, 즉 어떻게 하면 사람들을 잘 이해하고 좋은 관계를 맺을 수 있는지, 어떻게 하면 사람들이 자신을 좋아하게 할 수 있는지, 어떻게 하면 사람들의 마음을 얻을 수 있는지에 관한 것이었다.

그래서 이 조사를 담당한 위원회는 메리든의 성인들을 대상으로 인간관계에 관한 강좌를 진행하기로 결정했다. 그들은 해당 주제를 다룬 실용적인 교재를 부지런히 찾아보았지만, 단 한 권도 찾을 수 없었다. 마침내 그들은 성인 교육 분야의 세계적인 권위자까지 찾아가 사람들의 요구를 충족하는 책을 아는지 물어보았다. 그는 이렇게 답했다. "아니요. 저도 성인들이 무엇을 원하는지 압니다만, 그들이 필요로 하는 책은 지금껏 쓰인 적이 없습니다."

나도 인간관계를 다룬 실용적인 지침서를 수년간 찾아다녔기에, 그 말이 사실이라는 것을 경험으로 알고 있었다.

그런 책이 존재하지 않았기 때문에, 나는 내 강의에서 사용할 책을 직접 쓰기로 했다. 바로 이 책이다. 당신이 이 책을 마음에 들었으면 한다.

나는 이 책을 준비하면서 도로시 딕스Dorothy Dix[4], 이혼 법정 기록, 〈페어런츠 매거진〉, 해리 A. 오버스트리트Harry A. Overstreet[5], 알프

---

[4]   본명은 엘리자베스 메리웨더 길머Elizabeth Meriwether Gilmer로 도로시 딕스는 필명이다. 미국의 언론인이자 칼럼니스트였다. -편집자

[5]   미국의 작가이자 강사. 심리학과 사회학 분야에서 유명세를 떨쳤다. -편집자

레드 아들러Alfred Adler[6], 윌리엄 제임스 등 주제와 관련하여 내가 찾을 수 있는 모든 자료를 읽었다. 또한 전문 연구원을 고용하여 1년 반 동안 여러 도서관을 돌며 내가 놓친 모든 것을 읽고, 심리학에 관한 두꺼운 학술서를 탐독하고, 수백 개에 달하는 잡지 기사를 샅샅이 뒤지고, 수없이 많은 전기를 찾아보며, 역사의 모든 위대한 인물들이 어떻게 사람들을 대했는지 알아내려고 노력했다. 우리는 모든 시대의 위인들에 관한 전기를 읽었다. 율리우스 카이사르Julius Caesar에서 토머스 에디슨Thomas Edison에 이르기까지 모든 위대한 지도자들의 일대기를 말이다. 내가 기억하기로는 시어도어 루스벨트Theodore Roosevelt[7]의 전기만 100권 이상 읽었다. 우리는 역사를 통틀어 사람들의 마음을 얻고 영향력을 발휘하는 데 사용된 모든 실용적인 아이디어를 알아내기 위해 시간과 비용을 아낌없이 쓰기로 결심했다.

나는 많은 수의 성공한 사람들을 직접 만나 인터뷰도 진행했다. 그중에는 굴리엘모 마르코니Guglielmo Marconi[8], 프랭클린 D. 루스벨트

---

6 오스트리아 빈 출신의 저명한 정신분석학자. -편집자

7 미국의 제26대 대통령. 업적 면에서도 여러 진보적 정책을 통해 미국을 강대국으로 이끌었을 뿐만 아니라, 친근한 외모와 흥미로운 일화로 오늘날에도 많은 사랑을 받고 있다. -편집자

8 최초로 무선 통신을 실용화했다. 이 업적으로 1909년에 노벨 물리학상을 받았다. -편집자

Franklin D. Roosevelt[9], 오언 D. 영Owen D. Young[10], 클라크 게이블, 메리 픽퍼드Mary Pickford[11], 마틴 존슨Martin Johnson[12]같이 세계적인 인물도 있었으며, 인터뷰를 통해 그들이 인간관계에서 사용한 기술을 알아내려고 노력했다.

이 모든 자료를 바탕으로 나는 짧은 강연을 준비했다. 강연의 제목은 "사람들의 마음을 얻고 영향력을 발휘하는 법"이라고 정했다. 앞서 "짧은" 강연이라고 했는데, **처음에는** 진짜로 짧은 강연이었지만, 지금은 1시간 반을 꽉 채울 정도로 길어졌다. 나는 뉴욕에 있는 카네기 연구소에서 성인들을 대상으로 이 강연을 학기마다 수년째 진행하고 있다.

나는 강연을 하면서 수강생들에게 직장 생활이나 인간관계에서 배운 내용을 테스트해 보고, 다음 수업에 돌아와 경험한 일과 얻은 결과를 이야기해 달라고 당부했다. 이 얼마나 흥미로운 과제인가! 자기계발에 목말라 있던 수강생들은 새로운 종류의 실험실, 즉 세계

---

9   미국의 제32대 대통령. 뉴딜 정책으로 대공황을 극복했고, 제2차 세계대전을 승리로 이끌었으며, 유엔 창설에도 관여하는 등 많은 업적을 남긴 위대한 대통령으로 칭송받는다. -편집자

10   미국의 기업가이자 법률가. 제1차 세계대전 이후 독일의 배상금 문제를 해결하고자 노력한 것으로 유명하다. -편집자

11   20세기 초 할리우드 최고의 여배우로 손꼽힌다. -편집자

12   미국의 모험가이자 다큐멘터리 영화 제작자. -편집자

최초이자 유일한 성인 대상 인간관계 실험실에서 일한다는 생각에 큰 매력을 느꼈다.

이 책은 일반적인 의미의 '쓴다'라는 개념으로 집필되지 않았다. 이 책은 마치 어린아이가 성장하듯 자라났다. 그 새로운 실험실에서 수천 명의 성인들이 얻은 경험을 통해 성장하고 발전했다.

수년 전 우리는 우편엽서보다도 작은 카드에 몇 가지 규칙을 인쇄하는 것으로 시작했다. 다음 학기에는 더 큰 카드에 인쇄했고, 다음에는 전단지, 그다음에는 여러 권의 소책자가 되었다. 그때마다 책의 크기와 다루는 내용의 범위도 커졌다. 그리고 이제 15년의 실험과 연구 끝에 이 책이 나오게 된 것이다.

우리가 정한 원칙들은 단순한 이론이나 추측이 아니다. 그 원칙들은 마법처럼 작동한다. 믿기 힘들겠지만, 나는 이 원칙들을 적용하고 말 그대로 인생에 혁명이 일어난 사람들을 수없이 보았다.

예를 들면 지난 학기에 314명의 직원을 거느린 사람이 우리 강좌 중 하나를 신청했다. 수년 동안 그는 조금의 자제력이나 분별력도 발휘하지 않고, 그저 직원들을 닦달하고 비난하고 질책하기만 했다. 친절, 감사, 격려의 말은 그의 입에서 전혀 나오지 않았다. 이 책에 나온 원칙들을 공부한 후로, 이 고용주는 본인의 인생철학을 완전히 바꾸었다. 이제 그의 조직은 새로운 충성심과 열정, 팀워크 정신으로 가득 차 있다. 314명의 적이 314명의 친구로 바뀌었다. 그는 수업에 와서 자랑스럽게 말했다. "예전에는 제가 지나가도 반겨 주는 사람이 없었습니다. 직원들은 제가 다가오는 것을 보면 고개를 돌려 버렸죠. 하지만 지금은 모두 제 친구가 되었고, 심지어 청소부도 허물없이 제 이름을 부릅니다."

현재 이 고용주는 더 많은 수익과 여가를 누리게 되었다. 그리고 무엇보다 중요한 것은 직장과 가정에서 훨씬 더 많은 행복을 발견하게 되었다는 점이다.

수없이 많은 영업직 사원이 이 책에 적힌 원칙들을 활용하여 판매 실적을 크게 올렸다. 새로운 거래처를 뚫은 사람도 많다. 전에는 아무리 공을 들여도 꿈쩍도 하지 않던 곳이었다. 임원들은 더 많은 권한을 부여받고, 보수도 올랐다. 지난 학기에 한 임원은 이 책의 원칙들을 적용한 덕분에 연봉이 5000달러나 올랐다고 했다. 필라델피아 가스 공사의 어떤 임원은 공격적인 성향과 통솔력 부족을 이유로 좌천당할 위기에 처해 있었다. 우리의 훈련을 통해 그는 65세의 나이에 좌천의 위기에서 벗어났을 뿐만 아니라, 승진과 임금 인상까지 이룰 수 있었다.

종강 연회에 참석한 부인들로부터 남편이 강좌에 참석한 후로 가정이 훨씬 더 화목해졌다는 말을 듣는 경우는 이루 헤아릴 수조차 없을 정도다.

많은 경우 수강생들은 자신들이 이루어 낸 새로운 결과에 놀라움을 감추지 못한다. 그 모든 것이 마법처럼 느껴지는 것이다. 어떤 경우에는 너무 흥분한 나머지 48시간 후에 열리는 정규 수업 때까지 기다리지 못하고, 일요일에 우리 집으로 전화를 걸어 자신이 이룬 성과를 전하기도 했다.

한 남자는 지난 학기에 강연에서 들은 원칙들에 큰 자극을 받아 다른 수강생들과 밤을 지새우며 토론을 벌이기도 했다. 새벽 3시가 되자 다른 사람들은 모두 집으로 돌아갔다. 하지만 그는 자신의 실수를 깨달은 충격에 몸이 떨리고, 자신 앞에 펼쳐진 새롭고 풍요로운 세계에 대한 전망으로 가슴이 벅차올라 잠을 이루지 못했다. 그날도, 다음날도, 그다음 날까지도 그랬다.

그는 어떤 사람이었을까? 새로운 것을 배우면 흥분해서 입을 다물지 못하고 떠들어 대는 순진하고 미숙한 사람이었을까? 아니다. 그런 부류와는 거리가 멀다. 그는 매우 박식했고, 오랫동안 미술품 거래상으로 일했으며, 사교계에서도 알아주는 사람이었다. 또한 3개 국어를 유창하게 구사하고, 외국 대학을 두 곳이나 졸업하기도 했다.

이 서문을 쓰는 동안 호엔촐레른Hohenzollern 왕가[13] 시절에 대대로 직업 장교를 배출한 귀족 가문 출신의 한 독일인에게서 편지 한 통을 받았다. 대서양을 횡단하는 증기선에서 쓴 그의 편지에는 이 책에서 말하는 원칙들을 적용한 경험이 담겨 있었는데, 거의 종교적인

---

13 루마니아 왕국, 브란덴부르크 선제후국, 프로이센 공국, 프로이센 왕국, 독일 제국의 통치자를 배출한 가문. -편집자

열정에 가까울 정도로 고양된 상태였다.

또 다른 사람은 뉴욕 토박이로 하버드대학교를 졸업하고, 〈사교계 명사록〉[14]에도 이름이 크게 실렸으며, 큰 카펫 공장을 운영하는 대단한 재력가였다. 그는 카네기 교육 과정에서 14주 동안 배운 인간관계 기술이 대학에서 4년 동안 배운 것보다 더 많다고 단언했다. 말도 안 되는가? 웃기는 소리 같은가? 허무맹랑한가? 물론 어떻게 생각하든 그건 당신의 자유다. 나는 단지 1933년 2월 23일 목요일 저녁에 보수적인 성향의 성공한 하버드대학교 졸업생이 뉴욕의 예일 클럽에 모인 약 600명의 청중 앞에서 한 말을 가감 없이 그대로 옮긴 것뿐이다.

하버드대학교의 저명한 교수인 윌리엄 제임스는 이렇게 말했다. "우리가 발휘할 수 있는 능력에 비하면 우리는 반만 깨어 있는 셈이다. 우리는 우리가 가진 육체적, 정신적 자원의 극히 일부만을 사용하고 있다. 넓은 의미에서 보자면 인간 개개인은 자신이 가진 한계에 한참 못 미치는 삶을 살고 있다. 인간은 다양한 종류의 능력을 지니고 있지만, 그 능력을 제대로 활용하는 데 습관적으로 실패하곤 한다."

"활용하는 데 습관적으로 실패하는" 능력! 이 책의 유일한 목적은 활용되지 않은 채 잠들어 있는 그 능력을 발견하고, 개발하여, 이익

14　Social Register, 미국 사교계 저명인사의 명부를 담은 정기 간행물. -옮긴이

을 얻도록 돕는 데 있다.

프린스턴대학교의 총장을 지낸 존 G. 히븐John G. Hibben 박사는 이렇게 말했다. "교육은 인생에서 마주치는 다양한 상황에 대처하는 능력을 키우는 것이다."

만약 이 책의 첫 3장을 읽은 후에도 인생에서 마주치는 다양한 상황에 대처하는 능력이 조금도 나아지지 않는다면, 이 책이 완전히 실패한 것으로 간주하겠다. 허버트 스펜서Herbert Spencer[15]가 말했듯이 **"교육의 가장 큰 목표는 아는 것이 아니라 행동하는 것"**이기 때문이다.

그리고 이 책은 **행동**하기 위한 책이다.

다른 많은 서론처럼 이 책의 서론도 말이 너무 길었다. 바로 본론으로 들어가 보자. 지금 바로 1장을 펼치길 바란다.

---

15 영국의 사회학자. 19세기 영국에서 가장 영향력 있는 사상가로 알려졌다.
   -편집자

PART ONE

사람을 대하는
기본 기술

FUNDAMENTAL TECHNIQUES
IN HANDLING PEOPLE

CHAPTER 1

"꿀을 얻으려면
벌집을 걷어차지 마라"

"If You Want to Gather Honey, Don't Kick Over the Beehive"

1931년 5월 7일, 뉴욕에서 전대미문의 검거 작전이 펼쳐졌다. 몇 주간의 경찰 추적 끝에, 일명 "쌍권총" 크롤리"Two Gun" Crowley가 웨스트엔드 애비뉴에 있는 애인의 아파트에 갇혀 궁지에 몰린 신세가 되었다. 그는 술도 마시지 않고 담배도 피우지 않는 사람이었지만, 총으로 사람을 죽인 살인자였다.

150명의 경찰과 형사가 크롤리가 숨은 꼭대기 층을 포위했다. 경찰은 지붕에 구멍을 뚫고 최루 가스를 투입해 "경찰 살해범" 크롤리를 집 밖으로 끌어내려고 했다. 주변 건물에는 기관총이 배치되었고, 뉴욕의 고급 주택가에는 권총과 기관총이 내뿜는 탕-탕-탕 소리가 1시간 넘게 울려 퍼졌다. 크롤리는 두툼한 의자 뒤에 몸을 웅크린 채 경찰을 향해 쉴 새 없이 총을 쏘았다. 충격에 휩싸인 1만여 명의 시민들이 그 전투를 지켜보았다. 뉴욕 길거리에서는 전혀 볼 수 없었던 광경이었다.

크롤리가 체포된 후, 경찰국장 에드워드 P. 멀루니Edward P. Mulrooney는 이 쌍권총의 무법자가 뉴욕 역사상 가장 흉악한 범죄자라고 선언하며 이렇게 말했다. "그는 조금의 망설임도 없이 살인을 저지르는 놈입니다."

하지만 "쌍권총" 크롤리는 자신을 어떻게 생각했을까? 우리는 그 답을 알고 있다. 경찰이 그의 아파트에 총격을 가하고 있었을 때, 그가 "관계자 여러분께"로 시작하는 편지를 써 두었기 때문이다. 그가 편지를 쓰는 동안 상처에서 흘러나온 피가 편지지에 선명한 핏자국을 남겼다. 크롤리는 편지에 이렇게 적었다. "내 안에는 몹시 지쳤지만, 선한 마음이 있다. 누구에게도 해를 끼치지 않을 마음이다."

이 일이 일어나기 얼마 전, 크롤리는 롱아일랜드 외곽의 시골길에서 애인과 애정 행각을 벌이고 있었다. 그때 한 경찰이 길에 주차된 차를 보고 다가와 이렇게 말했다. "면허증 좀 보여 주시죠."

크롤리는 아무런 대꾸도 하지 않고 총을 뽑아 경찰에게 납탄 세례를 퍼부었다. 경찰이 쓰러지자 차에서 풀쩍 뛰어내리고는 경찰의 권총을 주워 엎드린 시체에 다시 총을 쏘았다. 이것이 "내 안에는 몹시 지쳤지만, 선한 마음이 있다. 누구에게도 해를 끼치지 않을 마음이다."라고 말한 살인자가 저지른 짓이다.

크롤리는 전기의자형을 선고받았다. 그가 싱싱 교도소의 사형장에 도착했을 때, "사람을 죽인 대가를 치르는구나."라고 했을까? 아니다. "정당방위를 했을 뿐인데, 이런 대가를 치르는구나."라고 했다.

이 이야기의 요점은 이렇다. "쌍권총" 크롤리는 어떤 경우에도 자신이 잘못했다고 여기지 않았다.

이것이 범죄자치고는 이례적인 태도였을까? 그렇게 생각한다면 다음 이야기를 들어 보자.

"나는 사람들에게 소소한 즐거움을 주고, 그들이 좋은 시간을 갖도록 돕는데 내 인생 최고의 시절을 다 보냈다. 그런데 내게 돌아온 것은 비난과 범죄자라는 낙인뿐이었다."

이는 알 카포네Al Capone가 한 말이다. 그렇다. 미국 역사상 첫손에 꼽히는 공공의 적이자, 시카고를 총성으로 뒤흔든 악랄한 범죄 조직의 두목이었던 사람 말이다. 알 카포네는 자신이 비난받아야 한다고 생각하지 않았다. 그는 실제로 자신을 자선 사업가라고 생각했으며, 단지 사람들에게 인정받지 못하고 오해를 샀을 뿐이라고 여겼다.

더치 슐츠Dutch Schultz도 뉴어크에서 갱단의 총탄에 쓰러지기 전까지 그랬다. 뉴욕에서 가장 악명 높은 범죄자였던 그도 신문 인터뷰에서 자신을 자선 사업가라고 말했다. 그리고 그 말을 정말로 믿었다.

나는 이 주제에 관해 싱싱 교도소의 루이스 E. 로스Lewis E. Lawes 소장과 몇 차례 흥미로운 서신을 주고받은 일이 있다. 로스 소장은 단호하게 말했다. "싱싱 교도소의 범죄자 중에서 자신을 나쁜 놈이라고 생각하는 사람은 거의 없습니다. 그들도 당신이나 저와 마찬가지로 인간입니다. 그래서 자신을 합리화하고 변명하려 합니다. 왜 금고를 털 수밖에 없었는지, 왜 방아쇠를 당길 수밖에 없었는지 기꺼이 말하려 들 겁니다. 논리적이든 비논리적이든 상관없이 그럴듯한 이유를 만들어 자신의 반사회적인 행동을 정당화하고, 결과적으로 자신이 수감되지 말았어야 한다는 생각을 절대 꺾지 않습니다."

알 카포네, "쌍권총" 크롤리, 더치 슐츠 그리고 교도소 담장 안의 흉악범들조차 자신이 비난받을 짓을 했다고 여기지 않는다면, 당신이나 내 주변에 있는 사람들은 어떻겠는가?

고인이 된 존 워너메이커John Wanamaker[1]는 언젠가 이렇게 고백했다. "나는 30년 전에 다른 사람을 비난하는 게 어리석은 짓이라는 걸 배웠다. 그래서 신께서 지능이라는 선물을 모두에게 공평하게 나눠 주지 않았다는 사실에 불평하지 않고, 내 자신의 한계를 극복하려고 노력했다."

워너메이커는 일찌감치 이 교훈을 깨우쳤지만, 나는 30년 넘게 세상과 부딪히며 실수를 거듭하고 나서야, 아무리 큰 잘못을 저질러도 백에 아흔아홉은 자신을 탓하지 않는다는 사실을 어렴풋이 깨달을 수 있었다.

비난은 쓸데없는 짓이다. 왜냐하면 사람을 방어적으로 만들고,

---

[1]　마케팅의 개척자로 불리는 미국의 대표 실업가. 뉴욕에 미국 최초의 백화점을 설립했다. -옮긴이

자신을 정당화하기 위해 안간힘을 쓰도록 만들기 때문이다. 또한 비난은 위험하다. 왜냐하면 사람의 소중한 자존심에 상처를 내고, 자존감을 떨어뜨리며, 원한만 불러일으키기 때문이다.

독일 군대는 어떤 일이 생겼을 때 병사가 즉시 불만을 제기하거나 비난하는 것을 허용하지 않는다. 먼저 하룻밤 동안 원망을 가라앉히고 냉정을 되찾아야 한다. 바로 불만을 제기하면 처벌받는다. 신께 맹세코, 우리 사회에도 그런 법이 있어야 한다. 푸념하는 부모, 잔소리하는 배우자, 직원을 닦달하는 고용주 그리고 남의 흠을 찾기에 급급한 몹쓸 사람들을 위한 법 말이다.

비난이 백해무익함을 보여 주는 사례는 역사 속에 얼마든지 있다. 미국의 전 대통령 시어도어 루스벨트와 윌리엄 하워드 태프트 William Howard Taft 간의 유명한 다툼도 그중 하나다. 그 다툼으로 공화당이 분열하여 우드로 윌슨Woodrow Wilson에게 백악관을 넘겨주었고, 그로 인해 미국이 제1차 세계대전에 참전하게 되면서 역사의 흐름이 크게 달라지고 말았다. 역사적 사실을 빠르게 확인해 보자. 1908년, 시어도어 루스벨트는 백악관에서 물러날 때 태프트를 지지하여 그에게 대통령직을 물려준 뒤 아프리카로 사자 사냥을 떠났다. 루스벨트가 돌아왔을 때, 그는 태프트의 보수주의적인 행보를 비난하며 격분했다. 자신의 3번째 집권을 위한 후보 지명권을 확보하고자 불 무스Bull Moose라는 신당을 결성했다. 하지만 결과적으로 공화당만 분열시킨 셈이 되었다. 이어진 선거에서 태프트와 공화당은 버몬트주와 유타주, 단 2개의 주에서만 지지를 받았다. 공화당 창당 이래 가장 처참한 패배였다.

루스벨트는 태프트를 비난했다. 그러면 태프트는 자신을 탓했을까? 물론 아니다. 태프트는 눈물을 글썽이면서 이렇게 말했다. "그때는 다른 방도가 없었다."

그렇다면 누구에게 책임을 물어야 할까? 루스벨트일까 아니면 태프트일까? 솔직히 알 수도 없고, 알고 싶지도 않다. 내가 말하고자 하는 핵심은 루스벨트의 그 모든 비난으로도 태프트에게 자신이 틀렸음을 설득하지 못했다는 점이다. 루스벨트의 비난은 태프트가 자신을 합리화하고, 눈물을 글썽이며 "그때는 다른 방도가 없었다."라는 말만 되풀이하게 했다.

또 다른 사례로는 티포트 돔Teapot Dome 유전 스캔들이 있다. 기억나는가? 이 사건은 지난 몇 년간 신문 지면을 뜨겁게 달구고 나라 전체를 뒤흔들었다. 당시 사람들이 기억하기로 미국 정계에서 전례를 찾을 수 없을 만큼 커다란 사건이었다. 사건의 실태는 이러하다. 워런 G. 하딩Warren G. Harding 내각의 내무부 장관이었던 앨버트 폴Albert Fall은 훗날 해군에서 사용할 용도로 정부가 보존 중이던 엘크 힐과 티포트 돔 유전 지대의 임대 권한을 부여받았다. 폴 장관은 공개 입찰을 허용했을까? 아니다. 그는 이윤이 철철 넘치는 사업 계약을 자기 친구인 에드워드 L. 도헤니Edward L. Doheny에게 곧장 넘겼다. 그 대가로 도헤니는 무엇을 했을까? "대출"이라는 명목으로 폴 장관에게

10만 달러를 제공했다. 그 후 폴 장관은 해병대를 동원하는 고압적인 방식으로 엘크 힐의 석유를 채굴하던 인근 유전의 경쟁자들을 몰아냈다. 총칼의 위협으로 사업 터전에서 쫓겨난 경쟁자들은 법정으로 달려갔고, 수억 달러 규모의 티포트 돔 스캔들을 만천하에 알렸다. 이 악취 나는 스캔들은 하딩 정부를 무너뜨렸고, 미국 전역에서 공분을 일으켰으며, 공화당을 붕괴 위기로 몰아넣었다. 그리고 앨버트 폴은 철창신세가 되었다.

폴만큼 맹렬한 비난을 받은 사람은 역대 공직자 중에 얼마 없을 것이다. 그는 죄를 뉘우쳤을까? 천만에! 몇 년 후 허버트 후버Herbert Hoover[2]는 어느 공개 연설에서 하딩 대통령의 죽음이 측근의 배신으로 인한 정신적 충격 때문이었음을 넌지시 알렸다. 그 이야기를 듣던 엠마 갈란드 모건 폴Emma Garland Morgan Fall[3]은 자리를 박차고 일어나 주먹을 불끈 쥐고 이렇게 울부짖었다. "뭐라고요! 하딩이 폴에게 배신당했다고요? 아니에요. 그이는 누구도 배신한 적이 없어요. 금을 산더미처럼 준다고 해도 그런 짓을 할 사람이 아니라고요. 남편이야말로 배신에 희생당한 사람이에요."

바로 이것이 인간의 본성이다. 잘못을 저지르고도 남을 탓하지, 자신을 탓하지 않는다. 우리 모두가 그렇다. 그러니 내일 누군가를

---

2   미국의 제31대 대통령. 그의 이름을 딴 후버댐이 유명하다. -편집자
3   앨버트 폴의 부인. -편집자

비난하고 싶은 마음이 든다면 알 카포네, "쌍권총" 크롤리, 앨버트 폴을 기억하자. 비난은 귀소 본능을 가진 비둘기와 같다는 점을 깨달아야 한다. 언제나 다시 돌아온다. 우리가 잘못을 바로잡거나 비난하려는 사람은 자신을 정당화하고 거꾸로 우리를 비난하려 들 것이다. 아니면 온순한 태프트처럼 이렇게 말할 것이다. "그때는 다른 방도가 없었다."

1865년 4월 15일 토요일 아침, 에이브러햄 링컨Abraham Lincoln은 포드 극장에서 존 윌크스 부스John Wilkes Booth에게 총격당한 뒤, 바로 길 건너편에 있는 싸구려 하숙집의 문간방으로 옮겨져 죽음을 맞이하고 있었다. 푹 꺼진 침대가 너무 작아서, 장신이었던 링컨의 몸은 침대에 대각선으로 눕혀져 있었다. 침대 머리맡에는 로자 보뇌흐Rosa Bonheur[4]가 그린 〈말 시장〉의 싸구려 모사품이 걸려 있었고, 낡은 가스등에서는 노란 불빛이 희미하게 깜빡였다.

에드윈 M. 스탠턴Edwin M. Stanton 전쟁부 장관은 링컨의 임종을 지켜보며 이렇게 말했다. "인류 역사상 가장 완벽한 지도자가 여기 누워 있다."

링컨이 사람을 대하는 데 탁월할 수 있었던 비결은 무엇일까? 나는 10년간 링컨의 생애를 연구했고, 《데일 카네기 링컨이야기》[5]라

---

[4]   프랑스의 예술가로 동물 화가이자 조각가로 잘 알려져 있다. -편집자

[5]   원제목: Lincoln the Unknown -옮긴이

는 책을 쓰고 수정하는 데 꼬박 3년을 바쳤다. 그래서 링컨의 인품과 가정생활에 대해서는 세상 그 누구보다 자세하고 철저하게 연구했다고 자부한다. 나는 링컨이 사람을 대하는 방식을 각별히 연구했다. 링컨도 비난하기를 좋아했을까? 물론이다. 인디애나주 피전 크릭 밸리에 살던 젊은 시절에 링컨은 다른 사람을 비난했을 뿐만 아니라, 그 사람을 조롱하는 편지나 시를 써서 사람들 눈에 잘 띄는 길가에 놓아 두기도 했다. 그중 한 편지는 평생에 걸친 원한을 불러일으키기도 했다.

링컨은 일리노이주 스프링필드에서 변호사로 개업한 후에도 신문에 편지를 투고하여 상대방을 공격하곤 했다. 그런데 한번은 도가 지나쳤다.

1842년 가을, 링컨은 제임스 실즈James Shields라는 허영심 많고 호전적인 아일랜드 출신 정치인을 조롱했다. 〈스프링필드 저널〉에 익명의 글을 투고해 그를 풍자했는데, 온 도시가 비웃음으로 떠들썩할 정도였다. 예민하고 자존심 강한 실즈는 분노로 끓어올랐다. 그는 편지를 쓴 사람이 누군지 알아내고는, 곧장 말에 뛰어올라 링컨에게 달려가 결투를 신청했다. 링컨은 싸우고 싶지 않았다. 사실 링컨은 결투 문화 자체를 반대했지만, 명예를 지키려면 어쩔 수 없이 결투를 받아들여야 했다. 링컨에게 무기 선택권이 주어졌다. 링컨은 팔이 매우 길었기에 기병대용 장검을 무기로 선택했고, 육군사관학교 졸업생에게 검투 교습도 받았다. 결전의 날, 링컨과 실즈는 목숨을 건 싸움을 위해 미시시피강 모래터에서 만났다. 하지만 마지막 순간에 입회인들의 중재로 다행히 결투는 중단되었다.

그 일은 링컨 개인의 삶에서 가장 끔찍한 사건이었다. 이 사건을 통해 링컨은 사람을 대하는 기술에 관해 매우 귀중한 교훈을 얻었다. 다시는 누군가를 모욕하는 편지를 쓰지 않았으며, 남을 조롱하는 말도 하지 않았다. 그리고 이후로는 어떤 일로도 다른 사람을 비난하지 않았다.

남북전쟁 당시, 링컨은 포토맥 군의 지휘관을 몇 번이나 새로 임명해야 했다. 조지 B. 매클렐런George B. McClellan, 존 포프John Pope, 앰브로스 번사이드Ambrose Burnside, 조셉 후커Joseph Hooker, 조지 미드George Meade 등이 차례로 임명되어 참패를 거듭했고, 링컨은 참담함에 고개를 들 수 없을 정도였다. 북부 사람들은 무능한 장군들을 향해 매서운 비난을 퍼부었지만, 링컨은 "누구에게도 악의를 품지 말고, 누구에게나 관용을 베풀어라."라며 침묵을 지켰다. 또한 링컨이 가장 좋아했던 문구는 "비판받지 않으려거든, 비판하지 말라."였다.

아내와 주변 사람들이 남부 사람들을 나쁘게 말할 때도 링컨은 이렇게 답했다. "그들을 비난하지 마시오. 비슷한 상황이었다면 우리도 그들처럼 행동했을 겁니다."

하지만 링컨이야말로 남을 비난해야 할 상황이 누구보다 많았다. 다음 예를 살펴보자.

게티즈버그 전투는 1863년 7월 1일부터 사흘간 벌어졌다. 7월

4일 밤, 폭우가 온 나라를 휩쓸자 남부군의 로버트 E. 리Robert E. Lee 장군은 남쪽으로 후퇴하기 시작했다. 리 장군이 패잔병을 이끌고 포토맥강에 도착했을 때, 앞에는 폭우로 불어나 건널 수 없는 강이 놓여 있었고, 뒤에는 승리한 북군이 자리 잡고 있었다. 리 장군은 오도 가도 못하는 신세가 되었다. 링컨도 그 사실을 알았다. 이는 리 장군의 군대를 사로잡아 전쟁을 즉시 끝낼 수 있도록 하늘이 준 절호의 기회였다. 희망에 부푼 링컨은 미드 장군에게 작전 회의를 열지 말고 즉시 리 장군을 공격하라고 명령했다. 그 명령을 전보로 보낸 다음, 즉각적인 작전 개시를 요구하는 특사까지 파견했다.

그럼 미드 장군은 어떻게 했을까? 그는 지시받은 것과 정반대로 행동했다. 작전 회의를 열어 링컨의 명령을 정면으로 위반했다. 또한 전보로 온갖 변명을 늘어놓으며 망설이고 꾸물거렸다. 그렇게 리 장군을 공격하라는 명령을 노골적으로 거부했다. 결국 강물은 줄어들었고, 리 장군은 군대를 이끌고 포토맥강을 건너 무사히 탈출했다.

"어떻게 이럴 수가 있어?" 링컨은 몹시 분노해 아들 로버트Robert Lincoln에게 소리쳤다. "맙소사! 어떻게 이럴 수가 있나? 다 잡았는데, 손만 뻗으면 우리 차지였는데. 내가 그렇게 말했는데도 군대를 가만히 두다니. 그 상황이라면 어떤 장군을 데려다 놓았어도 리 장군을 물리쳤을 거야. 심지어 내가 갔어도 리 장군을 이길 수 있었을 거란 말이야."

크게 실망한 링컨은 자리에 앉아 미드 장군에게 편지를 썼다. 여기서 유념할 것은 이 시기의 링컨이 언사에 매우 신중하고 조심스러웠다는 점이다. 따라서 1863년에 링컨이 쓴 다음 편지는 매우 엄중한 질책이나 다름없었다.

친애하는 장군께

이번에 리 장군을 놓친 일이 얼마나 큰 불행인지 장군은 제대로 인식하지 못하는 것 같습니다. 리는 우리에게 잡히기 직전이었고, 그를 생포했다면 최근 승리의 여세를 몰아 이 전쟁을 끝냈을지도 모릅니다. 하지만 이제는 전쟁이 언제 끝날지 기약을 알 수 없는 상황이 되었습니다. 지난 월요일처럼 유리한 상황에서도 리 장군을 공격하지 못했다면, 어떻게 강 건너 남쪽을 공격할 수 있겠습니까? 심지어 보유한 병력의 3분의 2도 안 되는 소수만 데려갈 수 있을 텐데 말입니다. 그런 기대는 말도 안 되고, 장군이 훌륭한 결과를 낼 거라는 기대도 이제 하지 않습니다. 장군은 천금과 같은 기회를 날려 버렸고, 그로 인해 내 마음은 헤아릴 수 없을 정도로 괴롭습니다.

이 편지를 읽고 미드 장군이 어떻게 했을 거라고 생각하는가?

미드는 이 편지를 보지 못했다. 링컨이 편지를 부치지 않았기 때문이다. 편지는 링컨이 죽은 후에 그의 서류함에서 발견되었다.

어디까지나 추측에 불과하지만, 내 생각에 링컨은 이 편지를 쓰고 창밖을 바라보며 이렇게 생각했을 것이다. "잠깐, 성급하게 굴지 말

자. 여기 평온한 백악관에 앉아서 미드 장군에게 공격 명령을 내리는 것은 쉬운 일이 아닌가. 하지만 만약 내가 게티즈버그에 있었다면, 그래서 지난주 내내 미드 장군이 겪은 것처럼 피가 철철 흐르는 광경을 목격했다면, 다치고 죽어 가는 병사들의 비명과 절규가 내 귀에 꽂혔다면, 어쩌면 나도 쉽사리 공격에 나서지 못했을지도 모르지. 미드처럼 소심한 성격을 가졌다면, 나 역시 똑같이 행동했을 거야. 어차피 다 지난 일이 아닌가. 이 편지를 보내면 내 기분이야 풀리겠지만, 미드는 자신을 정당화하려고 애쓸 것이고, 나를 비난하려 들겠지. 그렇게 감정이 상하면 향후 지휘관으로서의 역량이 손상될 것이고, 어쩌면 그를 강제로 퇴역시켜야 할지도 모르겠군."

그래서 앞서 말했듯이, 링컨은 편지를 부치지 않았다. 날카로운 비난과 질책이 대개 아무 소용이 없음을 쓰라린 경험을 통해 배웠기 때문이다.

시어도어 루스벨트는 대통령 재임 시절 어려운 문제에 부딪힐 때마다 의자에 기대앉아 백악관 집무실 책상 위에 걸린 커다란 링컨의 초상화를 올려다보며 자신에게 이렇게 물었다고 한다. "링컨이라면 이 상황에서 어떻게 했을까? 그는 이 문제를 어떻게 해결했을까?"

다음에 누군가를 질책하고 싶은 마음이 든다면, 지갑에서 5달러짜리 지폐를 꺼내 링컨의 초상화를 보면서 자신에게 이렇게 물어보자. "링컨이라면 이 문제를 어떻게 처리했을까?"

주변의 누군가를 변화시키고, 잘못을 고치고, 성장하게 하고 싶은

가? 좋다. 괜찮은 생각이다. 나도 적극 찬성한다. 하지만 자신부터 시작하는 것이 어떨까? 순수하게 이기적인 관점에서 보더라도 다른 사람을 개선하려고 노력하는 것보다 자신을 개선하는 것이 훨씬 더 이득이다. 또한 훨씬 덜 위험한 일이기도 하다.

로버트 브라우닝Robert Browning[6]은 이렇게 말했다. "사람은 자기 자신과 싸우기 시작할 때 비로소 가치 있는 사람이 된다." 자신을 개선하는 데는 오랜 시간이 걸린다. 아마 지금부터 시작해도 크리스마스가 올 때까지 걸릴 것이다. 그런 다음 휴일 동안 잘 쉬고 나면 새해부터 다른 사람을 고치고 비판하는 데 전념할 수 있을 것이다.

하지만 자신을 개선하는 것이 먼저다.

공자孔子는 이렇게 말했다. "자기 집 문간도 치우지 않으면서 남의 집 지붕에 쌓인 눈을 탓하지 말라."

내가 사람들에게 강렬한 인상을 주고자 노력하던 젊은 시절, 나는 미국 문학의 지평을 넓힌 리처드 하딩 데이비스Richard Harding Davis라는 거장 작가에게 어리석은 편지를 보낸 일이 있다. 나는 작가들에 관한 잡지 기사를 준비하고 있었고, 데이비스에게도 그의 작업 방식을 알려 달라고 부탁했다. 그로부터 몇 주 전에 나는 말미에 다음과 같은 메모가 적힌 편지 한 통을 받았다. "받아쓰게 했으나, 읽어 보

---

[6]   영국의 시인이자 극작가. 19세기 영국을 대표하는 시인이다. -편집자

지 못함"[7] 나는 그 문구가 상당히 인상적이라고 생각했다. 편지를 쓴 사람이 매우 바쁘고 중요한 거물급 인사처럼 느껴졌다. 나는 조금도 바쁘지 않았지만, 데이비스에게 깊은 인상을 남기고 싶어서 편지 끝에 그 문구를 넣어 보냈다. "받아쓰게 했으나, 읽어 보지 못함"

데이비스는 답장을 쓰는 수고조차 하지 않았다. 그냥 내가 보낸 편지를 그대로 돌려보내며 밑에 이렇게 휘갈겨 적었다. "당신의 무례함은 따를 자가 없겠군요." 그의 말이 옳다. 나는 큰 실수를 저질 렀고 비난받아 마땅했다. 하지만 나도 인간인지라 분한 마음이 들었다. 어찌나 분했던지 10년 뒤 데이비스의 부고 기사를 보았을 때 내 마음속에 남아있던 한 가지 생각은, 부끄럽게도 그가 내게 준 상처 였다.

누군가에게 수십 년에 걸쳐 죽을 때까지 마음에 사무치는 분노를 일으키고 싶다면, 그저 따끔한 비난을 퍼부으면 된다. 그 비난이 정당한지 아닌지는 중요하지 않다.

사람을 대할 때는 상대가 논리적인 존재가 아니라는 점을 기억하자. 우리가 상대하는 사람들은 감정적이고, 편견으로 가득 차 있으

---

7 편지의 내용을 입으로 말하고 이를 받아쓰게 했으나, 직접 읽어서 확인하지는 못했다는 의미다. 당시에는 이런 일을 위한 필경사의 수요가 많았다고 한다. -편집자

며, 자존심과 허영으로 움직이는 존재다.

또한 비난은 자존심이라는 화약고를 터뜨릴 수 있는 불씨와 같다. 그 폭발이 때로는 죽음을 앞당기기도 한다. 예를 들어 레너드 우드Leonard Wood[8] 장군은 질책을 받아 프랑스 출정을 떠나지 못하게 되었다. 그가 때 이른 죽음을 맞은 것은 아마도 그 일로 자존심에 상처를 입었기 때문일 것이다.

영국 문학을 풍요롭게 한 최고의 소설가 토머스 하디Thomas Hardy는 혹독한 비난을 받고 다시는 소설을 쓰지 않았다. 영국의 시인 토머스 채터턴Thomas Chatterton을 자살로 몰고 간 것도 비난이었다.

젊은 시절 눈치가 없기로 유명했던 벤저민 프랭클린Benjamin Franklin은 외교 수완과 사람을 다루는 능력이 점차 능숙해지면서 프랑스 주재 미국 대사가 되었다. 그의 성공 비결은 무엇이었을까? 프랭클린은 이렇게 말했다. "나는 다른 사람의 단점을 말하지 않습니다. 내가 아는 모든 사람의 장점만 말합니다."

남을 비난하고 원망하며 불평하는 것은 어떤 바보라도 할 수 있다. 그리고 실제로 바보들은 그렇게 한다.

하지만 남을 이해하고 용서하려면 인격과 자제력이 필요하다.

8 미국의 군인으로 육군 참모총장, 쿠바 총독, 필리핀 총독 등을 역임했다. -편집자

토머스 칼라일Thomas Carlyle[9]은 이렇게 말했다. "위대한 사람은 평범한 사람을 대하는 방식으로 자신의 위대함을 드러낸다."

사람들을 비난하는 대신 그들을 이해하려고 노력해 보자. 그들이 왜 그런 행동을 하는지 곰곰이 생각해 보자. 그편이 비난하는 것보다 훨씬 이롭고 흥미롭다. 그 과정에서 동정심, 관용, 친절한 마음도 싹틀 것이다. "모든 것을 알면 모든 것을 용서하게 된다."

새뮤얼 존슨Samuel Johnson[10] 박사는 이렇게 말했다. "신께서도 사람이 죽기 전까지는 심판하시지 않는다."

하물며 우리가 그래서야 되겠는가?

---

9   영국의 평론가이자 역사가. 19세기 사상계에 큰 영향을 끼쳤다. -편집자
10   영국의 시인이자 평론가. 영문학 발전에 크게 이바지하였으며 많은 명언을 남긴 것으로도 유명하다. -편집자

CHAPTER 2

사람을 대하는
핵심 비결

The Big Secret of Dealing with People

누군가에게 어떤 일을 하게 만드는 방법은 세상에 단 하나뿐이다. 그 방법이 무엇인지 생각해 본 적이 있는가? 그렇다. 방법은 단 하나다. 바로 상대방이 그 일을 하고 싶게 만드는 것이다.

명심하라. 다른 방법은 없다.

물론 상대의 옆구리에 총을 겨누어 시계를 넘기라고 할 수도 있다. 직원들에게 해고라는 말로 위협하여 당신 앞에서만 협조하는 척하게 할 수도 있다. 아이들에게 매를 들거나 화를 내서 당신의 말을 듣게 할 수도 있다. 하지만 이런 강제적인 방법은 반드시 역효과를 일으킨다.

타인에게 어떤 일을 하게 하려면, 그 사람이 원하는 것을 주는 방법밖에 없다.

당신은 무엇을 원하는가?

20세기 가장 저명한 정신분석학자인 지크문트 프로이트Sigmund Freud는 우리가 하는 모든 행동이 '성적 욕망'과 '위대해지고 싶은 욕망', 그 2가지 동기에서 비롯된다고 말한다.

미국의 위대한 철학자인 존 듀이John Dewey는 이 말을 조금 다르게 표현했다. 그는 인간의 본성이 지닌 가장 깊은 충동이 바로 "중요한 사람이 되고자 하는 욕망"이라고 말한다. "중요한 사람이 되고자 하는 욕망" 이 말을 잘 기억하라. 이 말은 매우 중요한 의미가 있다. 당신은 앞으로 이 책에서 이 말을 자주 듣게 될 것이다.

당신은 무엇을 원하는가? 많은 것을 원하지는 않아도, 몇 가지는 원하는 것이 있을 것이다. 거부할 수 없이 계속해서 갈망하는 것이 있을 것이다. 대부분의 평균적인 성인이 원하는 것은 다음과 같다.

1. 건강과 장수

2. 음식

3. 수면

4. 돈 그리고 돈으로 살 수 있는 것들

5. 내세의 삶

6. 성적 만족

7. 자녀의 행복

8. 자신이 중요하다는 느낌

이러한 욕구들은 대부분 쉽게 충족된다. 하지만 음식이나 수면에 대한 욕구만큼 강하고 중요하면서도 쉽게 충족될 수 없는 욕구가 하나 있다. 프로이트는 그 욕구를 "위대해지고 싶은 욕망"이라고 했고, 듀이는 "중요한 사람이 되고자 하는 욕망"이라고 했다.

링컨은 한때 편지에서 "모든 사람은 칭찬을 좋아합니다."라는 말로 글을 시작했다. 윌리엄 제임스는 "인간 본성의 가장 심오한 원칙은 인정받고자 하는 갈망이다."라고 했다. 소망이나 바람 혹은 욕구라고 표현하지 않았다는 점에 유의하라. 그는 사람들에게 인정받고자 하는 **갈망**이 있다고 했다.

인간에게는 매우 강렬하면서도 변치 않는 갈망이 있다. 이러한 마음의 갈망을 제대로 충족시켜 주는 소수의 사람은 다른 사람의 마음을 사로잡을 것이고 "심지어 장의사조차 그의 죽음을 안타까워할 것이다."

자신이 중요하다는 느낌을 받고자 하는 욕망은 인간과 동물의 차이를 구별 짓는 중요한 특징이다. 한 가지 예를 들어 보겠다. 나는 어렸을 때 미주리주 외곽에 있는 농장에서 자랐다. 아버지는 그 농장에서 훌륭한 두록저지종 돼지와 혈통이 좋은 흰머리 소를 키웠다. 우리는 중서부 각지의 가축 박람회와 품평회에 우리가 키운 돼지와 소를 출품했고, 1등 상도 수십 차례나 받았다. 아버지는 대회에서 받은 파란 리본을 새하얀 모슬린 천에 달아 두었다가 친구나 손님이 오면 그 기다란 천을 꺼내셨다. 그러고는 아버지와 내가 천의 한쪽

귀퉁이를 잡고 서서 손님에게 파란 리본들을 보여 주었다.

돼지들은 리본 따위에 아무런 관심이 없었다. 하지만 아버지는 달랐다. 아버지는 그 파란 리본으로 자신이 중요하다는 느낌을 받았다.

만약 우리 조상들에게 자신이 중요하다는 느낌을 받고자 하는 강한 욕구가 없었다면 문명은 발전하지 않았을 것이다. 그 욕구가 없었다면 우리는 동물과 다를 바 없었을 것이다.

가난에 찌들어 학교도 제대로 다니지 못했던 한 식료품점 직원이 있었다. 그가 50센트를 주고 산 잡동사니 바닥에서 법률책을 발견하고, 그 책을 공부하게 만든 것은 바로 자신이 중요하다는 느낌을 받고자 하는 욕망이었다. 당신도 그 식료품점 직원의 이름을 들어본 적이 있을 것이다. 그의 이름은 링컨이었다.

찰스 디킨스Charles Dickens[1]가 불후의 명작을 쓰게 된 계기도 자신이 중요하다는 느낌을 받고자 하는 욕망이었다. 그 욕망 덕분에 크리스토퍼 렌Christopher Wren[2] 경은 위대한 석조 건축물을 설계했고, 존 D. 록펠러는 죽을 때까지 다 쓰지도 못할 어마어마한 돈을 벌었다! 그리고 당신이 사는 지역에서 가장 큰 부자가 필요 이상의 커다란 집을 짓는 이유도 바로 그 욕망 때문이다.

1　영국의 소설가. 《올리버 트위스트》, 《위대한 유산》, 《크리스마스 캐럴》 등 전 세계에서 사랑받는 명작을 남겼다. -편집자

2　영국의 건축가로 세인트 폴 대성당을 포함하여 많은 교회를 설계했다. -편집자

사람들이 유행하는 옷을 입고, 새로 나온 차를 몰고, 똑똑한 자녀를 자랑하는 것 역시 바로 이 욕망 때문이다.

많은 청소년이 갱단에 들어가 범죄를 저지르는 이유도 마찬가지다. 뉴욕시 경찰국장을 지낸 에드워드 P. 멀루니는 이렇게 말한다. "요즘 나이 어린 범죄자들은 자아가 너무 강해요. 그들이 체포된 후에 가장 먼저 요구하는 것은 자신들이 저지른 끔찍한 범죄 기사가 실린 신문입니다. 그 신문이 그들을 영웅으로 만들어 주죠. 베이브 루스Babe Ruth[3], 피오렐로 라가디아Fiorello La Guardia[4], 알베르트 아인슈타인Albert Einstein, 찰스 A. 린드버그Charles A. Lindbergh[5], 아르투로 토스카니니Arturo Toscanini[6], 프랭클린 D. 루스벨트와 나란히 신문에 실린 자기 얼굴을 볼 수 있다면, 전기의자에 앉을지도 모른다는 걱정은 안중에도 없는 것 같습니다."

당신이 중요하다는 느낌을 어떻게 충족하는지 내게 말해 준다면, 나는 당신이 어떤 사람인지 알려줄 수 있다. 그것이 당신의 인격을

3　홈런왕으로 불리는 미국의 전설적인 야구 선수. -옮긴이

4　미국의 법조인이자 정치인으로 뉴욕 시장을 3번이나 지냈다. 부패 정치인과 마피아 척결에 앞장선 강직한 정치인으로 사람들에게 많은 존경을 받았다. -옮긴이

5　1927년에 세계 최초로 미국에서 프랑스 파리까지 무착륙 단독 비행에 성공했다. -옮긴이

6　이탈리아의 지휘자이자 작곡가. 역사상 최고의 지휘자로 평가받는다. -편집자

결정하기 때문이며, 당신에 관한 가장 중요한 사실이기 때문이다. 예를 들어 존 D. 록펠러는 자신이 한 번도 본 적 없고, 앞으로도 볼 일이 없는 중국 북경의 수많은 빈곤층을 위해 현대식 병원을 세움으로써 자신이 중요하다는 느낌을 받고자 하는 욕구를 충족했다. 그에 반해 존 딜린저John Dillinger는 강도질과 은행털이, 살인으로 그 욕구를 채웠다. 그가 FBI에 쫓기고 있을 때, 미네소타주의 한 농가로 뛰어들며 "내가 딜린저다!"라고 소리친 일도 있었다. 그는 자신이 공개 수배 1위라는 사실을 자랑스러워하며 "당신들을 해치진 않겠지만, 내가 딜린저다!"라고 말했다.

그렇다. 딜린저와 록펠러를 구분하는 중요한 차이점은 자신이 중요하다는 느낌을 어떻게 얻는가에 달려 있었다.

역사 속에는 자신이 중요하다는 느낌을 받고자 고군분투한 사람들의 사례가 넘친다. 조지 워싱턴George Washington은 "미합중국 대통령 각하"로 불리길 원했고, 크리스토퍼 콜럼버스는 "해군 제독 겸 인도 총독"이라는 직함을 달라고 간청했다. 예카테리나 2세Catherine the Great[7]는 "황후 폐하"라는 칭호를 쓰지 않은 편지는 열어 보지도 않았다. 메리 토드 링컨Mary Todd Lincoln[8]은 백악관의 안주인으로 있을 때

---

7   러시아 제국의 제8대 여제. 러시아 제국의 중흥을 이끌었다. -편집자
8   에이브러햄 링컨 대통령의 부인. -편집자

줄리아 그랜트Julia Grant[9]에게 "감히 내가 말하기도 전에 앉다니!"라고 크게 호통친 일이 있다.

미국의 백만장자들은 버드 제독이 남극 탐험에 나설 때 빙산에 자기 이름을 붙이는 조건으로 자금을 지원했으며, 빅토르 위고Victor Hugo[10]는 자신을 기리기 위해 파리시의 이름을 바꾸고자 열망했다. 윌리엄 셰익스피어William Shakespeare[11]조차 가문의 문장을 획득하여 자신의 이름을 더 빛내려고 했다.

사람들은 때때로 관심과 동정으로 자신이 중요하다는 느낌을 받고자 환자가 되기를 자처하는 경우도 있다. 아이다 색스턴 매킨리 Ida Saxton McKinley의 사례를 보자. 그녀는 미국의 대통령인 남편 윌리엄 매킨리William McKinley가 중요한 국정을 제쳐 두고서라도 몇 시간이고 자신이 잠들 때까지 함께 침대에 누워 팔베개하고 토닥여 달라면서 자신이 중요하다는 느낌을 받고자 했다. 치과 진료를 받을 때는 남편이 꼭 옆에 있어야 한다고 고집을 부려 관심을 받으려는 강한 욕구를 채웠으며, 한번은 남편이 존 헤이John Hay 국무부 장관과의 약속 때문에 치과에 자신을 혼자 남겨 두었다고 큰 소동을 벌이기도 했

---

9   율리시스 S. 그랜트 장군의 부인. -편집자

10   프랑스를 대표하는 작가. 《레 미제라블》, 《파리의 노트르담》 등 세계 문학사에 길이 남을 걸작을 남겼다. -편집자

11   영국의 시인이자 극작가. 수많은 명작을 남겼으며, 세계 문학사에 가장 큰 영향을 끼친 작가이다. -편집자

다.

메리 로버츠 라인하트Mary Roberts Rinehart[12]는 나에게 똑똑하고 자신감 넘치던 한 젊은 여성이 중요하다는 느낌을 받으려고 환자가 된 이야기를 들려주었다. "어느 날 이 여성에게 문제가 생겼어요. 아마 나이 문제였을 겁니다. 혼기를 놓쳐 결혼하기가 힘들어졌겠죠. 외로운 세월만이 눈앞에 펼쳐졌고, 그녀에게 희망은 거의 남아 있지 않았어요.

그녀는 그렇게 괴로워하다 몸져눕고 말았습니다. 그녀의 노모는 10년간 그녀를 간호하느라 쟁반을 들고 3층 계단을 오르내렸죠. 그러다 딸을 돌보던 생활에 지쳐 세상을 뜨고 말았습니다. 그런데 몇 주 동안 슬픔에 잠겨 있던 딸은 어느 날 자리를 털고 일어나더니 아무 일도 없었다는 듯이 다시 예전처럼 잘 살아갔어요."

전문가들의 말에 따르면, 현실에서 자신이 중요하다는 느낌을 받지 못하는 사람들은 환상 속에서라도 그 느낌을 받고 싶어 실제로 정신 질환자가 되기도 한다. 미국에는 다른 모든 질병의 환자를 합친 수보다 정신 질환자의 수가 더 많다. 뉴욕주에 거주하는 15세 이상의 사람 20명 중 1명은 인생의 7년을 정신병원에서 보낼 가능성

---

12 미국의 작가. 훌륭한 미스터리 소설을 다수 집필해 '미국의 애거서 크리스티'
    로 불렸다. -편집자

이 있다고 한다.

그렇다면 정신 질환의 원인은 무엇일까?

이 질문은 워낙 광범위한 사항이라 정확히 답하기가 어렵다. 하지만 매독과 같은 특정 질병이 뇌세포를 파괴해 광기를 유발한다는 사실은 잘 알려져 있다. 실제로 정신 질환의 절반가량은 뇌 손상과 알코올 중독, 독성 물질, 외상과 같은 물리적 요인에 기인한다고 할 수 있다. 하지만 충격적인 사실은 그 나머지 절반의 경우 뇌세포에서 아무런 이상이 발견되지 않는다는 것이다. 사후 부검에서 초정밀 현미경으로 검사해도 그들의 뇌세포는 건강한 사람들의 뇌세포와 전혀 다를 바가 없다.

이들은 왜 정신 질환을 앓는 걸까?

나는 얼마 전 아주 유명한 정신병원 중 한 곳의 원장에게 그 질문을 했다. 하지만 정신과 분야에서 최고의 명예를 얻고 모두가 부러워하는 상을 받았던 그도, 왜 사람들이 정신 질환을 앓게 되는지 모른다고 솔직하게 털어놓았다. 그 이유를 정확히 아는 사람은 없다. 하지만 그는 많은 정신 질환자가 현실에서 얻지 못하는 자신이 중요하다는 느낌을 정신 질환 상태에서 얻는다고 했다. 그러고는 내게 이런 이야기를 들려주었다.

"제가 돌보는 환자 중에 결혼 생활이 비극으로 끝난 부인이 있습니다. 부인은 사랑과 성적 만족감, 자녀, 사회적 안정을 얻고 싶어했지만, 현실은 그녀의 희망을 송두리째 날려 버렸죠. 남편은 그녀를 사랑하지 않았습니다. 그녀와 함께 식사하는 것조차 거부하며 2층에 있는 자기 방으로 밥을 가져오게 했어요. 부인은 자녀도, 사회적 지위도 없었죠. 결국 그녀는 정신 질환을 얻어 상상 속에서 남편과 이혼하여 처녀 시절의 이름을 되찾았다고 믿고 있습니다. 지금은 영국 귀족과 결혼했다고 믿고, 자신을 스미스 부인으로 불러 달라고 합니다.

그리고 매일 밤 상상 속에서 아이를 낳습니다. 제가 회진할 때마다 '선생님, 어젯밤에 제가 아기를 낳았어요.'라고 합니다."

인생은 그녀의 꿈을 실은 모든 배를 현실이라는 날카로운 암초 위에서 산산조각 냈다. 하지만 햇살 가득한 그녀의 환상 속 세계에서는 모든 범선이 노래하는 바람과 함께 돛을 휘날리며 항구로 들어오고 있다.

비극이라고? 글쎄, 모르겠다. 그 의사는 내게 이렇게 말했다. "만약 제가 그녀의 병을 낫게 할 수 있더라도, 그러지 않겠습니다. 그녀는 지금이 훨씬 행복할 테니까요."

집단 전체로 보면 정신 질환자들이 당신이나 나보다 더 행복하다. 많은 정신 질환자들이 자신의 상황에 만족한다. 당연히 그렇지 않을까? 그들은 자신의 문제를 해결했기 때문이다. 그들은 당신에게 100만 달러짜리 수표를 써 주거나, 아가 칸Aga Khan[13]에게 소개장

---

13   이슬람교의 종교 지도자. 이스마일파의 48대 이맘이었으며, 국제연맹의 회장

도 써줄 것이다. 그토록 갈망했던 중요한 사람이 된 기분을 스스로 창조한 환상 속에서 찾는 것이다.

사람들이 중요하다는 느낌을 갈망한 나머지 실제로 정신 질환자가 될 정도라면, 그러한 갈망을 진심으로 채워주었을 때 어떤 기적을 이룰 수 있을지 상상해 보라.

내가 알기로 1년에 100만 달러의 급여를 받은 사람은 역사상 단 두 명, 바로 월터 크라이슬러Walter Chrysler[14]와 찰스 슈왑Charles Schwab[15] 뿐이었다.

앤드루 카네기Andrew Carnegie[16]는 왜 슈왑에게 연봉 100만 달러, 다시 말해 하루에 3000달러 이상이나 되는 돈을 급여로 주었을까? 그 이유가 무엇일까?

슈왑이 천재여서 1년에 100만 달러의 연봉을 주었을까? 아니다. 그러면 다른 사람보다 철강 생산에 관한 지식이 더 많았기 때문일까? 말도 안 된다. 슈왑은 자신보다 철강 생산에 관해 잘 아는 직원이 많이 있다고 내게 직접 말했다.

직을 역임하였다. -편집자.

[14] 미국의 자동차 회사인 크라이슬러의 창립자. -편집자

[15] 앤드루 카네기의 철강 회사에서 엔지니어로 경력을 시작했으며, 후에 베들레 헴 철강 회사를 설립했다. -편집자

[16] 미국의 기업가. 철광왕이라는 별명으로 유명하다. "부자로 죽는 것은 불명예스러운 일이다."라는 좌우명 아래 막대한 재산을 기부했다. -편집자

슈왑은 그토록 많은 연봉을 받는 이유가 사람을 대하는 능력을 갖추었기 때문이라고 말한다. 나는 그에게 사람을 어떻게 대하는지, 그 방법을 물어보았다. 지금부터 그의 비결을 그가 말한 그대로 옮겨 보겠다. 사람들은 그 비결을 동판에 새겨 세상의 모든 집과 학교, 가게, 회사에 걸어 놓아야 한다. 아이들은 라틴어 동사의 활용이나 브라질의 강수량을 외우느라 시간을 낭비하지 말고 그 비결을 기억해야 한다. 그 비결을 실천할 수만 있다면 우리의 삶이 완전히 달라질 것이기 때문이다.

"제가 생각하는 저의 가장 큰 자산은 사람들의 열정을 불러일으키는 능력입니다. 그리고 사람들의 역량을 최대로 끌어올리는 방법은 바로 인정과 격려입니다.

상사의 질책만큼 의욕을 떨어뜨리는 것은 없습니다. 그래서 저는 직원들을 절대 질책하지 않습니다. 그보다는 일하고 싶은 동기를 부여하는 것이 중요하죠. 저는 칭찬이라면 열심히 하지만, 단점을 지적하는 것은 매우 싫어합니다. 그래서 마음에 드는 점이 있으면 진심으로 인정하고 아낌없이 칭찬합니다."

이것이 바로 슈왑의 비결이다. 하지만 보통 사람들은 어떤가? 정확히 그 반대로 행동한다. 다른 사람이 자신의 마음에 들지 않으면 불같이 화를 내고, 마음에 들면 아무 말도 하지 않는다.

슈왑은 이렇게 말했다. "저는 그동안 세계 여러 나라의 훌륭한 사람들과 친분을 많이 맺어 왔습니다. 하지만 아무리 지위가 높고 신분이 고귀한 사람이라도 인정받을 때보다 비난받을 때 일을 더 잘하거나 열심히 노력하는 경우는 본 적이 없습니다."

그가 솔직하게 터놓고 말한 그 이야기는 앤드루 카네기가 경이적인 성공을 거둘 수 있었던 비결이기도 하다. 카네기는 공석에서든 사석에서든 늘 동료들을 칭찬했다.

심지어 묘비에서도 동료들을 칭찬하고 싶어서 자신의 비문을 직접 이렇게 작성했다. "자신보다 현명한 사람들과 어울리는 법을 아는 자, 이곳에 잠들다."

진심 어린 칭찬은 존 D. 록펠러가 사람을 대하는 비결 중 하나이기도 했다. 예를 들면 그의 동업자인 에드워드 T. 베드퍼드Edward T. Bedford가 실수로 남미 지역에 투자를 잘못해서 회사에 100만 달러의 손해를 끼쳤을 때, 록펠러는 그를 비난할 수도 있었다. 하지만 록펠러는 베드퍼드가 최선을 다했다는 것을 알았고, 어차피 그 일은 끝난 일이었다. 그래서 오히려 칭찬할 점을 찾고자 했고, 투자금의 60%를 건진 점을 치켜세우며 이렇게 말했다. "정말 대단해. 우리도 항상 그 정도로 잘 해내진 못하거든."

브로드웨이를 빛낸 위대한 제작자인 플로렌즈 지그펠드Florenz Zieg-feld는 미국의 "평범한 소녀들을 스타로 만드는" 뛰어난 재주로 명성을 얻었다. 그는 아무도 눈길 한 번 줄 것 같지 않은 소녀들을 데려다가 신비롭고 매력적인 여배우로 탈바꿈하여 무대 위에 세웠다. 칭찬과 자신감의 가치를 알았던 그는 순전히 관심과 배려의 힘으로 소녀들이 자신을 아름답다고 **믿게** 했다. 그는 30달러였던 코러스 걸의 주급을 175달러까지 올려 줄 만큼 현실적인 면도 챙겼다. 또한 여성들에 대한 배려심이 뛰어나서 뮤지컬 공연 개막날에는 배우들에게 축전을 보냈고, 쇼에 출연하는 모든 코러스 걸에게 가장 고급스러운 장미를 한 아름 선물했다.

　나는 한때 유행하던 단식 열풍에 빠져 6일 밤낮을 금식한 일이 있다. 그다지 힘들지는 않았다. 둘째 날보다 마지막 날이 오히려 배가 덜 고팠다. 우리 모두 알다시피, 사람들은 가족이나 직원에게 6일 동안 음식을 주지 않는 것을 범죄라고 생각한다. 하지만 음식만큼이나 갈구하는 따뜻한 칭찬은 6일, 6주, 때로는 60년이 지나도록 주지 않는다.

　알프레드 런트Alfred Lunt[17]는 〈빈에서의 재회〉라는 연극에서 주인공을 맡았을 때 "나에게 가장 필요한 것은 나의 자존감을 채워 주는 마음의 양식이다."라고 했다.

　우리는 자녀와 친구, 직원들에게 육체에 필요한 영양분을 주지만, 그들의 자존감에 필요한 영양분은 좀처럼 주지 않는다. 그들이 에너

17　미국의 배우. 주로 브로드웨이의 연극 무대에서 활동했지만, 에미상을 수상했고 아카데미상 후보에 오르기도 했다. -편집자

지를 내도록 감자와 고기는 주지만, 샛별의 노래처럼 오래도록 기억에 남을 칭찬을 건네는 데는 소홀하다.

어떤 독자들은 이 글을 읽으며 이렇게 말할 것이다. "그건 낡은 수법이야! 결국 아첨이잖아! 나도 다 해봤지만, 아무런 소용이 없었어. 적어도 생각이 있는 사람들에게는 통하지 않는다고."

물론 분별력 있는 사람들에게 입에 발린 아첨은 통하지 않는다. 아첨은 얄팍하고, 이기적이며, 진실하지 못하다. 아첨은 마땅히 실패해야 하고, 실제로도 대부분 실패한다. 하지만 굶주린 사람이 상한 음식을 개의치 않듯이, 어떤 사람들은 칭찬에 굶주린 나머지 아첨이든 칭찬이든 개의치 않고 받아들이기도 한다.

예를 들면 왜 므디바니Mdivani 형제들은 결혼 시장에서 그토록 여자들에게 인기가 많았을까? 일명 "왕자들"로 불렸던 그들은 어떻게 아름다운 두 명의 여배우와 세계적인 성악 가수 그리고 백만장자의 상속녀 바버라 허튼Barbara Hutton과 결혼할 수 있었을까? 왜? 어떻게 그럴 수 있었을까?

아델라 로저스 세인트 존스Adela Rogers St. Johns[18]는 잡지 〈리버티〉에서 이렇게 말했다. "므디바니 형제가 여자들에게 인기가 많은 이유는 많은 사람에게 오랫동안 수수께끼였다.

---

18   미국의 저널리스트이자 소설가. 유명인 인터뷰로 명성을 얻었다. -편집자

세상사에 밝고, 남자를 잘 알며, 위대한 예술가로 알려진 폴라 네그리Pola Negri[19]는 언젠가 내게 이렇게 알려 주었다. '므디바니 형제는 내가 지금까지 만나 본 남자들 중에서 아첨의 기술을 가장 잘 알았어요. 아첨의 기술은 요즘처럼 현실적이고 변덕스러운 시대에 좀처럼 찾아보기 힘든 기술이죠. 그게 바로 여자들을 사로잡은 그들의 비결이었다고 생각해요.'"

심지어 빅토리아 여왕Queen Victoria[20]도 아첨에 약했다. 당시 국무총리였던 벤저민 디즈레일리Benjamin Disraeli는 빅토리아 여왕을 대할 때 아첨을 많이 했다고 고백했다. 디즈레일리의 말을 빌리자면 "여왕에게 입에 발린 칭찬을 밥 먹듯 했다." 하지만 디즈레일리는 대영 제국을 이끈 총리 중 가장 품위 있고, 수완이 뛰어났으며, 노련한 사람이었다. 그는 소위 언어의 천재였다. 따라서 그에게 효과적이었던 방법이 우리에게도 효과가 있으리라는 법은 없다. 길게 보면 아첨은 득보다 실이 많다. 아첨은 거짓이자 위조지폐와 같아서, 다른 사람에게 건네면 언젠가는 곤경에 처하게 된다.

칭찬과 아첨의 차이는 무엇일까? 답은 간단하다. 칭찬은 진심이

---

19   폴란드 출신의 배우. 무성 영화 시절 할리우드에서 세계적인 인기를 누렸다. -편집자

20   영국의 여왕. 재위 당시 영국은 '해가 지지 않는 나라'로 불리며 최전성기를 누렸다. -편집자

고, 아첨은 거짓이다. 칭찬은 마음에서 나오고, 아첨은 입에서 나온다. 칭찬은 이타적이고, 아첨은 이기적이다. 칭찬은 누구나 좋아하지만, 아첨은 모두가 비난한다.

나는 얼마 전 멕시코시티의 차풀테펙 궁전에서 알바로 오브레곤 Alvaro Obregon[21] 장군의 흉상을 보았다. 흉상 아래에는 오브레곤 장군의 철학이 담긴 명언이 새겨져 있었다. "너를 공격하는 적을 두려워하지 말라. 네게 아첨하는 친구를 두려워하라."

아니다! 아니다! 아니다! 나는 절대로 아첨을 권하는 것이 아니다! 전혀 다른 이야기다. 나는 새로운 삶의 방식에 관해 이야기하고 있다. 반복한다. **나는 새로운 삶의 방식에 관해 이야기하고 있다.**

영국의 왕 조지 5세King George V는 버킹엄 궁전의 서재 벽에 6개의 격언을 붙여 두었다. 그중 하나는 이렇게 말한다. "가치 없는 칭찬은 하지도, 받지도 말도록 가르쳐라." 가치 없는 칭찬이 바로 아첨이다. 다음은 내가 어디에선가 읽은 아첨의 정의인데, 마음에 새겨 둘 만하여 언급한다. "아첨은 상대방이 자신에게 내리는 평가와 정확히 일치하도록 상대에게 말하는 것이다."

랠프 월도 에머슨Ralph Waldo Emerson[22]은 이렇게 말했다. "당신이 무

---

21 멕시코의 제46대 대통령. 군인 출신으로 멕시코 혁명에 가담했다. -편집자

22 미국의 철학자. 초월주의의 창시자이며, 그의 사상은 19세기 미국에 큰 영향을 주었다. -편집자

슨 말을 하든, 당신 그대로의 모습 외에는 아무것도 말할 수 없다."

만약 아첨이 통한다면 모든 사람이 아첨꾼이 될 것이고, 누구나 인간관계의 전문가가 될 것이다.

우리는 어떤 특정한 문제에 몰두할 때를 제외하면 대개 자기 시간의 95%를 자신에 관해 생각하는 데 소비한다. 만약 우리가 이제부터 자신에 관한 생각을 잠시 멈추고 타인의 장점을 생각하기 시작한다면, 입에서 나오기도 전에 알아챌 정도로 저속하고 거짓된 아첨에 기댈 필요가 없을 것이다.

에머슨은 이렇게 말했다. "내가 만나는 모든 사람은 어떤 식으로든 나보다 나은 점이 있다. 그런 점에서 나는 모든 사람에게서 배운다."

에머슨처럼 위대한 철학자가 이렇게 생각한다면, 우리같이 평범한 사람들은 수천 배 더 그렇게 생각해야 하지 않을까? 이제부터 우리 자신의 업적과 욕구에 관한 생각을 멈추자. 타인의 장점을 찾으려고 노력하자. 그런 다음 아첨 따위는 잊어버리자. 정직하고 진실한 칭찬을 건네 보자. 찰스 슈왑의 말처럼 "진심으로 인정하고 아낌없이 칭찬하자." 그러면 사람들은 당신의 말을 마음 깊이 간직하고, 보물처럼 여길 것이며, 당신이 그런 말을 했다는 사실을 까맣게 잊은 후에도 상대는 그 말을 평생 되뇔 것이다.

"이 일을 해내는 사람은 세상을 얻을 것이고, 그렇지 못한 사람은 외로운 길을 걸을 것이다"

"He Who Can Do This Has the Whole World with Him. He Who Cannot Walks a Lonely Way"

나는 매년 여름이 되면 메인주로 낚시를 간다. 내가 좋아하는 것은 딸기와 크림인데, 이상하게도 물고기들은 벌레를 좋아한다. 그래서 낚시를 갈 때는 내가 좋아하는 것을 생각하지 않고, 물고기가 좋아하는 것을 생각한다. 내가 좋아하는 딸기와 크림 대신 지렁이나 메뚜기를 낚싯바늘에 꿰고 물고기들에게 "이거 먹고 싶지 않니?"라고 한다.

사람을 상대할 때도 이와 같은 상식을 이용해 보면 어떨까?

데이비드 로이드 조지David Lloyd George[1]가 그랬다. 해럴드 윌슨Har-

---

[1]   1차대전 시기 영국의 53대 총리를 지냈다. -편집자

old Wilson[2], 비토리오 에마누엘레 오를란도Vittorio Emanuele Orlando[3], 조르주 클레망소Georges Clemenceau[4] 같은 다른 전시 지도자들이 자리에서 물러나 잊힌 것과 달리, 조지는 오랫동안 권력을 유지했다. 누군가가 비결을 물었을 때 그는 이렇게 답했다. "제게 비결이 있다면 아마도 물고기에 맞는 미끼를 사용해야 한다는 사실을 배웠기 때문일 겁니다."

왜 우리는 자신이 원하는 것을 이야기할까? 그것은 어른답지 못하고 어리석은 행동이다. 물론 당신은 자신이 원하는 것에 관심이 있을 것이고, 앞으로도 영원히 그럴 것이다. 하지만 다른 사람은 당신이 원하는 것에 관심이 없다. 그들도 당신과 마찬가지로 자신이 원하는 것에만 관심이 있다.

따라서 상대방에게 영향을 미치는 세상에서 유일한 방법은 그 사람이 원하는 것을 이야기하고, 이를 얻는 방법을 보여 주는 것이다.

내일부터 누군가에게 무언가를 시키려고 한다면 이 사실을 기억하라. 만약 자녀가 담배를 피우지 않게 하고 싶다면 설교를 늘어놓거나 당신이 원하는 것을 말하지 말고, 담배를 피우면 야구팀에 들어갈 수 없다거나, 달리기 시합에서 우승할 수 없다는 것을 알려 주

---

2   영국의 67대, 69대 총리. -편집자
3   이탈리아의 23대 총리. -편집자
4   프랑스의 32대 총리. -편집자

어라.

이는 어린아이뿐 아니라 송아지나 침팬지를 다룰 때도 기억해 두면 좋다. 한 가지 예가 있다. 어느 날 랠프 월도 에머슨과 그의 아들이 송아지 한 마리를 헛간에 넣지 못해 쩔쩔매고 있었다. 그들은 사람들이 흔히 하는 실수를 저지르고 있었다. 자신들이 원하는 것만 생각한 나머지 송아지를 억지로 끌고 가려고 한 것이다. 하지만 송아지는 자기가 원하는 것만 생각했다. 그래서 다리에 힘을 주며 풀밭을 떠나지 않으려고 강하게 버텼다. 그때 아일랜드 출신의 가정부가 그 광경을 보았다. 가정부는 에머슨처럼 글을 쓰지는 못했지만, 적어도 그 순간은 에머슨보다 지혜로웠다. 가정부는 송아지가 원하는 것이 무엇인지 잠시 생각하더니, 자기 엄지손가락을 송아지 입에 물리고는 천천히 헛간으로 이끌었다.

당신이 태어나서 지금까지 한 모든 행동은 무언가를 원했기 때문에 이뤄졌다. 적십자에 100달러를 기부하는 행동은 어떨까? 마찬가지다. 기부도 예외가 될 수 없다. 당신이 적십자에 돈을 기부한 것은 남을 돕고 싶었기 때문이다. 즉 이타적이고 숭고하고 아름다운 행동을 원했기 때문이다. "너희가 내 형제 중에 지극히 작은 자에게 한 것이 곧 내게 한 것이니라."[5]라는 성경 말씀처럼 말이다.

당신이 기부를 통해 얻는 뿌듯한 마음보다 돈 자체를 더 원했다

---

5   마태복음 25장 40절. -옮긴이

면, 그 돈을 기부하지 않았을 것이다. 물론 거절하기 창피해서 혹은 고객의 부탁으로 어쩔 수 없이 돈을 기부했을 수도 있다. 하지만 그런 경우라도 한 가지 사실은 분명하다. 당신이 돈을 기부한 것은 당신이 무언가를 원했기 때문이다.

해리 A. 오버스트리트 교수는 자신의 저서인 《인간의 행동에 영향을 미치는 법》[6]에서 이렇게 말했다. "인간의 행동은 기본적으로 욕구에서 비롯된다… 따라서 기업, 가정, 학교, 정치 혹은 어떤 분야에서든 누군가를 설득하고자 하는 사람에게 할 수 있는 최고의 조언은 다음과 같다. 먼저 상대의 마음에 간절한 열망을 일으켜야 한다. 이 일을 해내는 사람은 세상을 얻을 것이고, 그렇지 못한 사람은 외로운 길을 걸을 것이다!"

스코틀랜드 출신인 앤드루 카네기는 가난에 시달리던 젊은 시절에 시급 2센트를 받는 일부터 시작했지만, 나중에는 3억 6500만 달러의 돈을 기부할 정도로 큰 부자가 되었다. 그는 사람들에게 영향을 미치는 유일한 방법이 상대가 원하는 것에 관하여 이야기하는 것임을 어린 나이에 깨달았다. 그는 학교를 4년밖에 다니지 않았지만, 사람을 대하는 방법은 잘 알고 있었다.

한 가지 예가 있다. 카네기의 형수는 아들 둘에 대한 걱정이 많았다. 두 아들은 예일대학교에 다니고 있었는데, 얼마나 바쁜지 집에

---

6   원제목: Influencing Human Behavior -옮긴이

편지 한 통을 보내지 않았다. 어머니가 아무리 편지를 써 보내도 전혀 관심을 기울이지 않았다.

그러자 카네기는 답장을 받아 낼 자신이 있다며 100달러를 걸고 내기를 제안했다. 심지어 답장을 쓰라고 말하지 않아도 조카들이 알아서 써 보낼 것이라고 했다. 누군가가 내기에 응했고, 카네기는 조카들에게 일상적인 이야기로 편지를 썼다. 그리고 용돈으로 각각 5달러를 보낸다고 추신을 덧붙였다.

하지만 실제로는 돈을 넣지 않았다.

조카들에게서 곧바로 "친애하는 앤드루 삼촌께"라는 말로 시작하는 감사의 답장이 왔다. 그 편지의 다음 내용이 어땠을지는 누구라도 쉽게 짐작이 갈 것이다.

내일도 당신은 누군가에게 무언가를 설득하고 싶어질 것이다. 그렇다면 말을 시작하기 전에 먼저 자신에게 이렇게 질문해 보자. "어떻게 하면 그 사람이 그 일을 **하고 싶게** 만들 수 있을까?"

이 질문은 우리가 무작정 사람들을 만나 자신의 욕망에 관해 떠드는 무의미한 일을 막아줄 것이다.

나는 일련의 강의를 열기 위해 매 시즌 뉴욕에 있는 한 호텔의 연회실을 20일간 대여한다.

그런데 한 학기가 시작될 무렵, 호텔로부터 느닷없이 대여료가 이전보다 3배 가까이 인상되었다는 통보를 받았다. 이 소식은 강의 입장권이 인쇄되어 배포되고, 모든 공지 사항이 발표된 후에 전해졌다.

당연히 인상된 대여료를 내고 싶지 않았지만, 내가 원하는 바를 호텔에 이야기해 봐야 무슨 소용이 있겠는가? 그들은 그들이 원하는 것에만 관심이 있을 것이 분명했다. 그래서 이틀 뒤, 나는 호텔 매니저를 만나 이렇게 이야기했다.

"호텔의 편지를 받고 약간 놀라기는 했지만, 매니저님을 탓하고 싶지는 않습니다. 제가 매니저님이었어도 비슷한 편지를 써야 했겠죠. 호텔이 수익을 최대한 많이 내도록 하는 것이 매니저님의 일이니까요. 그렇게 하지 않으면 해고당할 것이고, 또 그래야 마땅합니다. 자, 이제 대여료 인상을 고집했을 때 호텔이 어떤 이익과 불이익을 얻을지 제가 종이에 한번 적어 보겠습니다."

나는 종이 한 장을 가져와 가운데에 선을 긋고, 한쪽에는 "이득", 다른 쪽에는 "손해"라고 적었다.

먼저 "이득" 칸에 "연회실 공실"이라고 쓰고 이렇게 말했다. "호텔 측은 무도회나 회의용으로 연회실을 대여할 수 있는 이득을 얻게 됩니다. 그러면 강연용으로 대여할 때보다 훨씬 많은 더 많은 대여료를 받을 수 있으니, 호텔로서는 큰 이득이 되겠죠. 따라서 저 때문에 이번 학기가 진행되는 20일 동안 연회실이 묶이면, 호텔은 수익성이 높은 사업을 잃는 것과 마찬가지일 겁니다.

자, 이제 손해를 생각해 봅시다. 첫째, 호텔은 제게서 얻을 수 있는 수입만큼 이득이 줄어듭니다. 호텔 측에서 요구하는 인상분을 제가 지불할 수 없으니, 사실상 그만큼의 이득이 아예 없다고 봐야겠지요. 어쩔 수 없이 이번 강연은 다른 장소에서 열어야 하니까요.

호텔이 입는 손해는 또 있습니다. 제 강연은 교육 수준이 높고 교양 있는 사람들을 호텔로 끌어들입니다. 좋은 광고가 아닐 수 없겠죠? 사실 5000달러를 들여 신문에 광고를 내도 제 강연으로 호텔을 찾는 사람만큼 많은 손님을 유치할 수는 없을 겁니다. 호텔로서는 엄청난 가치가 있는 일이지 않나요?"

나는 이렇게 말한 다음, 이 2가지 "손해"를 종이에 적어 매니저에게 건네고 이렇게 말했다. "매니저님께서는 앞으로 발생할 이득과 손해를 신중하게 고려해 보시고, 최종 결론을 제게 알려 주시길 바랍니다."

다음 날 나는 대여료를 300%가 아니라 50%만 인상하겠다는 내용의 편지를 받았다.

여기서 주목할 점은 내가 무엇을 원하는지 한마디도 언급하지 않고 대여료를 할인받았다는 것이다. 나는 줄곧 상대가 무엇을 원하는지 그리고 이를 어떻게 얻을 수 있는지만 이야기했다.

만약 내가 사람들이 흔히 하는 방식대로 했다면 어땠을지 생각해보자. 매니저의 사무실로 쳐들어가서 이렇게 말하는 것이다. "갑자기 대여료를 300% 인상하다니, 그게 무슨 말입니까? 입장권도 인쇄되었고 공지도 발표되었다는 것을 아시지 않습니까? 300%라뇨! 어처구니가 없군요! 말도 안 돼요! 그 돈은 절대 못 냅니다!"

그다음에는 어떤 일이 벌어질까? 서로 얼굴을 붉히며 설전이 오 갔을 것이고, 뻔한 결말이 펼쳐졌을 것이다. 설령 내가 상대의 잘못 을 납득시켰다고 해도, 그는 자존심이 상해 자기주장을 굽히거나 물 러서기가 어려웠을 것이다.

인간관계를 위한 최고의 비결을 하나 소개하겠다. 헨리 포드Henry Ford[7]는 이렇게 말했다. "성공의 비결이 하나 있다면, 그것은 다른 사 람의 관점을 이해하고, 다른 사람의 관점으로 바라보는 능력에 달려 있다."

너무나 멋진 말이니 한 번 더 반복하겠다. "성공의 비결이 하나 있 다면, 그것은 다른 사람의 관점을 이해하고, 다른 사람의 관점으로 바라보는 능력에 달려 있다."

이 말은 너무도 단순하고 명백해서 누구라도 그 참뜻을 한눈에 이 해할 수 있지만, 세상 사람의 열에 아홉은 열에 아홉 번 이 진리를 무 시한다.

예를 들어 볼까? 내일 아침 당신의 책상 위에 놓인 편지들을 잘 살 펴보면, 상식이나 다름없는 이 중요한 진리를 대부분의 편지가 위반 하고 있음을 알게 될 것이다. 다음 편지는 전국에 지사를 둔 어느 광 고 대행사의 라디오 부문 책임자가 쓴 것이다. 이 편지는 전국의 라

---

7   미국의 기업가. 포드 모터 컴퍼니를 설립했으며, 세계 최초로 자동차의 대량
     생산에 성공했다. -편집자

디오 방송국 국장들에게 발송되었다. (각 단락에 대한 내 감상을 괄호 안에 적어 두었다)

인디애나주

OO 지역

존 OO 귀하

OO 씨께

당사는 라디오 분야에서 광고 대행사로서 업계 선두를 유지하고자 열망하는 회사입니다.

(당신네 회사가 무얼 열망하는지 누가 궁금하다고 했나? 나는 내 문제만으로도 골치가 아파. 은행은 대출금을 갚으라고 난리지, 해충 때문에 우리 집 접시꽃은 죽어 가지, 어제 주식 시장은 완전히 폭락 했지, 게다가 오늘 아침에는 8시 15분 버스를 놓쳤고, 어젯밤에 열 린 존스의 댄스파티에는 초대받지도 못했고, 의사는 내게 고혈압과 신경통에 비듬까지 있다고 했단 말이야. 그런데 이게 뭐지? 기껏 머 리를 싸매고 사무실에 와서 편지를 열었더니 어떤 건방진 놈이 자기 네 회사가 무얼 열망하는지 지껄이고 있네. 흥! 자기가 쓴 편지가 어 떤 인상을 남기는지도 모른다면 광고 회사는 때려치우고 살충제 공 장이나 시작하는 게 낫겠어)

저희가 보유한 전국적인 거래처는 라디오 방송망에서 굳건히 자리를 지켜 왔습니다. 저희는 방송 시간을 철저히 확보해 해마다 업계 1위를 차지하고 있습니다.

(당신네 회사가 그렇게 대단하고, 돈이 많고, 잘나간다는 건가? 그래서 뭐? 당신네 회사가 제너럴 모터스, 제너럴 일렉트릭, 미 육군 사령부를 합친 것보다 크다고 한들 눈 하나 깜빡하지 않을걸. 당신이 새대가리만큼이라도 생각이 있었으면, 내가 관심이 있는 건 당신이 얼마나 대단한지가 아니라 내가 얼마나 대단하냐는 점이라는 걸 알았을 거야. 당신이 그렇게 잘났다고 하면 나만 더 작고 볼품없는 존재처럼 느껴진단 말이지)

이에 당사는 거래처에 최신 라디오 방송 정보를 제공해 드리고자 합니다.

(또! 또 자기네가 원하는 것만 떠들고 있군. 이 멍청한 놈. 나는 너희가 무얼 원하는지, 베니토 무솔리니Benito Mussolini[8]가 무얼 원하

---

8   이탈리아의 정치가로, 파시스트당을 창당하였으며, 1922년 정권을 장악하여 독재 체제를 구축했다. -옮긴이

는지, 빙 크로스비Bing Crosby[9]가 무얼 원하는지 관심이 없어. 한 번만 더 말해 주지. 나는 내가 무얼 원하는지가 중요해. 그런데 당신은 이 바보 같은 편지에서 내가 원하는 것에 관해선 한마디도 언급이 없군)

따라서 주간 방송 정보를 발신하는 귀사의 특별 관리 명단에 당사를 포함해 주시길 바랍니다. 모든 정보는 당사가 광고 시간을 배분하는 데 유용하게 사용될 것입니다.

("특별 관리 명단"이라고? 뻔뻔하기 짝이 없군! 자기네 회사가 얼마나 대단한지 떠들어서 나를 초라하게 하더니, 이제는 "특별" 관리 명단에 넣어 달라고? 그러면서 "부탁합니다"라는 말도 없네)

이 편지를 읽고 귀사의 최신 방송 정보와 함께 신속한 답변을 제공해 주신다면, 상호 간에 도움이 될 것입니다.

(이 멍청이! 나는 지금 대출금과 접시꽃과 고혈압 때문에 잠을 못 이룰 지경인데, 자기는 가을 낙엽처럼 흔해 빠진 편지를 복사해서 보내 놓고, 나더러는 손수 답장을 써달라니. 그것도 "신속하게" 보내달

---

9   미국의 가수이자 배우, 코미디언으로 20세기 초 대중문화를 연 전설적인 인물이다. -옮긴이

라고? "신속하게"라니 이게 무슨 소리야. 나도 당신만큼 바쁘다는걸, 아니 적어도 그렇게 보이고 싶다는 걸 왜 모르느냐 말이야. 그리고 얘기가 나와서 말인데, 자기가 뭔데 나보고 이래라저래라야? … "상호 간에 도움"이 된다? 드디어! 드디어 내 생각을 해 주는구먼. 하지만 정확히 어떻게 나에게 도움이 된다는 건지는 설명하지도 않았군)

존 OO 씨께 진심을 담아서

라디오 부문 매니저 올림

추신: 관심이 있으실 것 같아 〈○○ 저널〉의 사본을 함께 보내드립니다. 필요할 경우 귀사의 방송에 활용하셔도 좋습니다.

(드디어 추신에서야 내 골칫거리를 해결하는 데 도움이 될 만한 이야기를 꺼내는군. 왜 그 말을 편지 앞부분에서 하지 않는 거야? 하긴 무슨 소용이람. 이렇게 헛소리나 보내는 광고쟁이들은 분명히 뇌하수체에 문제가 있는 거야. 당신 같은 사람에겐 우리 회사의 최신 방송 정보가 필요 없을 것 같군. 당신에게 필요한 것은 갑상샘을 치료할 아이오딘[10] 한 통이야)

10   자세한 내용은 273쪽을 참고. -편집자

광고업에 평생을 바치고 사람들이 물건을 사도록 영향을 미치는 기술의 전문가로 자처하는 사람이 이런 편지를 썼다면, 정육점 주인이나 제빵사, 카펫용 압정 제조업자 같은 사람들에게는 무엇을 기대할 수 있겠는가?

또 다른 편지도 있다. 다음은 한 대형 화물 터미널의 관리소장이 우리 강좌의 수강생인 에드워드 버밀렌Edward Vermylen에게 보낸 편지다. 이 편지는 받는 사람에게 어떤 영향을 일으켰을까? 먼저 편지의 내용을 살펴본 다음에 말해 주겠다.

뉴욕시 브루클린

프런트가 28번지

A. 제레가즈 선즈 주식회사

에드워드 버밀렌 귀하

여러분.

대부분 물량이 오후 늦게 터미널에 도착하는 바람에 당사의 발송 작업이 차질을 빚고 있습니다. 이러한 상황은 화물 폭주, 연장 근무, 배차 지연 그리고 때에 따라 운송 지연까지 초래합니다. 11월 10일에는 귀사가 보낸 화물 510개가 당사의 터미널에 오후 4시 20분에 도착했습니다.

당사는 화물 수령이 늦어짐에 따라 발생하는 바람직하지 않은 영향을 극복하기 위해 귀하의 협조를 요청하는 바입니다. 상기 언급한 날짜에 보내신 것처럼 많은 물량을 배송하는 날에는 트럭 도착 시간을 당겨 주시거나 화물 일부라도 오전에 먼저 보내도록 노력해 주시길 부탁드립니다.

이에 협조해 주신다면 저희가 하역 작업을 더 신속하게 처리하여 약속된 날짜에 귀사의 화물이 도착할 수 있도록 조치해 드리겠습니다.

감사합니다

J. B. 소장 올림

A. 제레가즈 선즈의 영업부장인 버밀렌은 이 편지를 읽은 후, 내게 편지를 통해 다음과 같은 의견을 보내 주었다. "그 편지는 의도와 달리 제게 반감만 일으켰습니다. 편지는 그 회사 터미널이 겪고 있는 어려움에 관한 이야기로 시작합니다만, 그 문제는 우리가 알 바 아니죠. 그러고는 우리의 불편은 고려하지도 않은 채 협조를 요청했고, 편지의 마지막 단락에 가서야 우리가 협조하면 약속된 수령일에 맞춰 화물을 더 신속하게 하역할 수 있다는 사실을 언급합니다.

다시 말해서 그 편지는 우리가 가장 관심 있어 할 내용을 마지막에서야 언급하기 때문에 전반적으로 협조하고 싶은 마음보다 반감을 일으키는 효과를 가져왔습니다."

그렇다면 이 편지를 수정하여 좀 더 나아지게 할 수는 없는지 살펴보자. 자신의 문제를 먼저 언급해 상대의 시간을 뺏는 일이 없도록 해야 한다. 헨리 포드의 말처럼 "다른 사람의 관점을 이해하고, 다른 사람의 관점으로 바라보기" 위해 노력해야 한다.

다음은 편지를 수정해 본 것이다. 이것이 최선의 방법은 아닐 수도 있지만, 처음 편지보다는 낫지 않은가?

뉴욕시 브루클린

프런트가 28번지

A. 제레가즈 선즈 주식회사

에드워드 버밀렌 귀하

버밀렌 씨께.

귀사는 지난 14년간 저희를 꾸준히 이용해 주신 우수 고객이십니다. 저희는 당연히 귀사의 성원에 매우 감사하고 있으며, 귀사가 마땅히 누려야 할 신속하고 효율적인 서비스를 제공하고자 노력하고 있습니다. 하지만 죄송하게도 지난 11월 10일처럼 귀사의 대형 화물이 오후 늦은 시간에 도착하면, 그와 같은 서비스를 제공해 드리기가 어렵습니다. 왜냐하면 다른 화물도 대부분 그 시간에 도착하기 때문입니다. 당연하게도 물량이 폭주하게 됩니다. 그러면 어쩔 수 없이 트럭이 부두에 묶이게 되고, 때로는 운송이 지연되는 상황이 발생하기도 합니다.

이는 매우 유감스러운 일입니다. 어떻게 해야 이러한 불상사를 피할 수 있을까요? 가능한 한 오전에 부두에서 배송을 처리해야 합니다. 그러면 트럭이 묶이지 않고, 화물이 즉각적으로 처리되며, 우리 직원들도 일찍 퇴근하여 귀사에서 제조한 맛있는 마카로니와 스파게티를 저녁으로 즐길 수 있을 겁니다.

이런 말씀을 드리는 것이 불만을 제기하거나, 귀사의 운영 방식에 간섭하려는 의도가 전혀 아니라는 점을 알아주셨으면 합니다. 이 편지는 전적으로 귀사에 더 나은 서비스를 제공해 드리고자 하는 마음에서 보낸 것입니다.

귀사의 화물 도착 시각과 관계없이 저희는 언제나 최선을 다해 신속한 서비스를 제공하고자 노력하겠습니다.

바쁘실 테니 이 편지에 답장하지 않으셔도 됩니다.

감사합니다

J. B. 소장 올림

오늘도 수천 명의 영업 사원이 힘들게 노력한 대가도 누리지 못하고 의욕을 잃은 채 지친 몸을 이끌며 거리를 헤맨다. 왜 그럴까? 그들은 자신이 원하는 것만 생각하기 때문이다. 그들은 우리가 아무것도 사고 싶지 않다는 사실을 깨닫지 못한다. 사고 싶은 물건이 있으면 나가서 사면 그만이다. 하지만 우리는 자신의 문제를 해결하는 데에는 언제나 관심이 있다. 만약 영업 사원이 자신의 서비스나 상품이 우리의 문제를 해결하는 데 도움이 된다는 것을 보여준다면, 굳이 팔려고 애쓰지 않아도 된다. 필요한 사람이 알아서 살 것이다. 고객은 판매의 대상이 아니라 구매의 주체가 되기를 원한다.

그러나 영업 사원 대부분은 고객의 관점에서 보지 않고 평생 물건을 파는 데만 매달린다. 예를 들면 나는 뉴욕 중심가에 있는 작은 주택 단지인 포레스트 힐스에 산다. 어느 날 급히 기차역으로 가던 중에 롱아일랜드 지역에서 오랫동안 일한 부동산 중개 업자를 만났다. 그는 포레스트 힐스 지역을 잘 알고 있었기 때문에, 나는 치장용 벽토로 마감된 우리 집이 철망을 넣어 지었는지, 속이 빈 타일을 넣어 지었는지 물어보았다. 그는 자신도 모르겠다며, 나도 이미 아는 정보를 전해 주었다. 포레스트 힐스 주택 협회에 전화해 보라는 것이다. 다음 날 아침, 그에게서 편지 한 통을 받았다. 내가 원하는 정보를 알려 줬을까? 그 사람이라면 전화 한 통만 걸어 60초 만에 알아낼 수 있었을 것이다. 하지만 그러지 않았다. 대신 내가 직접 전화하면 알 수 있다는 말만 되풀이하고는, 내 보험 관리를 자신에게 맡겨 달라고 부탁했다.

그는 나를 돕는 일에 관심이 없었다. 오로지 자신에게 도움이 되는 일에만 관심이 있었다.

그에게 바시 영Vash Young이 쓴 《주는 기쁨》[11]과 《함께 나누는 행

---

11   원제목: Go-Giver ―옮긴이

운》[12]을 선물했어야 했다. 그가 이 책들을 읽고 그 안에 담긴 철학을 실천한다면, 내 보험 관리를 맡는 것보다 수천 배는 더 많은 이익을 얻을 것이다.

전문직 종사자들도 이와 같은 실수를 저지른다. 몇 년 전 필라델피아에 있는 유명한 이비인후과 전문의의 진료실을 방문한 적이 있다. 그 의사는 내 목 상태를 보기도 전에 내 직업이 무엇인지부터 물었다. 그는 내 편도선이 얼마나 커졌는지 관심이 없었다. 대신 내 재산이 얼마나 큰지에 관심이 있었다. 그의 주된 관심은 나를 어떻게 도울지가 아니라 내게서 얼마나 뜯어낼 수 있는지였다. 결과적으로 그는 내게서 아무것도 얻어 내지 못했다. 그의 몰인격에 진저리가 나서 내가 병원을 나와 버렸기 때문이다.

세상은 탐욕스럽고 이기적인 사람들로 가득하다. 그래서 사심 없이 남을 돕는 소수의 사람은 대단히 유리한 위치에 선다. 그들에게는 경쟁자가 없기 때문이다. 오언 D. 영은 이렇게 말했다. "다른 사람의 처지에서, 다른 사람의 마음이 어떻게 작동하는지 이해하는 사람은 앞으로 어떤 일이 닥쳐도 걱정할 필요가 없다."

만약 당신이 이 책을 읽고 딱 한 가지 능력, 바로 다른 사람의 관점에서 생각하고, 다른 사람의 관점으로 바라보는 능력만 키울 수 있다면, 그것은 당신의 인생에서 큰 이정표가 될 수 있을 것이다.

12　원제목: A Fortune to Share -옮긴이

사람들 대부분은 대학에 들어가서 베르길리우스Vergilius[13]의 시를 해독하고 어려운 미적분학을 공부하면서, 정작 자신의 마음이 어떻게 작동하는지는 깨닫지 못한다. 예를 들어 보겠다. 나는 언젠가 뉴저지주 뉴어크의 에어컨 제조 업체인 캐리어사에 입사를 앞둔 대학 졸업생들을 대상으로 "효과적인 말하기" 강좌를 진행한 적이 있다. 참가자 중 한 명이 다른 사람들을 설득하여 쉬는 시간에 농구를 하고 싶어 했는데, 그는 다음과 같이 말했다. "여러분들과 함께 농구 시합을 하면 좋겠어요. 농구가 하고 싶어서 지난번에 몇 번 체육관에 갔는데, 시합에 필요한 인원이 부족했거든요. 어젯밤에는 두세 명이 공을 주고받다가 제 눈에 멍만 들었어요. 그러니 내일 밤에는 여러분이 함께 와 주었으면 해요. 저는 농구 시합이 꼭 하고 싶거든요."

그가 다른 사람이 원하는 것을 이야기했는가? 아무도 가지 않는 체육관에 가고 싶은 사람이 있을까? 당신은 그가 무엇을 원하는지 관심이 없을 것이다. 눈에 멍이 들고 싶은 마음도 없을 것이다.

그가 체육관을 이용함으로써 당신이 원하는 것을 얻는 방법을 알려줄 수는 없을까? 얼마든지 있다. 활력이 생긴다. 식욕이 좋아진다. 머리가 맑아진다. 즐겁게 농구 시합도 할 수 있다.

오버스트리트 교수의 현명한 조언을 반복하겠다. "먼저 상대의 마음에 간절한 열망을 일으켜야 한다. 이 일을 해내는 사람은 세상

13　고대 로마의 시인. 역대 최고의 라틴어 문학가로 불린다. -편집자

을 얻을 것이고, 그렇지 못한 사람은 외로운 길을 걸을 것이다."

내 교육 과정을 들은 한 참가자는 자신의 어린 아들에 대해 걱정이 많았다. 아들은 체중미달인 데다 음식을 잘 먹으려 하지 않았다. 아이의 부모는 사람들이 흔히 하던 대로 아이를 야단치고 잔소리를 해댔다. "엄마는 네가 이것저것 잘 먹으면 좋겠어.", "아빠는 네가 튼튼하게 자랐으면 좋겠어."

아이가 부모의 간청에 귀를 기울였을까? 아마도 잘 모르는 기념일처럼 무관심으로 넘겼을 것이다.

상식이 있는 사람이라면 3살짜리 아이가 30살 아버지의 생각을 이해하고 따를 것이라 기대하지 않는다. 하지만 아버지는 아이가 그래 주기를 바랐다. 터무니없는 일이 아닐 수 없다. 아버지는 마침내 그 사실을 깨달았고, 이렇게 자문해 보았다. "아들이 원하는 건 뭘까? 어떻게 하면 아들도 원하는 걸 얻고, 나도 원하는 걸 얻을 수 있을까?"

그 답은 생각보다 간단했다. 아들은 브루클린에 있는 집 앞 인도에서 세발자전거를 타고 놀기를 좋아했다. 그런데 몇 집 건너에 할리우드식으로 말하면 "악동"이라고 할 만한 아이가 살았다. 덩치가 좋은 그 아이는 종종 아들을 밀쳐내고 세발자전거를 빼앗아 탔다.

당연하게도 아들은 소리를 지르며 엄마에게 달려갔고, 그러면 엄마가 그 "악동"에게서 자전거를 빼앗아 아들에게 돌려줘야 했다. 이런 일이 거의 매일 일어났다.

어린 아들이 원한 것은 무엇일까? 그 답은 셜록 홈스Sherlock Holmes 가 아니어도 알 수 있다. 자존심, 분노, 자신이 중요하다는 느낌을 받고자 하는 욕구 등 소년의 내면에 있는 강렬한 감정이 복수를 부추겼고, "악동"의 코를 납작하게 해 주고 싶었다. 아버지는 아들에게 엄마가 해 주는 음식을 다 먹기만 하면 언젠가 그 덩치 큰 아이를 쓰러뜨릴 수 있다고, 꼭 그렇게 될 수 있다고 말해 주었다. 그 후로 아들의 편식은 더 이상 문제가 되지 않았다. 아마도 아들은 자기를 괴롭히는 아이를 혼내 줄 만큼 빨리 자라고 싶어서 채소든, 생선이든 가리지 않고 잘 먹었을 것이다.

편식 문제는 해결했으나, 아버지는 또 다른 문제에 부딪혔다. 아들이 자면서 침대에 오줌을 싸는 나쁜 버릇이 생긴 것이다.

아들은 할머니와 함께 잠을 잤다. 아침이 되면 할머니는 축축해진 이불을 만지며 이렇게 말했다. "봐라 조니. 어젯밤에 또 오줌을 쌌구나."

그때마다 아들은 "내가 한 거 아니에요. 할머니가 그랬잖아요."라고 했다.

야단치고, 엉덩이를 때리고, 창피를 주고, 그러지 말라고 타이르기를 수차례 해 보았지만, 그 어떤 방법도 침대가 축축해지는 일을 막을 수 없었다. 그래서 부모는 자문해 보았다. "아들이 오줌 싸는 버릇을 멈추고 **싶게** 만드는 방법이 없을까?"

아이가 원하는 것은 무엇일까? 첫째, 아이는 할머니처럼 나이트

가운을 입는 게 아니라 아빠처럼 파자마를 입고 싶었다. 그러자 손자의 잠버릇에 지친 할머니가 적극적으로 나서, 손자가 변한다면 기꺼이 잠옷을 사 주겠다고 했다. 둘째, 아이는 자신의 침대를 갖고 싶었다. 할머니도 반대하지 않았다.

아이의 어머니는 브루클린에 있는 로저 백화점에 아이를 데리고 갔다. 백화점 점원에게 눈을 찡긋해 보이며 "여기 꼬마 신사분이 사고 싶은 게 있으시대요."라고 했다.

점원은 아이가 중요하다는 느낌을 받도록 이렇게 말했다. "꼬마 손님, 무엇을 보여 드릴까요?"

아이는 키가 커 보이도록 발꿈치를 들고 서서 말했다. "제 침대를 사고 싶어요."

아들에게 보여주는 침대 중에서 어머니가 사고 싶은 물건이 등장하자, 어머니는 점원에게 눈을 찡긋했고, 점원은 아이를 설득하여 그 침대를 사도록 했다.

다음 날 침대가 배달되었고, 그날 밤 아빠가 집에 들어오자 어린 아들은 현관으로 달려가 이렇게 소리쳤다. "아빠! 아빠! 방에 올라와서 **내가 산** 침대 좀 보세요!"

아버지는 침대를 보며 찰스 슈왑의 조언대로 "진심으로 인정하고 아낌없이 칭찬해" 주었다.

그리고 아들에게 "이 침대에서는 자다가 실수하는 일이 없겠네, 그렇지?"라고 물었다.

"네! 네! 이제 진짜 안 그럴 거예요." 아들은 정말로 그 약속을 지켰다. 본인의 자존심이 걸린 문제였기 때문이다. 그 침대는 **자신이** 직접 고른 **자기** 침대였고, 아빠처럼 파자마도 입었다. 아이는 어른처럼 행동하고 싶었고, 실제로도 의젓해졌다.

우리 강좌의 학생이자 전화 기사인 K. T. 더치먼K. T. Dutschmann도 세 살 된 딸아이가 아침밥을 먹지 않아 걱정이 많았다. 다른 부모들처럼 윽박지르고, 어르고, 달래 보았지만, 모두 소용이 없었다. 그래서 부모는 이렇게 자문했다. "어떻게 하면 딸이 아침을 먹고 **싶게** 할 수 있을까?"

어린 딸은 엄마를 흉내 내며 어른이 된 기분을 느끼고 싶어 했다. 그래서 어느 날 아침, 부모는 딸을 의자에 앉히고는 직접 아침을 준비하게 했다. 딸이 시리얼을 젓고 있던, 심리학적으로 중요한 바로 그 순간에 아빠가 주방에 나타나자 딸이 이렇게 외쳤다. "아빠! 보세요. 내가 시리얼을 만들고 있어요!"

그날 아침, 딸은 부모가 시키지도 않았는데 시리얼을 두 그릇이나 먹었다. 자신이 직접 만든 음식에 흥미를 느꼈기 때문이다. 아이는 아침을 직접 만드는 데서 자기를 표현하는 법을 배웠고, 자신이 중요하다는 느낌을 받았다.

윌리엄 윈터William Winter[14]는 언젠가 이렇게 말했다. "자기표현은

14　미국의 작가. 19세기 후반 가장 영향력 있는 문인이었다. -편집자

인간 본성의 중요한 요소다." 이 심리를 사업에 활용할 수는 없을까? 기발한 아이디어가 떠올랐을 때, 내가 생각해 냈다고 하지 말고, 상대가 그 아이디어를 마음대로 요리하고 휘젓게 해 주는 것은 어떨까? 그러면 상대방은 아이디어의 주인이 자신이라고 생각해서 그 아이디어를 좋아하게 되고, 어쩌면 시리얼을 두 그릇이나 먹게 될지도 모른다.

기억하라. "먼저 상대의 마음에 간절한 열망을 일으켜야 한다. 이 일을 해내는 사람은 세상을 얻을 것이고, 그렇지 못한 사람은 외로운 길을 걸을 것이다."

PART TWO

사람들에게 호감을 얻는
6가지 방법

**SIX WAYS TO MAKE
PEOPLE LIKE YOU**

CHAPTER 1

이렇게 하면 어디서든
환영받을 것이다

Do This and You'll Be Welcome Anywhere

친구를 만드는 법을 알기 위해 이 책을 읽는가? 그렇다면 세상에서 친구를 가장 잘 만드는 존재의 기술을 배워 보면 어떨까? 그게 누구냐고? 당신은 내일이라도 길을 가다가 그 존재를 만날 수 있다. 당신이 가까이 다가가면 꼬리를 흔들기 시작할 것이다. 당신이 만져 주기라도 하면 좋아서 당신에게 펄쩍 뛰어오를 수도 있다. 이 모든 애정 표현 뒤에는 어떤 숨은 의도도 없다. 부동산을 팔고 싶어서도, 당신과 결혼하고 싶어서도 아니다.

개는 일하지 않아도 살 수 있는 유일한 동물이라고 생각해 본 적 있는가? 암탉은 알을 낳아야 하고, 젖소는 젖을 내야 하며, 카나리아는 노래를 불러야 한다. 하지만 개는 인간에게 오직 사랑만 주고 산다.

내가 5살 때, 우리 아버지는 노란 털의 강아지 한 마리를 50센트에 사 오셨다. 그 강아지는 어린 시절 나에게 기쁨이자 빛 같은 존재였다. 매일 오후 4시 30분쯤이면, 마당에 앉아 귀여운 눈으로 사람들이 지나다니는 길을 가만히 응시하곤 했다. 그러다 내 목소리를 듣거나, 내가 딸기나무 사이로 도시락통을 흔들며 돌아오는 모습을 보면, 쏜살같이 언덕을 달려와 내게 펄쩍 뛰어오르며 좋아서 어쩔 줄 모르고 나를 반겨 주었다.

'티피'는 5년간 내 단짝 친구였다. 그러던 어느 날 밤, 평생 잊지 못할 끔찍한 일이 일어났다. 내 눈앞에서 티피가 벼락에 맞아 죽은 것이다. 티피의 죽음은 내 어린 시절의 비극이었다.

티피, 네가 심리학에 관한 책을 읽은 적은 없었지. 그럴 필요가 없었으니까. 사람들에게 관심을 받고자 노력해서 2년간 사귈 수 있는 친구보다, 사람들에게 진심으로 관심을 기울여서 2달 만에 사귈 수 있는 친구가 더 많다는 사실을 너는 본능적으로 알고 있었어. 다시 반복해 보겠다. **사람들에게 관심을 받고자 노력해서 2년간 사귈 수 있는 친구보다, 사람들에게 진심으로 관심을 기울여서 2달 만에 사귈 수 있는 친구가 더 많다.**

그러나 우리가 알다시피 일평생 타인의 관심을 얻기 위해 애쓰는 어리석은 사람들이 있다.

물론 그런 방법은 소용이 없다. 사람들은 당신에게도 관심이 없고, 나에게도 관심이 없다. 사람들은 아침에도, 낮에도, 저녁에도 자신에게만 관심이 있다.

뉴욕 전화국에서 사람들이 통화할 때 가장 많이 쓰는 단어를 조사했다. 짐작했겠지만, 답은 인칭대명사인 "나"였다. "나", "나", "나" 이 단어는 500건의 통화에서 3990번이나 사용되었다. "나", "나", "나", "나", "나".

사람들과 함께 찍은 단체 사진을 볼 때, 누구를 가장 먼저 찾아보는가?

사람들이 당신에게 관심이 많다고 생각한다면 이 질문에 답해 보라. 오늘 밤 당신이 죽는다면 장례식에 올 사람이 몇이나 될 것 같은가?

당신이 먼저 다른 사람에게 관심을 보이지 않는데,

다른 사람이 당신에게 관심을 가져야 할 이유가 있을까?

있다면 지금 당장 연필을 들고 여기에 이유를 써 보자.

_____

_____

사람들에게 잘 보이려 애쓰고 관심을 얻으려고만 하면, 우리는 절대 진실하고 참된 친구를 사귈 수 없다. 진짜 친구는 그런 방법으로 얻지 못한다.

나폴레옹 1세Napoleon I가 그랬다. 아내 조제핀 드 보아흐네Joséphine de Beauharnais를 마지막으로 만났을 때 그는 이렇게 말했다. "나는 지금까지 세상 누구보다 운 좋은 남자였소. 하지만 이 순간 내가 의지할 수 있는 사람은 당신뿐이오." 하지만 역사가들은 과연 나폴레옹이 조제핀에게 의지할 수 있었는지 의문이라고 말한다.

빈 출신의 저명한 심리학자인 알프레드 아들러는《심리학이란 무엇인가》'라는 책을 썼다. 이 책에서 그는 이렇게 말한다. "다른 사람에게 관심이 없는 사람은 인생에서 가장 큰 어려움을 겪고, 다른 사람에게 가장 큰 상처를 준다. 모든 인간의 실패는 그런 부류의 사람에게서 발생한다."

심리학에 관한 훌륭한 책을 수없이 읽는다고 해도 이처럼 중요한 문장을 발견하기는 쉽지 않을 것이다. 나는 반복하는 것을 좋아하지 않지만, 아들러의 말은 정말 뜻깊은 의미가 있으므로 한 번 더 강조해서 말하겠다.

다른 사람에게 관심이 없는 사람은 인생에서 가장 큰 어려움을 겪고, 다른 사람에게 가장 큰 상처를 준다. 모든 인간의 실패는 그런 부류의 사람에게서 발생한다.

나는 예전에 뉴욕대학교에서 단편 소설 창작 강좌를 들은 적이 있다. 그 강좌에서 잡지 〈콜리어스〉의 편집장이 우리 반 학생들과 이

---

1   원제목: What Life Should Mean to You -옮긴이

야기를 나눈 적이 있다. 그는 매일 자신의 책상에 올라오는 수십 편의 소설 중에서 아무거나 골라 몇 구절만 읽어 보면, 글쓴이가 사람에 대한 애정이 있는지 없는지를 느낄 수 있다며 이렇게 말했다. "작가가 사람들을 좋아하지 않으면, 사람들도 그 작가의 이야기를 좋아하지 않습니다."

이 완고한 편집자는 그 강좌에서 두 번이나 말을 멈추고 설교를 늘어놓아 미안하다고 사과하며 재차 당부했다. "잔소리처럼 들리겠지만, 소설가로 성공하고 싶다면 사람들에게 관심을 가져야 합니다."

허구의 글을 쓸 때조차 이런 원칙이 적용된다면, 실제로 얼굴을 마주하는 인간관계에서는 몇 배나 더하다고 확신할 수 있을 것이다.

나는 마술계의 대부로 불리는 하워드 서스턴Howard Thurston이 브로드웨이에서 마지막 무대를 선보인 날에 분장실로 그를 찾아갔다. 자타 공인 마술의 황제였던 서스턴은 40년간 전 세계를 누비며 환상적인 공연으로 관객의 눈을 사로잡았고, 탄성과 경악을 불러일으켰다. 6000만 명이 넘는 사람들이 그의 공연을 보기 위해 입장료를 냈고, 그는 거의 200만 달러에 달하는 수익을 올렸다.

나는 서스턴에게 성공 비결을 말해 달라고 부탁했다. 학교 교육이 아무런 영향을 주지 않은 것은 확실하다. 그는 어렸을 때 집을 나와 떠돌이 생활을 했다. 화물 기차를 타고 돌아다니며 건초더미에서 잠을 잤다. 이집 저집에서 구걸한 음식으로 끼니를 때웠으며, 글은 기차 표지판을 보고 배웠다.

그렇다면 남들보다 마술 지식이 뛰어났던 걸까? 그것도 아니다 서스턴은 세상에 마술에 관한 책이 수없이 많고, 자기만큼 마술 지식이 뛰어난 사람도 많다고 했다. 하지만 그에게는 남들에게 없는 2가지 능력이 있었다. 첫째, 그는 무대 위에서 자신의 재주를 펼치는 능력이 뛰어났다. 그는 쇼맨십에 탁월했고, 인간의 본성을 잘 알았다. 그가 한 모든 행동은 몸짓부터 목소리 톤, 눈썹을 치켜세우는 사소한 동작까지 철저한 사전 연습으로 이루어졌고, 모든 동작은 초 단위로 계획되었다. 하지만 그 외에도 서스턴은 사람들에게 진심 어린 관심을 가졌다. 그는 많은 마술사가 무대 뒤에서 관객들을 보며 "바보들이 잔뜩 와 있군. 순진한 얼간이들 같으니. 오늘도 멋지게 속여 주지."라는 식으로 생각한다고 말했다. 하지만 서스턴은 완전히 달랐다. 그는 무대에 오를 때마다 이렇게 다짐했다. "이렇게 많은 사람이 나를 보러 와 주다니, 정말 감사한 일이다. 이 사람들이 있어서 내가 하고 싶은 일을 하며 살 수 있다. 내가 할 수 있는 최선을 다해 그들에게 보답하자."

그리고 스스로 다음과 같이 반복해서 말하기 전에는 절대 무대에 서지 않는다고 강조했다. "나는 관객을 사랑한다. 나는 관객을 사랑한다." 웃기는 이야기라고? 엉터리 같다고? 어떻게 생각하든 당신의 자유지만, 나는 역사상 최고의 마술사가 말한 성공 비결을 가감 없이 전했을 뿐이다.

에르네스티네 슈만-하잉크Ernestine Schumann-Heink도 내게 거의 같은 이야기를 했다. 그녀는 지독한 가난과 절망으로 한때 아이들과 동반 자살을 시도했을 만큼 불행한 삶을 살았지만, 그런 와중에도 계속 노래를 불러 마침내 청중의 마음을 사로잡는 최고의 바그너 가수가 되었다. 그녀도 자신의 성공 비결이 사람들에게 깊은 관심을 가졌던 것이라고 고백했다.

이는 시어도어 루스벨트의 놀라운 인기 비결 중 하나이기도 했다. 심지어 하인들도 그를 좋아했다. 루스벨트의 수행원이었던 제임스 E. 에이머스James E. Amos는 《나의 영웅, 시어도어 루스벨트》[2]라는 제목의 책을 썼는데, 그 책에서 다음과 같은 감동적인 일화를 소개했다.

한번은 내 아내가 루스벨트 대통령께 메추라기에 관해 물었다. 메추라기를 한 번도 보지 못한 아내에게 대통령께서는 아주 자세한 설명을 해 주셨다. 얼마 후 우리 숙소로 전화가 걸려 왔다. (에이머스 부부는 오이스터 베이에 있는 루스벨트 영지 내 작은 별채에서 살았다) 아내가 전화를 받았는데, 루스벨트 대통령 본인이셨다. 아내에게 창밖에 메추라기가 있으니, 지금 내다보면 볼 수 있을 거라고 말해 주려 전화한 것이었다. 그런 작은 일에서도 그의 인품이 잘 드러났다. 대통령께

<hr>

2   원제목: Theodore Roosevelt, Hero to His Valet

서는 우리 오두막집을 지날 때마다 우리가 보이지 않더라도 "여어, 애니!, 여어, 제임스!"라고 외치셨다. 잠시 지나는 길이었음에도 이렇게 친근하게 인사를 건넸다.

어떤 직원이 이런 사람을 좋아하지 않을 수 있겠는가? 어떤 사람인들 좋아하지 않을 수 있겠는가?

어느 날 루스벨트는 태프트 대통령 내외가 출타하고 없을 때 백악관에 들른 적이 있다. 그가 신분에 상관없이 사람들을 좋아했다는 것은 재임 시절에 알던 모든 하인, 심지어 그릇 닦는 하녀까지 이름을 부르며 인사했다는 사실로도 알 수 있다.

아치볼드 버트Archibald Butt[3]는 이렇게 기록했다. "전임 대통령께서 주방 하녀인 앨리스를 보자 지금도 옥수수빵을 만드냐고 물으셨다. 앨리스는 하인들을 위해 가끔 만들기는 하지만, 윗분들은 잘 드시지 않는다고 했다.

그러자 갑자기 큰 목소리로 '입맛들이 형편없군. 다음에 대통령을 보면 한마디 해야겠어.'라고 말씀하셨다.

앨리스가 접시에 옥수수빵을 내어 오자 집무실에 가는 동안 옥수수빵을 베어 드시며 정원사와 일꾼들에게도 인사를 건네셨다…

전임 대통령께서는 재임 때와 똑같이 한 사람, 한 사람에게 말을

---

[3] 시어도어 루스벨트와 윌리엄 태프트 대통령의 보좌관을 역임했다. -편집자

거셨다. 그들은 지금도 그날에 관해 서로 조용히 이야기를 나눈다. 아이크 후버Ike Hoover[4]는 눈물을 글썽이며 이렇게 말했다. '그날은 우리가 거의 2년 만에 느낀 유일하게 행복한 날이었습니다. 여기 있는 누구도 그날의 기억은 아무리 많은 돈을 준다 해도 바꾸지 않을 겁니다.'"

찰스 W. 엘리엇Charles W. Eliot 박사 역시 다른 사람들의 문제에 깊은 관심을 가지는 태도 덕분에 가장 성공한 대학 총장이 될 수 있었다. 아마 당신도 그가 남북전쟁이 끝난 지 4년이 되는 1869년부터 제1차 세계대전이 일어나기 5년 전인 1909년까지, 장장 40년간 하버드대학교를 이끌었다는 사실을 기억할 것이다. 그가 어떻게 학교를 이끌었는지 알 수 있는 일화가 있다. 어느 날 L. R. G. 크랜든L. R. G. Crandon이라는 신입생이 학자금 대출로 50달러를 빌리기 위해 총장실을 찾았다. 대출은 승인되었고, 그 후의 이야기는 크랜든의 말을 직접 옮겨 보겠다. "저는 총장님께 대출을 승인해 주셔서 감사하다고 인사드린 후에 자리를 떠나려고 했습니다. 그런데 총장님께서 잠깐 앉아 보라고 하시더니 놀랍게도 이런 말씀을 하시더군요. '자네는 방에서 직접 요리를 해 먹는다고 들었네. 적당한 음식을 잘 챙겨 먹는다면야 그 방법도 전혀 나쁘지 않지. 나도 대학생 때는 그랬으

---

4   백악관에서 40년간 수석 집사로 근무했다. -옮긴이

니까. 혹시 빌 로프[5]를 요리해 본 적 있나? 잘 숙성된 송아지 고기로 제대로 요리하면 최고의 음식이 될 걸세. 하나도 버릴 게 없거든. 내가 했던 방법은 이렇다네.' 총장님은 그렇게 말씀하시고는 좋은 고기를 고르는 법과 고기를 천천히 익히다가 육즙이 졸아들 때까지 요리하는 법, 고기를 썬 후 냄비 2개를 겹쳐서 누르는 법, 고기를 차게 식혀서 먹는 법 등을 알려 주셨어요."

나는 개인적인 경험을 통해 미국에서 가장 추앙받는 사람이라도 진심 어린 관심을 보여 주면 그들의 주목과 시간, 협조를 얻을 수 있다는 것을 알게 되었다. 그 일을 설명해 보겠다.

몇 년 전 나는 브루클린 예술 과학 협회에서 소설 창작에 관한 강좌를 열었다. 우리는 캐슬린 노리스Kathleen Norris[6], 패니 허스트Fannie Hurst[7], 아이다 타벨Ida Tarbell[8], 앨버트 페이슨 터훈Albert Payson Terhune[9], 루

---

5   veal loaf. 소고기와 돼지고기, 송아지 고기를 섞어 구운 요리로 미트로프와 비슷하다. -편집자

6   미국의 소설가이지 칼럼니스트. 93편의 소설을 썼으며 그중 다수가 베스트셀러였다. -편집자

7   미국의 소설가. 20세기에 많은 사랑을 받았던 여성 작가였다. -편집자

8   미국의 언론인. 20세기 탐사 저널리즘의 선구자였다. -편집자

9   미국의 작가이자 개 사육자. 애완견과 함께 모험하는 이야기의 소설로 명성을 얻었다. -편집자

퍼트 휴스Rupert Hughes[10]와 같은 유명하고 바쁜 작가들을 브루클린으로 초빙해서 그들의 경험을 전수받고 싶었다. 그래서 우리는 그들에게 편지를 썼다. 우리가 그들의 작품을 정말로 대단하게 생각하고 있고, 그들에게 조언을 얻는 데 깊은 관심이 있으며, 그들의 성공 비결을 배우고 싶다고 했다.

편지에는 약 150명의 학생이 모두 서명을 남겼다. 우리는 그들이 너무 바빠서 강의를 준비할 시간이 없다는 점을 이해한다고 적었다. 그래서 그들의 창작 기법과 작가 개인에 관한 질문 목록을 작성해서 편지에 함께 넣어 보냈다. 작가들은 편지를 마음에 들어 했다. 누구라도 그러지 않았을까? 결국 작가들은 집을 떠나 멀리 브루클린까지 와서 우리에게 도움의 손길을 내밀었다.

같은 방법으로 나는 시어도어 루스벨트 내각에서 재무부 장관을 지낸 레슬리 M. 쇼Leslie M. Shaw와 태프트 내각에서 법무부 장관을 지낸 조지 W. 위커샴George W. Wickersham, 그 밖에도 윌리엄 제닝스 브라이언, 프랭클린 D. 루스벨트와 같은 저명한 인사들을 다수 설득하여 내가 운영하는 대중 연설 강좌에서 학생들에게 강의하게 했다.

정육점 주인이든, 제빵사든, 왕좌의 오른 왕이든, 우리는 모두 자기를 칭찬해 주는 사람을 좋아하기 마련이다. 독일의 황제를 예로 들어 보자. 제1차 세계대전이 끝날 무렵, 독일의 황제 빌헬름 2세

---

10   미국의 소설가이자 영화 감독, 시나리오 작가, 작곡가로도 활동했다. ―옮긴이

Wilhelm II는 아마 온 세상으로부터 가장 극렬한 경멸을 받았던 사람이었을 것이다. 심지어 독일 국민조차 황제가 목숨을 부지하려고 네덜란드로 도망치자 그에게 등을 돌렸다. 그를 향한 증오심이 얼마나 컸던지, 수백만 명의 사람들이 그의 사지를 찢어 죽이거나 화형에 처해야 한다고 부르짖었다. 이 모든 분노의 산불 속에서 한 소년이 온정과 존경심을 가득 담은 진심 어린 편지를 황제에게 썼다. 소년은 사람들이 어떻게 생각하든 빌헬름 2세를 항상 황제로서 경애할 것이라고 했다. 황제는 그 편지에 깊이 감동하여 자신을 만나러 오라고 소년을 초대했다. 이때 소년의 어머니도 함께 왔고, 황제는 나중에 그녀와 결혼하게 된다. 소년은 이 책, 《데일 카네기 인간관계론》을 읽을 필요가 없었다. 이 책의 교훈을 본능적으로 알고 있었기 때문이다.

친구를 만들고 싶다면 타인을 위해 시간, 노력, 이해심, 배려가 필요한 무언가를 해주고자 헌신해야 한다. 윈저 공작Duke of Windsor은 영국의 왕세자Prince of Wales였을 때 남미를 방문할 일이 있었다. 그는 순방을 시작하기 전에 몇 달 동안 스페인어를 공부하여 그 나라 언어로 연설할 수 있었고, 그 덕에 남미 사람들은 그를 아주 좋아했다.

수년 동안 나는 어떻게든 친구들의 생일을 알아내고자 애썼다. 어떻게 알아냈을까? 나는 점성술을 전혀 믿지 않지만, 사람의 성격이나 기질이 태어난 날짜와 관련 있다는 말을 들어 본 적이 있느냐며 운을 떼었다. 그런 다음 그에게 생년월일을 알려 달라고 했다. 가령 그가 11월 24일이라고 알려 주면, 나는 "11월 24일, 11월 24일" 하면서 그 날짜를 마음속으로 외웠다. 그러다 그가 다른 곳을 볼 때, 그의 이름과 생일을 메모지에 써 두었고, 나중에 수첩에 다시 옮겨 적었다. 매년 초에는 그 날짜들을 다시 달력에 기록하여 저절로 눈에 띄게 만들었다. 생일이 다가오면, 상대는 내 편지나 전보를 받았다. 효과는 대단했다! 내가 생일을 기억하는 유일한 사람일 때도 자주 있었다.

친구를 사귀고 싶다면 적극적이고 활기찬 목소리로 인사하자. 전화 통화를 할 때도 이와 같은 심리를 활용하라. 상대가 전화를 걸어 주어 얼마나 기쁜지 드러나도록 "여보세요"라고 반갑게 말하라. 뉴욕 전화국은 교환원들이 "번호를 말씀해 주세요."라고 말할 때 "좋은 아침입니다. 고객님께 도움을 드리게 되어 행복합니다."라는 느낌이 들도록 교육하기 위한 학교를 운영한다. 내일부터 전화할 때는 이 점을 꼭 기억하자.

이러한 원리가 비즈니스에도 효과가 있을까? 과연 그럴까? 나는 많은 사례를 이야기할 수 있지만, 전부 이야기할 수는 없으니 2가지만 소개하겠다.

뉴욕시의 대형 은행 중 한 곳에서 일하는 찰스 R. 월터스Charles R. Walters는 특정 기업에 관한 비밀 보고서를 작성하는 업무를 맡게 되었다. 그는 긴급하게 필요로 하는 정보를 쥐고 있는 유일한 사람인 어느 대기업 사장을 알고 있었고, 그를 만나러 나섰다. 월터스가 사장실로 안내받아 들어갔을 때, 한 젊은 여성이 문틈으로 얼굴을 내밀더니 오늘은 우표가 없다고 사장에게 말했다.

그러자 사장은 월터스에게 "12살 된 아들에게 줄 우표를 수집하고 있답니다."라고 설명했다.

월터스는 자신이 온 목적을 이야기하고, 사장에게 몇 가지 질문을 했다. 그러나 사장은 일반적이고 애매한 답변만 늘어놓으며 어떤 설득에도 월터스가 원하는 정보를 말해 주지 않았다. 대화는 아무런 소득 없이 금방 끝나고 말았다.

"솔직히 어떻게 해야 할지 모르겠더군요." 월터스는 우리 수업에서 그 이야기를 발표하며 이렇게 말했다. "그러다 갑자기 비서의 말이 떠올랐습니다. 우표, 12살 아들… 그리고 우리 은행의 해외 팀에서 우표를 모아 둔다는 사실이 떠올랐어요. 세계 각지에서 쏟아져 들어오는 우편물에서 우표를 떼어다가 모아 두거든요.

다음 날 오후에 그 사장을 찾아가 아드님께 줄 우표를 가지고 왔다고 전했습니다. 사장님의 반응이 좋았냐고요? 물론이죠. 그가 국회의원 선거에 출마했다 해도 그보다 열렬하게 악수를 청할 수는 없었을 겁니다. 사장님은 환하게 웃으며 저를 반겨 주었어요. 제가 가져온 우표를 애지중지하며 '이건 우리 아들 조지가 정말 좋아하겠는데요. 보세요. 이건 보물이나 다름없어요.'라는 말을 계속하더군요.

우리는 우표 이야기를 하고 아들의 사진을 보며 30분 정도 시간을 보냈어요. 그러고 나서 제가 부탁하지도 않았는데, 제가 원하는 모든 정보를 상세히 알려 주기 위해 1시간이나 더 시간을 할애하더 군요. 자신이 아는 내용은 모두 알려 주었고, 모르는 내용은 직원을 불러 물어서라도 알려 주었습니다. 몇몇 동료들에게 전화도 걸었죠. 그는 각종 자료와 수치, 보고서, 기록들도 넘겨주었습니다. 기자들 의 표현을 빌리자면 특종을 잡은 셈이었죠."

또 다른 사례도 있다.

필라델피아에 사는 C. M. 내플 주니어C. M. Knaphle, Jr.는 대형 체인 점에 석탄을 납품하기 위해 몇 년간 공을 들였다. 하지만 그 체인점 은 계속 다른 지방 업체에서 석탄 연료를 구매하고는 보란 듯이 내 플의 사무실 앞을 지나다녔다. 어느 날 내플은 우리 수업에서 체인 점이 사회악이라고 일장 연설을 하며 분노를 쏟아냈다.

그러면서 왜 그 체인점에 석탄을 팔지 못하는지 의아해했다.

나는 그에게 다른 전략을 시도해 보라고 제안했다. 그 상황을 요 약하면 이렇다. 우리는 학생들을 반으로 나누어 "체인점의 확산이 국가에 득보다 실이 더 많은가?"라는 주제로 토론을 벌였다.

내플은 내 제안에 따라 반대 측을 맡아 체인점을 옹호하는 편에 서기로 했다. 그는 곧장 자신이 그렇게 경멸했던 체인점의 이사를 찾아가 이렇게 말했다. "저는 석탄을 팔러 온 게 아닙니다. 부탁을 드리고자 왔습니다." 그런 다음 토론에 관해 설명하며 이렇게 말했 다. "제가 원하는 정보를 이사님보다 더 잘 아실 분이 없다고 생각해 서, 도움을 구하고자 온 겁니다. 저는 이번 토론에서 반드시 이기고 싶습니다. 이사님께서 어떤 말씀이라도 해 주신다면 정말 감사하겠습니다."

나머지 이야기는 내플이 한 말을 그대로 옮겨 보겠다.

그날 저는 이사님께 딱 1분만 시간을 내어 달라고 부탁했습니다. 저를 만나주겠다고 한 것은 그 조건 때문이었지요. 이사님께서는 제 이야기를 들은 후에 의자를 권하더니 정확히 1시간 47분 동안 이야기를 하셨습니다. 체인점에 관한 책을 쓴 다른 이사에게 전화도 걸었고, 전국 체인점 협회에 편지를 써서 그 주제에 관한 토론 기록도 확보해 주셨습니다. 이사님은 체인점이 인류에게 진정한 서비스를 제공하고 있다고 생각했고, 수백 개의 지역 사회를 위해 자신이 하고 있는 일을 자랑스럽게 여겼습니다. 그 이야기를 하는 내내 얼마나 눈빛을 반짝이시던지. 저는 그동안 꿈에도 생각해 보지 못한 것들에 눈을 뜨게 되었습니다. 그분이 제 생각을 완전히 바꾸어 주셨죠.

이사님은 제가 사무실을 나갈 때 저를 문까지 배웅해 주셨습니다. 제 어깨에 손을 얹고 토론에서 잘 되길 바란다고 하셨고, 다시 들러서 결과가 어떻게 나왔는지 알려 달라고 하셨어요. 그리고 마지막에 이렇게 말씀하셨죠. "봄에 다시 나를 찾아와요. 그땐 당신에게 석탄을 주문할 수 있을 겁니다."

그건 거의 기적에 가까운 일이었습니다. 제가 부탁도 하지 않았는데 석탄을 사겠다고 먼저 말씀하시다니. 지난 10년 동안 저와 우리 회사 제품에 관심을 가져 달라고 노력해서 얻은 것보다, 단 2시간 동안 그분과 그분의 문제에 진심으로 관심을 기울여서 이뤄낸 진전이 더 많았어요.

내플은 세상에 없던 새로운 진리를 발견한 것이 아니다. 아주 오래전, 예수가 태어나기 100년도 전에 푸블릴리우스 시루스Publilius Syrus[11]는 이렇게 말했다. "우리는 우리에게 관심을 보이는 사람에게 관심을 가지기 마련이다."

따라서 사람들에게 호감을 얻고 싶다면, 첫 번째 원칙은:

상대방에게 진심으로 관심을 가져라.

더 호감 가는 성격과 더 효과적인 인간관계 기술을 기르고 싶다면, 헨리 링크Henry Link 박사의 《종교로의 귀환》[12]이라는 책을 읽어 보길 바란다. 제목 때문에 겁먹을 필요는 없다. 이 책은 성인군자 같은 소리를 하는 책이 아니다. 성격 문제로 고민하는 사람들을 3000명 이상 직접 면담하고 조언해 준 유명한 심리학자가 쓴 책이다. 링크 박사는 책의 제목을 '성격을 개선하는 법'이라고 지었어도

---

11   고대 로마의 작가이자 풍자 시인. -편집자

12   원제목: The Return to Religion -옮긴이

좋았을 것이라고 했다. 실제로 책의 주제가 그랬으니 말이다. 이 책은 흥미롭고 깨닫는 것이 많은 책이다. 이 책을 읽고 제안하는 원리들을 실천한다면 인간관계 기술이 틀림없이 크게 좋아질 것이다.

이 책을 집 근처 도서관이나 서점에서 구할 수 없다면, '뉴욕주 뉴욕시 20, 6번가 1230번지, 포켓북스 출판사'로 우편환 25센트를 보내면 책을 주문할 수 있다.[13]

---

13 본 내용은《데일 카네기 인간관계론》원서에 포함된 내용을 그대로 옮긴 것으로, 여기에 적힌 주소와 가격은 현재의 상황과 맞지 않다는 점을 알려드립니다. -편집자

CHAPTER 2

좋은 첫인상을 남기는
간단한 방법

A Simple Way to Make a Good First Impression

나는 최근에 뉴욕에서 열린 어느 만찬회에 참석했다. 만찬회에 온 손님 중에는 유산으로 돈을 물려받은 여성이 있었는데, 그녀는 모두에게 좋은 인상을 주고 싶은 마음이 간절해 보였다. 얼마 되지 않는 재산을 모피 코트와 다이아몬드, 진주를 사는 데 탕진해 버린 것을 보면 말이다. 하지만 그녀는 정작 얼굴에 전혀 신경을 쓰지 않았다. 그녀의 얼굴은 심술궂고 이기적인 마음을 그대로 드러냈다. 그녀는 모두가 아는 사실을 혼자만 모르고 있었다. 몸에 걸치는 옷보다 얼굴에 드러나는 표정이 훨씬 더 중요하다는 사실을 말이다. (그건 그렇고, 이 말은 배우자가 비싼 옷을 사고 싶어 할 때를 대비해 기억해 두면 좋을 것이다)

찰스 슈왑은 자신의 미소에 100만 달러의 가치가 있다고 내게 말했다. 그는 아마도 진실을 과소평가했던 것 같다. 그가 남다른 성공을 거둔 것은 전적으로 그의 성격, 매력 그리고 사람들에게 호감을 얻는 능력 덕분이기 때문이다. 그리고 그의 특징 중에서 가장 유쾌한 요소가 바로 그의 매력적인 미소였다.

언젠가 나는 모리스 슈발리에Maurice Chevalier[1]와 함께 오후를 보낸 적이 있는데, 그를 만나고 보니 솔직히 실망스러웠다. 침울하고 무뚝뚝해서 내가 기대한 모습과 많이 달랐다. 그가 미소를 짓기 전까지는. 그의 미소는 마치 구름을 뚫고 나온 태양 같았다. 그 미소가 아니었다면 그는 아마도 여전히 파리에서 아버지와 형제들의 뒤를 이어 가구 만드는 일을 하고 있었을 것이다.

말보다 행동이 더 많은 것을 전한다. 그래서 미소는 "당신을 좋아해요. 당신이 있어 행복해요. 당신을 만나 기뻐요."라고 말하는 것과 같다.

이것이 개가 그토록 인기 있는 이유다. 개는 사람을 보면 얼마나 반가워하는지 잠시도 가만히 있지 못한다. 그래서 자연스럽게 우리도 개를 보면 기분이 좋아진다.

가식적인 미소도 괜찮을까? 아니다. 아무도 속지 않는다. 우리는 그런 기계적인 미소를 보면 불쾌한 마음이 든다. 내가 이야기하는

---

1   프랑스의 유명 배우이자 가수. -옮긴이

것은 진짜 미소, 마음이 따뜻해지는 미소, 마음에서 우러나는 미소, 시장에서 좋은 가격을 받을 수 있는 종류의 미소다.

뉴욕에 있는 대형 백화점의 인사 관리자는 굳은 표정의 박사학위자를 고용하느니, 초등학교조차 졸업하지 못했어도 상냥한 미소를 지닌 사람을 고용하겠다고 내게 말했다.

미국에서 가장 큰 고무 회사 중 한 곳의 이사회 의장은, 자신이 지켜본 바에 따르면 일에서 재미를 느끼지 못하는 사람은 성공하기가 어렵다고 내게 말해 주었다. 산업계의 주역인 그는 성실하게 일하는 것만이 우리가 원하는 바를 이루는 길이라는 옛말을 그다지 신뢰하지 않았다. 그는 이렇게 말했다. "저는 일에서 큰 재미를 느껴 성공한 사람들을 압니다. 나중에 그들이 재미를 잃고 일만 하는 모습을 보았어요. 그러면 점점 지루해지죠. 결국 그들은 모든 기쁨을 잃고, 일에서도 실패하고 말았습니다."

사람들이 당신을 만났을 때 즐겁고 행복하기를 바란다면, 당신도 사람들을 만났을 때 즐겁고 행복해야 한다.

나는 그동안 수천 명의 기업인에게 일주일 동안 매시간 웃는 얼굴로 사람들을 대한 후에 다음 수업에 와서 그 결과를 알려 달라고 했다. 효과가 있었을까? 함께 알아보자. 다음은 뉴욕 증권 거래소에서 일하는 윌리엄 B. 스타인하트William B. Steinhardt가 보낸 편지다. 그의 사례가 특별한 것은 아니다. 사실 다른 수백 명의 사람들도 경험하는 일반적인 사례일 뿐이다.

스타인하트는 편지에 이렇게 적었다. "저는 결혼한 지 18년이 지났지만, 그동안 아침에 일어나서 출근할 때까지 아내를 보고 미소를 짓거나 말을 건넨 적이 별로 없었습니다. 브로드웨이에서 가장 무뚝뚝한 사람이 바로 저였습니다.

미소에 관한 제 경험을 이야기해 달라고 하셔서 일주일 동안 시도해 보겠다고 생각했습니다. 그래서 다음 날 아침, 머리를 빗으며 거울에 비친 무뚝뚝한 면상을 보고 이렇게 말했죠. '빌 오늘은 그 우중충한 낯짝을 벗어던지자. 웃어 보는 거야. 지금 당장 시작하는 거야.' 그리고 아침을 먹으러 자리에 앉으면서 아내에게 '여보, 좋은 아침.'이라고 인사를 건네며 미소를 지었습니다.

선생님께서는 아내가 놀랄 거라고 경고하셨죠. 글쎄요. 아내의 반응을 과소평가하신 것 같습니다. 아내는 당황하다 못해 충격을 받은 모습이었어요. 저는 아내에게 앞으로는 이런 일이 자주 일어날 거라고 말해 주었고, 두 달간 매일 아침 이 일을 계속하고 있습니다.

저의 달라진 태도로 우리 가족은 지난 두 달 동안 작년 한 해보다 더 많은 행복을 누리고 있습니다.

이제는 출근길에 엘리베이터 안내원을 만날 때도 '좋은 아침.'이라고 웃으며 인사를 건넵니다. 현관 안내인을 만날 때도, 지하철 매표소 직원에게 잔돈을 받을 때도 미소를 지어 보이지요. 증권 거래소에 가서는 얼마 전까지도 제가 웃는 모습을 한 번도 본 적이 없는 사람들에게 미소를 보냅니다.

머지않아 모든 사람들이 저에게 미소로 화답한다는 걸 알게 되었습니다. 제게 불만이 있거나 불평하러 온 사람들에게도 밝게 대했죠. 그들의 이야기를 들으면서 미소를 지으면 중재가 훨씬 쉽게 이루어집니다. 저는 미소가 많은 돈을 벌어다 준다는 걸 알게 되었습니다. 매일 더 많은 돈을 벌 수 있었어요.

저는 다른 중개인과 사무실을 함께 씁니다. 그 중개인의 직원 중에 호감이 가는 젊은 친구가 하나 있는데, 제가 얻은 결과가 너무 기뻐서 그 친구에게 얼마 전 인간관계에 관한 저의 새로운 철학을 말해 주었습니다. 그랬더니 그 친구가 고백하길 제가 이쪽 사무실로 처음 왔을 때 저를 끔찍한 투덜이라고 생각했다가 최근에야 마음을 바꿨다고 하더군요. 그는 제가 웃을 때 정말 인간미가 있어 보인다고 합니다.

저는 이제 비난하는 습관도 버렸습니다. 이제는 비난 대신 칭찬과 감사를 전합니다. 제가 원하는 것을 말하는 것도 멈췄습니다. 지금은 다른 사람의 관점으로 보고자 노력합니다. 이런 것들이 말 그대로 제 삶에 혁명을 일으켰습니다. 저는 이제 완전히 다른 사람이 되었어요. 더 행복하고, 더 부유하고, 친구도 많아졌습니다. 인생에 그보다 중요한 일은 없겠죠."

이 편지를 쓴 사람은 세상 물정에 밝고 배운 것이 많은 사람으로,

100명 중 99명이 실패할 만큼 어렵다는 뉴욕 증권 거래소의 중개인으로서 주식을 사고파는 일로 생계를 유지하는 사람이라는 사실을 기억하길 바란다.

웃고 싶은 기분이 아니라고? 그럴 때는 어떻게 해야 할까? 2가지 방법이 있다. 첫째, 억지로라도 웃어라. 혼자 있다면 휘파람을 불거나 콧노래를 흥얼거려 보자. 이미 행복한 사람인 것처럼 행동하면, 정말로 행복한 사람이 되기 쉬울 것이다. 하버드대학교의 윌리엄 제임스 교수는 이렇게 말했다.

"행동은 감정을 따르는 것처럼 보이지만, 사실 행동과 감정은 함께 일어난다. 우리는 직접 통제할 수 있는 행동을 조절함으로써, 그렇지 않은 감정을 간접적으로 조절할 수 있다.

따라서 기분이 좋지 않을 때 쾌활함을 되찾는 주도적이고 자발적인 방법은 이미 쾌활한 것처럼 행동하고 말하는 것이다…"

세상 모든 사람은 행복을 추구한다. 그리고 여기에는 한 가지 확실한 방법이 있다. 바로 자신의 생각을 통제하는 것이다. 행복은 외부의 조건에 좌우되지 않는다. 행복은 내면의 상태에 달려 있다.

행복과 불행은 당신이 무엇을 가졌는지, 어떤 직업을 가졌는지, 어디에 있는지, 무엇을 하는지로 결정되지 않는다. 행복은 당신이 행복을 어떻게 생각하는지에 따라 결정된다. 예를 들어 두 사람이 같은 곳에서 같은 일을 하고, 가진 돈과 명성이 같더라도, 한 사람은 불행하고 다른 한 사람은 행복할 수 있다. 왜 그럴까? 마음가짐이 다르기 때문이다. 나는 하루 7센트를 벌기 위해 찜통 같은 더위 속에서 땀 흘리며 고생하는 노동자들 사이에서도, 뉴욕 파크 애비뉴처럼 부자 동네에 사는 사람들만큼 행복한 표정을 짓고 있는 모습을 많이 보았다.

셰익스피어는 "세상에 좋고 나쁜 것은 없다. 모든 것은 생각하기 나름이다."라고 했다.

에이브러햄 링컨은 이렇게 말한 적이 있다. "대부분의 사람은 행복해지고자 마음먹은 만큼만 행복하다." 그가 옳았다. 얼마 전 나는 그 진실을 생생하게 목격한 적이 있다. 내가 뉴욕에 있는 롱아일랜드역의 계단을 오르고 있을 때였다. 내 바로 앞에는 몸이 불편한 30~40명의 소년들이 지팡이나 목발을 짚으며 힘겹게 계단을 오르고 있었다. 심지어 한 소년은 다른 사람의 등에 업혀서 계단을 올랐다. 그 상황에서 나는 소년들의 웃음소리와 밝은 분위기에 놀라지 않을 수 없었다. 내가 소년들을 인솔하는 사람 중 한 명에게 그 이야기를 했더니, 그가 이렇게 말했다. "맞아요. 아이들은 평생 장애인으로 살아야 한다는 걸 알게 되면 처음에는 큰 충격을 받습니다. 하지만 충격을 이겨내고 나면 자신의 운명을 받아들이고 비장애 아이들보다 더 행복하게 지낸답니다."

나는 소년들에게 모자를 벗어 경의를 표하고 싶었다. 그들은 내가 평생 간직하고 싶은 교훈을 가르쳐 주었다.

나는 메리 픽퍼드가 남편이자 배우인 더글러스 페어뱅크스Douglas Fairbanks[2]와 이혼 절차를 밟고 있을 때 함께 오후 시간을 보낸 적이 있다. 당시 세간에서는 그녀가 혼란스럽고 불행할 것이라고 상상했다. 하지만 그녀는 내가 만난 그 누구보다도 평온하고 씩씩했다. 그녀는 행복을 발산하고 있었다. 비결이 무엇일까? 그녀는 35페이지 분량의 짧은 책 안에 그 비결을 밝혀 놓았다. 당신도 즐겁게 볼 수 있을 것이다. 공공 도서관에 가서 메리 픽퍼드의《왜 신에게 기대지 않는가?》[3]라는 책을 찾아보길 바란다.

세인트루이스 카디널스의 3루수였던 프랭클린 베트거Franklin Bettger는 현재 미국에서 가장 성공한 보험 판매원이 되었다. 그는 미소 짓는 얼굴이 언제나 환영받는다는 사실을 오래전에 깨달았다고 한다. 그래서 누군가의 사무실을 방문할 때는 잠시 문 앞에 서서 감사할 많은 일들을 떠올리며 마음에서 우러나는 환한 미소를 지은 다음, 그 미소가 사라지기 전에 사무실로 들어갔다.

간단한 기술이지만, 그는 이 기술 덕분에 보험 판매원으로 큰 성공을 거둘 수 있었다고 믿고 있다.

다음은 엘버트 허버드Elbert Hubbard[4]의 지혜가 담긴 조언이니 잘 읽어 보길 바란다. 단, 읽기만 하고 실천하지 않으면 아무 소용이 없다는 점도 기억하길 바란다.

문밖을 나설 때마다 고개를 들고, 턱을 당기고, 숨을 깊이 들이마셔라. 햇살을 머금고, 밝은 미소로 친구에게 인사하며, 모든 악수에 진심을 담아라. 오해받기를 두려워하지 말고, 적을 생각하느라 시간을 낭비하지 마라. 하고 싶은 일을 마음에 굳게 새기고, 망설이지 말고, 목표를 향해 똑바로 전진하라. 당신이 하고 싶은 위대하고 훌륭한 일에 마음을 집중하면, 하루하루가 지남에 따라 산호가 쉼 없이 흐르는 조류 속에서 필요한 양분을 취하는 것처럼, 의식하지 못하는 사이에 당신이 원하는 목표에 필요한 기회를 포착하는 자신을 발견하게 될 것이다. 당신이 되고 싶은 유능하고 성실하며 쓸모 있는 사람을 마음속으로 상상하면, 그 생각이 매 순간 당신을 그런 사람으로 변화시킬 것이다… 생각이 모든 것을 지배한다. 항상 올바른 정신 자세, 즉 용기, 정직, 밝은 기운을 유지하라. 올바른 생각은 창조로 이어진다. 모든 것은 소망을 통해 이루어지며, 모든 진실한 기도는 응답을 얻는다. 우리는 우리가 마음먹은 대로 된다. 턱을 당기고, 고개를 들어라. 우리는 고치 안에 들어 있는 신이다.

4   미국의 저명한 작가이자 출판인. -편집자

고대 중국인들은 세상의 이치에 밝은 지혜로운 민족이었다. 중국 속담 중에 우리가 머릿속에 새겨 두어야 할 말이 있다. "웃는 얼굴을 하지 않는 자는 가게를 열면 안 된다."

가게 이야기가 나와서 하는 말인데, 프랭크 어빙 플레처Frank Irving Fletcher[5]는 오펜하임 콜린스사의 광고에서 다음과 같은 소박한 철학이 담긴 글귀를 우리에게 전했다.

크리스마스에 만나는 미소의 가치

미소는 돈이 들지 않지만, 많은 일을 합니다.

미소는 받는 사람을 풍요롭게 하지만, 주는 사람을 가난하게 하지 않습니다.

미소는 순간이지만, 그 기억은 때때로 영원히 지속됩니다.

미소가 필요 없을 만큼 부유한 사람도 없고, 미소를 누리지 못할 만큼 가난한 사람도 없습니다.

미소는 가정에 행복을 가져오고, 사업에 호의를 불러오며, 친구에게 우정의 증표가 됩니다.

미소는 지친 사람을 위한 안식이자, 낙담한 사람을 위한 빛이며, 슬픈 사람을 위한 햇살이자, 곤경에 처한 사람을 위해 자연이 주는 최고의 처방입니다.

---

5   미국의 저명한 카피라이터. -편집자

미소는 돈으로 사거나, 구걸하거나, 빌리거나, 훔칠 수 없습니다! 누군가에게 베풀기 전까지는 아무 쓸모가 없기 때문이죠.

그러니 크리스마스 선물을 사다가 저희 직원이 너무 지친 나머지 미소 지을 힘조차 없다면, 여러분이 먼저 미소를 남겨 주실 수 있을까요?

나눠 줄 미소가 남지 않은 사람이야말로 미소가 가장 필요한 사람일 테니까요.

따라서 사람들에게 호감을 얻고 싶다면, 두 번째 원칙은:

미소를 지어라.

CHAPTER 3

이렇게 하지 않으면
문제가 생길 것이다

If You Don't Do This, You Are Headed for Trouble

1898년, 뉴욕주 로클랜드 카운티에서 비극적인 일이 일어났다. 한 아이가 죽었고, 마을 사람들은 문제의 그날에 아이의 장례식에 갈 준비를 하고 있었다. 짐 팔리 시니어Jim Farley, Sr.는 말을 마차에 매려고 마구간에 갔다. 길에는 눈이 쌓여 있었고, 바람은 살을 에는 듯 차가웠다. 며칠 동안 마구간에 갇혀 있던 말은 여물통 쪽으로 끌려가던 중 갑자기 몸을 휙 돌리며 양쪽 뒷발을 허공으로 높이 차올렸고, 그만 짐 팔리 시니어를 죽이고 말았다. 그래서 스토니 포인트라는 작은 마을은 그 주에 두 번의 장례식을 치르게 되었다.

짐 팔리 시니어는 아내와 세 아들을 두고 세상을 떠났다. 그가 가족에게 남긴 것은 몇백 달러의 보험금이 전부였다.

그의 큰아들인 짐 팔리Jim Farley는 고작 10살의 나이에 가족의 생계를 위해 벽돌 공장에 나갔다. 모래를 날라 틀에 붓고, 햇볕에 마르도록 벽돌을 뒤집는 일을 했다. 어린 팔리는 교육받을 기회가 없었다. 하지만 아일랜드인 특유의 밝은 성격으로 사람들의 호감을 사는 재주가 있었다. 그래서 정치계에 발을 들였고, 세월이 흐르면서 사람들의 이름을 기억하는 특별한 능력을 발전시켰다.

그는 고등학교를 구경도 못 했지만, 46살이 되기 전에 대학 네 곳에서 학위를 받았고, 민주당 전국 위원회의 의장이 되었으며, 미국 우정공사 총재를 지냈다.

나는 언젠가 팔리를 인터뷰하면서 그의 성공 비결을 물은 적이 있다. 그는 "열심히 일한 덕분이죠."라고 했고, 나는 "더 진지하게 말씀 부탁드립니다."라고 했다.

그러자 그가 나에게 성공 비결이 뭐라고 생각하냐고 되물었다. 나는 "제가 듣기로 선생님께서는 1만 명의 이름을 기억하신다고 알고 있습니다."라고 대답했다.

그러자 그는 이렇게 말했다. "아닙니다. 잘못 알고 계시는군요. 저는 5만 명의 이름을 부를 수 있습니다."

그의 말은 진짜다. 바로 그 능력 덕분에 팔리는 프랭클린 D. 루스벨트가 백악관에 입성하도록 도울 수 있었다.

팔리는 석고 회사에서 영업 사원으로 일하는 동안 그리고 스토니 포인트에서 서기관으로 일하는 동안 이름을 기억하는 자신만의 방법을 개발했다.

처음에는 단순한 방법으로 시작했다. 새로운 사람을 만날 때마다 그 사람의 이름과 가족관계, 직업, 정치 성향 등을 파악했다. 그리고 그 정보를 마음속에 그림으로 만들어 기억했다. 그러면 1년이 지나 그 사람을 만나도, 그의 등을 두드리며 아내와 자식들의 안부를 묻고, 그가 정원에 심은 접시꽃에 관하여 물을 수 있었다. 그러니 어찌 따르는 사람이 많지 않겠는가!

팔리는 루스벨트가 대통령 선거 유세를 시작하기 몇 달 전부터 서부 및 북서부 주 전역의 사람들에게 하루에 수백 통의 편지를 보냈다. 그런 후 기차에 올라 19일 동안 20개 주를 돌며, 마차, 기차, 자동차 그리고 소형 보트까지 타면서 2만 킬로미터에 달하는 거리를 이동했다. 그는 마을에 들러 아침이나 점심을 먹을 때 또는 다과회나 저녁 만찬에 참여하면서 사람들과 '진솔한 대화'를 나누었다. 그런 다음 또 다른 여정을 위해 부리나케 다음 지역으로 떠났다.

그는 동부로 돌아오자마자 자신이 방문한 마을에서 한 사람씩 선정해 편지를 보냈다. 그리고 자신이 대화를 나눈 사람들의 명단을 보내 달라고 부탁했다. 최종 명단에는 수천, 수만 명의 이름이 들어 있었다. 팔리는 그 명단에 있는 모든 사람에게 미묘한 아첨이 담긴 개인적인 편지를 써 보냈다. 편지 서두에는 '친애하는 빌' 또는 '친애하는 조'라는 식으로 친근하게 이름을 썼고, 마찬가지로 편지 끝에도 '짐'이라는 이름으로 친필 서명을 남겼다.

팔리는 보통 사람이라면 세상의 모든 이름을 합친 것보다 자기 이름에 더 많은 관심이 있다는 사실을 일찌감치 깨우쳤다. 상대방의 이름을 기억했다가 친근하게 불러주는 것은 미묘하면서도 효과적인 칭찬을 건네는 것과 같다. 하지만 이름을 잊어버리거나 잘못 부르면 상당히 난처한 상황에 처할 수 있다. 예를 들면 내가 예전에 파리에서 대중 연설 강의를 준비할 때, 그 지역에 사는 미국인들에게 인쇄물을 우편으로 보낸 적이 있다. 그런데 영어에 서툰 프랑스 타자원이 사람들의 이름을 입력하다가 의도치 않게 실수를 저지르게 되었다. 그러자 파리 지점에서 일하는 미국계 대형 은행의 한 지점장이 자기 이름을 잘못 썼다며 신랄한 질책의 편지를 내게 써 보냈다.

앤드루 카네기가 성공을 거둘 수 있었던 비결은 무엇일까?

그는 철강왕으로 불렸지만, 정작 철강 제조에 관해서는 거의 알지 못했다. 대신 그에게는 자신보다 철강에 관해 훨씬 잘 아는 수백 명의 직원이 있었다.

그는 사람을 대하는 방법을 알았고, 그 덕분에 엄청난 부자가 될 수 있었다. 그는 어릴 때부터 사람들을 통솔하는 천재적인 능력을 보였다. 10살 무렵에 사람들이 자신의 이름을 중요하게 여긴다는 사실을 알아채고, 이를 이용하여 사람들의 협조를 얻어냈다. 이에 관한 일화가 하나 있다. 카네기가 스코틀랜드에서 지내던 어린 시절에 토끼를 한 마리 잡았다. 새끼를 밴 어미 토끼였다. 얼마 후 새끼 토끼들이 가득한 둥지를 갖게 되었지만, 이들에게 줄 먹이가 없었다. 그때 기발한 아이디어가 떠올랐다. 그는 동네 친구들을 불러 모아 토끼들에게 먹일 클로버와 민들레를 구해 오면 새로 태어난 토끼들에게 친구들의 이름을 붙여 주겠다고 했다.

그 계획은 기가 막히게 먹혀들었고, 카네기는 이 경험을 절대 잊지 않았다.

몇 년 후 그는 같은 심리를 비즈니스에 활용하여 수백만 달러를 벌어들였다. 한 가지 예를 들면 카네기는 펜실베이니아 철도회사에 철강 레일을 팔고 싶었는데, 당시 J. 에드거 톰슨J. Edgar Thomson이 사장으로 있었다. 그래서 카네기는 피츠버그에 거대한 제철소를 짓고, 그 공장을 "에드거 톰슨 제철소"라고 이름 지었다.

여기서 수수께끼를 하나 내 보겠다. 톰슨 사장은 펜실베이니아 철도회사가 철강 레일이 필요했을 때 어디에서 구매했을까? 시어스-로벅[1]에서 샀을까? 아니다. 틀렸다. 다시 생각해 보라.

카네기와 조지 풀먼George Pullman이 침대 열차 사업에서 우열을 다툴 때도 철강왕은 토끼의 교훈을 다시 떠올렸다.

앤드루 카네기가 운영하는 센트럴 운송회사와 조지 풀먼의 회사는 경쟁 관계에 놓여 있었다. 두 회사는 유니언 퍼시픽 철도회사 침대 열차 사업을 따내려고 다툼을 벌이며 경쟁적으로 가격을 낮추는 통에 이익을 내기도 어려운 상황에 이르렀다. 카네기와 풀먼은 유니

---

1   Sears, Roebuck and Company. 1800년대 후반, 통신 판매업으로 시작해 1900년대 후반까지 미국 대표 소매업체로 자리매김했다. -옮긴이

언 퍼시픽 철도회사의 이사진을 만나러 뉴욕에 갔다. 어느 날 저녁, 카네기는 세인트 니콜라스 호텔에서 풀먼을 만나 이렇게 말했다. "안녕하십니까? 풀먼 씨, 우리 둘 다 바보가 된 것 같지 않습니까?"

"그게 무슨 말씀입니까?" 풀먼이 다시 물었다.

그러자 카네기는 그동안 생각해 둔 두 회사의 합병에 관한 아이디어를 제안했다. 두 회사가 경쟁 대신 협력으로 상호 간에 이익을 얻자고 열을 올리며 설명했다. 풀먼은 카네기의 말을 주의 깊게 들었지만, 100% 확신이 서지 않았다. 잠시 후 풀먼이 "그러면 새 회사의 이름은 어떻게 하실 겁니까?"라고 물었고, 이에 카네기는 곧바로 "그야 당연히 '풀먼 팰리스 자동차 회사'라고 해야지요."라고 답했다.

풀먼의 얼굴이 밝아졌다. 그리고 "제 방으로 가서서 더 자세히 얘기해 볼까요?"라고 했다. 그 대화는 업계의 역사에 남게 된다.

앤드루 카네기가 친구와 동료들의 이름을 기억하고 존중하려 했던 원칙은 그가 가진 리더십의 비결 중 하나였다. 카네기는 자신을 위해 일하는 수많은 노동자들의 이름을 기억한다는 사실에 자부심을 느꼈고, 자신이 경영자로 있는 동안 제철소가 파업으로 문을 닫은 적이 단 한 번도 없다고 자랑삼아 이야기했다.

한편, 이그나치 얀 파데레프스키Ignacy Jan Paderewski[2]는 풀먼 객차의

---

2   폴란드의 피아니스트이자 정치가. 폴란드의 제3대 총리를 지냈으며, 은퇴 이

요리사에게 "카퍼 씨"라고 부르며 중요한 사람으로 느낄 수 있게 했다. 파데레프스키는 15차례에 걸쳐 미국 전역을 순회하며 열광적인 관객 앞에서 연주를 펼쳤다. 그때마다 풀먼 객차의 전용 칸을 타고 여행했는데, 공연이 끝나면 매번 같은 요리사가 파데레프스키를 위해 저녁을 준비해 두었다. 파데레프스키는 수년 동안 단 한 번도 그 요리사를 미국식 호칭인 "조지"라고 부르지 않고, 항상 유럽의 격식에 맞춰 "카퍼 씨"라고 불렀다. 그리고 카퍼는 그렇게 불리는 것을 무척 좋아했다.

사람들은 자신의 이름을 너무나 자랑스럽게 여기는 나머지 어떤 대가를 치르고서라도 그 이름을 영원히 후대에 남기려고 애쓴다. 다혈질에다 계산적이었던 P. T. 바넘[P. T. Barnum][3]은 자신의 성을 물려줄 아들이 없어 실망해 있다가, 외손자인 C. H. 실리[C. H. Seeley]에게 "바넘" 실리로 이름을 바꾸면 2만 5000달러를 주겠다고 제안할 정도였다.

200년 전, 부자들은 작가들에게 돈을 지원하고 그들의 책을 자신에게 헌정하게 했다.

도서관과 박물관이 책과 소장품을 한가득 보유할 수 있는 것도 자

후 음악 생활로 돌아가 콘서트를 돌며 큰 성공을 거두었다. -편집자
[3] 미국의 서커스 단장 겸 흥행업자. 사기꾼이자 위대한 쇼맨이라는 양면적인 평가를 받고 있다. -편집자

신들의 이름이 후대인의 기억에서 사라지는 것이 견딜 수 없는 사람들 덕분이다. 뉴욕 공립 도서관[4]은 제이컵 애스터John Jacob Astor[5]와 제임스 레녹스James Lenox[6]의 수집품을 소장하고 있다. 메트로폴리탄 박물관은 벤저민 알트만Benjamin Altman[7]과 J. P. 모건J. P. Morgan[8]의 이름을 영구히 보존하고 있다. 그리고 거의 모든 성당에는 기부자의 이름을 기념하는 스테인드글라스 창문이 아름답게 장식되어 있다.

사람들 대부분이 이름을 잘 기억하지 못하는 이유는 단순하다. 마음을 집중해서 이름을 외우고 머릿속에 단단히 입력해 둘 만큼 시간과 노력을 들이지 않기 때문이다. 그러면서 그저 바쁘다는 핑계만 댄다.

하지만 프랭클린 D. 루스벨트보다 바쁘지는 않았을 것이다. 그는 어쩌다 만난 정비사의 이름까지 기억하고 떠올리고자 많은 시간을

---

4 1886년 애스터 도서관과 레녹스 도서관이 통합하며 뉴욕 공립 도서관이 되었다. -편집자

5 미국의 사업가이자 투자자. 침몰한 타이타닉호의 가장 부유한 승객으로 여겨진다. 타이타닉호의 침몰과 함께 사망했다. -편집자

6 미국의 도서 애호가이자 자선가. 상인인 아버지로부터 재산을 물려받아 각종 예술품을 수집하는 데 평생을 바쳤다. -편집자

7 미국의 기업가. 메트로폴리탄 미술관에 대규모 수집품을 기증한 것으로 널리 알려졌다. -편집자

8 미국의 기업가. 세계적인 금융 회사인 JP모건 체이스의 설립자이자 금융왕으로 알려졌다. -편집자

들였다.

한 가지 예를 들어 보겠다. 크라이슬러사는 루스벨트 대통령을 위해 특별한 자동차를 만들었고[9], W. F. 체임벌린_{W. F. Chamberlain}과 한 정비사가 그 차를 백악관으로 운송했다. 내 앞에는 체임벌린이 그때 경험한 일을 써서 보낸 편지가 있다. 그는 다음과 같이 적었다. "저는 루스벨트 대통령께 특수 장치들이 장착된 자동차를 다루는 법을 알려드렸지만, 대통령께서는 제게 사람을 다루는 섬세한 기술에 관해 많은 것을 알려 주셨습니다.

제가 백악관에 들어갔을 때, 대통령께서는 아주 즐겁고 쾌활해 보이셨습니다. 제 이름을 부르시며 저를 편하게 대해 주셨고, 특히 인상 깊었던 건 제가 보여 주고 말씀드리는 것들에 **큰 관심**을 두시는 모습이었습니다. 그 자동차는 모든 기능을 손으로 작동할 수 있게 설계되었습니다. 사람들이 차를 구경하러 오자 대통령께서는 이렇게 말씀하셨습니다. '이 차는 정말 대단하다고 생각해요. 이렇게 버튼만 누르면 힘들이지 않고 차를 운전할 수 있으니까요. 정말 대단하다고 생각합니다. 차가 어떤 원리로 움직이는지 모르겠네요. 언젠가 차를 분해해서 어떻게 작동하는지 살펴볼 시간이 있으면 좋겠어요.'

대통령의 지인과 동료들이 차를 보고 감탄하자, 대통령께서는 그

---

9   루스벨트는 1921년에 소아마비 진단을 받았으며, 그 후유증으로 다리가 불편했다. -편집자

들 앞에서 이렇게 말씀하셨어요. '체임벌린 씨, 그간 이 차를 개발하느라 애쓰신 공로에 진심으로 감사드립니다. 정말 훌륭한 작품입니다.' 대통령께서는 난방기와 특수 백미러, 시계, 실내등, 운전석의 시트와 위치, 트렁크에 있는 모노그램이 새겨진 여행 가방까지 하나하나 칭찬하셨습니다. 한 마디로 제가 특별히 신경 쓴 부분을 모두 알아보셨어요. 그리고 영부인과 프랜시스 퍼킨스Frances perkins 노동부 장관, 비서에게도 여러 가지 장치들을 자세히 보여주셨습니다. 심지어 나이 든 흑인 짐꾼에게 사진을 부탁하며 '조지, 이 여행 가방은 특별히 다뤄주세요.'라고 말씀하셨어요.

운전 교습이 끝나자 대통령께서는 저를 향해 이렇게 말씀하셨습니다. '체임벌린 씨, 연방준비제도이사회를 30분이나 기다리게 했습니다. 이제 일하러 가 봐야겠네요.'

그날 정비사 한 명도 저와 함께 백악관에 갔습니다. 도착하자마자 대통령께 그를 소개해 드렸죠. 그는 대통령께 말을 붙일 기회가 없었고, 대통령께서도 그의 이름을 한 번 들었을 뿐이었습니다. 그는 쑥스러움이 많은 성격이라 내내 뒷전으로 물러나 있었죠. 하지만 대통령께서는 자리를 뜨기 전에 그 정비사를 찾아 악수를 청하셨고, 이름을 부르시며 워싱턴에 와 줘서 고맙다고 말씀하셨습니다. 인사치레로 하는 감사가 아니었습니다. 정말 진심을 담아 말했습니다. 저는 그걸 느낄 수 있었어요.

뉴욕으로 돌아오고 며칠이 지난 후, 대통령의 친필 사인이 담긴 사진과 제 도움에 대한 감사의 마음을 담은 작은 메모를 받았습니다. 대통령께서 어떻게 이런 일에도 시간을 내실 수 있는지 정말 신기할 따름입니다."

프랭클린 D. 루스벨트는 호의를 얻는 가장 쉽고 확실하며 중요한 방법이 상대의 이름을 기억해서 그 사람이 자신을 중요하다고 느끼도록 하는 것임을 알았다. 하지만 우리 중에서 이를 실천하는 사람은 얼마나 될까?

낯선 사람을 소개받아 몇 분간 대화를 나누고도, 헤어질 때쯤이면 그의 이름을 기억하지 못할 때가 절반에 이른다.

정치인들이 새기는 첫 번째 교훈 중 하나가 바로 이것이다. "유권자의 이름을 기억하는 것은 정치인의 능력이다. 이름을 기억하지 못하면 자신도 기억되지 못할 것이다."

이름을 기억하는 능력은 정치뿐 아니라 사업이나 사회생활에서도 중요한 역할을 한다.

프랑스의 황제이자 나폴레옹 1세의 조카였던 나폴레옹 3세Napoleon III는 왕실의 의무를 이행하기 바쁜 와중에도 자신이 만나는 사람의 이름을 모두 기억할 수 있다는 점을 자랑스러워했다.

특별한 기술이 있었을까? 방법은 간단했다. 만약 이름을 정확히 듣지 못했다면 "정말 미안하네. 이름을 제대로 못 들었네."라고 했다. 상대의 이름이 독특할 때는 "철자가 어떻게 되는가?"라고 물었다.

대화하는 동안에는 일부러 상대의 이름을 여러 번 말하려고 애썼고, 그 사람의 특징과 표정, 외모와 연관 지어 이름을 기억하려고 노력했다.

상대가 중요한 사람이면 더 많은 공을 들였다. 혼자 있게 되었을 때 그 사람의 이름을 종이에 적고, 여러 번 집중해서 쳐다보며, 머릿속에 단단히 각인한 다음에 종이를 찢어 버렸다. 이런 방식으로 그는 이름의 청각적인 인상과 시각적인 인상을 모두 얻어냈다.

이 모든 일에는 시간이 들겠지만, 에머슨이 말했듯이 "예절을 익히려면 작은 희생이 필요하다."

따라서 사람들에게 호감을 얻고 싶다면, 세 번째 원칙은:

사람의 이름은 세상에서 가장 달콤하고
중요한 소리라는 것을 기억하라.

CHAPTER 4

좋은 대화 상대가 되는
쉬운 방법

An Easy Way to Become a Good Conversationalist

나는 얼마 전 브리지 파티[1]에 초대받았다. 나는 브리지 게임을 하지 않는데, 그곳에는 나처럼 브리지 게임을 하지 않는 금발의 여성이 있었다. 그녀는 로웰 토머스가 라디오 방송에 몸담기 전, 내가 한때 그의 개인 매니저였다는 사실을 알게 되었고, 당시 그가 진행하고 있던 여행 강연의 준비를 돕느라 내가 여러 차례 유럽을 여행했다는 것도 알게 되었다. 그러자 그녀는 이렇게 말했다. "어머, 카네기 씨, 그동안 방문했던 멋진 장소와 광경에 대해 전부 들려주시면 좋겠어요."

우리가 소파에 앉았을 때, 그녀는 최근에 남편과 아프리카 여행

---

1   카드놀이의 일종인 브리지 게임을 하는 모임. -옮긴이

을 마치고 돌아왔다고 말했다. 나는 "아프리카라고요?"라고 외쳤다. "얼마나 즐거우셨을까요! 저도 늘 아프리카에 가보고 싶었는데, 알제에서 24시간 동안 머물렀던 것을 제외하고는 가본 적이 없습니다. 맹수들이 사는 지역에도 가보셨습니까? 그러시군요. 대단하네요! 정말 부럽습니다! 아프리카 이야기를 더 해주세요."

그 후 장장 45분간 그녀의 이야기가 이어졌다. 그녀는 내가 어디를 다녀왔는지, 무엇을 보았는지 다시 묻지 않았다. 사실 그녀는 내 여행 이야기를 듣고 싶은 것이 아니었다. 그녀는 단지 자신의 이야기를 관심 있게 들어 줄 상대가 필요했던 것뿐이었다. 그래야 자신을 내세우며 자신이 가본 곳의 이야기를 늘어놓을 수 있을 테니 말이다.

그녀가 특이한 사람이었을까? 아니다. 사람들 대부분이 그렇다.

다른 예도 있다. 최근에 나는 뉴욕의 출판업자인 J. W. 그린버그J. W. Greenberg가 주최한 저녁 만찬회에서 한 저명한 식물학자를 만났다. 식물학자와 대화를 나눠 본 적이 없었기에 무척 흥미로웠다. 그가 대마와 루서 버뱅크Luther Burbank[2], 실내 정원에 관해 이야기하고 흔한 감자에 담긴 놀라운 사실을 말해주는 동안, 나는 말 그대로 의자의 끝자락에 몸을 쭉 빼고 앉아 그의 이야기에 귀를 기울였다. 나 역시 작은 실내 정원을 가꾸고 있었는데, 그는 내가 궁금해하던 문제

---

[2]   미국의 육종학자로 수백 종의 새로운 식물을 개량했다. -옮긴이

에 대해서도 친절하게 답해 주었다.

말했다시피 그 자리는 저녁 만찬회 자리였다. 그 자리에는 우리 말고도 다른 손님이 십여 명은 더 있었을 것이다. 하지만 나는 그런 자리에서 지켜야 할 모든 예의 규범을 어기고 다른 사람을 무시한 채 그 식물학자와만 몇 시간 동안 이야기했다.

자정이 다가왔다. 나는 모두에게 작별 인사를 하고 그곳을 나왔다. 그러자 식물학자가 주최자를 돌아보며 나에 관해 여러 가지 칭찬의 말을 했다. 그는 내가 "대단히 재미있는 사람"이었다고 했다. 이어서 이런저런 칭찬을 하다가 마지막에는 내가 "가장 흥미로운 대화 상대"였다는 말까지 했다.

흥미로운 대화 상대? 내가? 글쎄, 나는 거의 아무 말도 하지 않았다. 식물학에 관해서라면 펭귄의 해부 구조만큼 아는 것이 없었으니, 대화 주제를 바꾸지 않는 한 말을 하고 싶어도 할 수가 없었다. 내가 한 것은 따로 있다. 그의 말을 정말 열심히 들었다는 것이다. 그의 이야기에 진심으로 관심이 있었기 때문이다. 그리고 식물학자도 이를 느꼈을 테니 당연히 기분이 좋았을 것이다. 이러한 경청은 우리가 누군가에게 할 수 있는 최고의 찬사라 할 수 있다. 잭 우드퍼드Jack Woodford는 《사랑의 이방인》[3]에서 "상대에게 온전히 집중하는 은밀한 아첨에 넘어가지 않을 사람은 없다."라고 했다. 하지만 나는

3   원제목: Strangers in Love -옮긴이

그의 말에 온전히 집중하는 것에서 그치지 않고, "그를 진심으로 인정하고 아낌없이 칭찬해 주었다."

나는 대단히 즐거웠고 많은 것을 배웠다고 그에게 말했고, 실제로도 그랬다. 그의 지식을 내 머릿속에 넣고 싶다고 했는데, 그 말도 진심이었다. 그가 자연 탐방을 나설 때 같이 가고 싶다고도 했고, 이 또한 사실이었다. 그를 다시 만나고 싶다고 했는데, 진심에서 나온 말이었다.

그는 내가 대화를 잘하는 사람이라고 생각하는데, 사실 나는 그저 이야기를 잘 들어 주고, 그가 말을 이어 가도록 독려했을 뿐이었다.

비즈니스에서 대화를 잘 이끄는 비결 혹은 비법은 무엇일까? 온화한 성품의 학자였던 찰스 W. 엘리엇에 따르면 "비즈니스에서 대화를 잘하는 비법은 없다… 중요한 것은 말하는 상대에게 온전히 집중하는 태도다. 그보다 상대를 기분 좋게 하는 것은 없다."

자명하지 않은가? 이런 내용을 배우자고 4년씩 하버드대학교를 다녀야 할 필요는 없을 것이다. 하지만 가게 주인들은 비싼 임대료를 내고, 싼값에 물건을 떼 오고, 진열대를 화려하게 장식하고, 수백 달러를 들여 광고를 내면서, 정작 고객의 말을 경청할 줄 모르는 직원, 심지어 고객의 말을 자르고 반박하고 기분을 나쁘게 만들어 가게 밖으로 내모는 직원을 고용한다.

J. C. 우튼J. C. Wootton의 사례를 살펴보자. 그는 우리 강의에서 다

음 이야기를 들려주었다. 그는 뉴저지주 뉴어크의 분주한 해안가 도시에 있는 어느 백화점에서 양복 한 벌을 샀다. 그 양복은 실망스러웠다. 상의 옷감에서 염료가 묻어 나와 와이셔츠 깃에 얼룩을 남겼기 때문이다.

양복을 다시 매장으로 가져간 그는 자신에게 옷을 판매한 직원을 찾아 이야기했다. 내가 이야기를 "했다"라고 말했는가? 미안하다. 과장된 표현이었다. 그는 자신의 이야기를 하려고 **시도**했지만, 그러지 못했다. 그의 말은 중간에 가로막혔다.

판매 직원은 이렇게 쏘아붙였다. "지금까지 이 양복을 몇천 벌이나 팔았지만, 그런 불만은 한 번도 들어본 적이 없습니다."

정확히 그렇게 말했고, 말투는 더 나빴다. 판매 직원의 격양된 어조는 "당신은 거짓말을 하고 있어. 내게 덤터기를 씌우려는 것 같은데, 나도 가만히 당하고만 있지는 않을 거야."라고 말하는 듯했다.

이런 언쟁이 오가던 중 두 번째 직원이 끼어들었다. "진한 색 양복은 모두 처음에 물이 조금 **빠집니다**. 그건 어쩔 수 없어요. 염색 처리를 하다 보니 그 가격대의 양복은 그럴 수밖에 없습니다."

"그쯤 되니 화가 치밀어 오르더군요." 우튼은 자신의 이야기를 들려주며 이렇게 말했다. "첫 번째 직원은 제 정직성을 의심했습니다. 두 번째 직원은 제가 싸구려 제품을 샀다는 식으로 말했죠. 더는 참을 수가 없었습니다. 그래서 양복을 던져 주고 지옥에나 가라고 말하려 했는데, 때마침 부서의 지배인이 지나갔어요. 확실히 지배인은 다르더군요. 제 태도를 완전히 바꾸어 놓았죠. 잔뜩 성난 사람을 충분히 만족한 고객으로 만들었습니다. 그가 어떻게 했냐고요? 방법은 3가지였습니다.

첫째, **제 말을 끊지 않고 끝까지 들어 주었습니다.**

둘째, 제 말이 끝났을 때 직원들이 다시 그들의 관점에서 문제를 지적하려 하자, **제 입장에 서서** 그들과 논쟁을 벌였습니다. 그는 제 와이셔츠 깃이 양복 때문에 얼룩진 것이 분명하다고 지적했을 뿐만 아니라, 완전한 만족을 주지 못하는 제품이라면 매장에서 팔아서는 안 된다고 딱 잘라 말하더군요.

셋째, 그는 문제의 원인을 모른다고 인정하면서 저에게 아주 간단히 '양복을 어떻게 해 드릴까요? 고객님이 말씀하시는 대로 처리해 드리겠습니다.'라고 말했습니다.

불과 몇 분 전만 해도 저는 이따위 양복 필요 없으니 당신들이나 가지라고 말할 참이었죠. 하지만 그 지배인의 이야기를 들은 후에는 이렇게만 말했습니다. '당신의 의견을 듣고 싶군요. 이런 상태가 일시적인 것인지 그리고 이런 경우 조치할 방법이 있는지 알고 싶습니다.'

그는 저에게 일주일만 더 입어 보라며 이렇게 제안했습니다. '그때도 만족스럽지 않다면 새 상품으로 교환해 드리겠습니다. 불편을 끼쳐 드려 정말 죄송합니다.'

저는 만족스럽게 백화점을 나왔습니다. 일주일이 지나니 양복의 상태도 괜찮아졌고, 그 백화점에 대한 신뢰도 완전히 회복되었죠."

그 지배인이 높은 자리에 오르는 것은 당연해 보인다. 그리고 그 판매 직원들을 볼 것 같으면, 평생 점원으로 남을 것이라고 쓸 참이었다. 아니다. 생각해 보니 포장 부서로 강등되어 아예 고객을 응대할 일이 없을 것 같다.

상습적으로 불만을 제기하는 사람, 심지어 폭력적으로 나서는 사람일지라도 인내심을 가지고 자기 말을 공감하며 들어 주는 사람 앞에서는 마음을 가라앉히고 부드러워진다. 상대방의 말을 잘 들을 줄 아는 사람은 성난 불평꾼이 킹코브라처럼 고개를 쳐들고 독을 뿜어내도 묵묵히 듣는다. 한 가지 사례를 들겠다. 몇 년 전 뉴욕 전화국은 교환원에게 시도 때도 없이 욕설을 퍼붓는 한 악질 고객을 상대해야 했다. 그 고객은 욕을 퍼붓고, 고함을 질러댔으며, 전화기를 뽑아버리겠다고 협박을 일삼았다. 또 전화 요금이 잘못 청구되었다며 납부를 거부했고, 신문사에 투서를 일삼았으며, 공공 서비스 위원회에 수없이 민원을 넣었고, 전화국을 상대로 여러 건의 소송도 제기했다.

결국 그 진상 고객에게 대응하기 위해 전화국에서 가장 노련한 '분쟁 해결사'가 파견되었다. 그 해결사는 까칠한 노인의 분이 풀릴 때까지 실컷 자신의 감정을 쏟아 내도록 잠자코 듣기만 했다. 가만히 들으면서 "네, 맞습니다."라며 상대의 불평에 맞장구쳐 주었다.

"그는 내내 악다구니를 쏟아 냈고, 저는 거의 3시간 동안 그의 말을 들어 주었습니다." 그 해결사는 우리 강좌에서 자기 경험을 이야기하며 이렇게 말했다. "그러고 나서도 다시 그를 찾아가 이야기를 들어 주었지요. 그를 총 4차례 만났는데, 네 번째 방문이 끝나기도 전에 저는 그가 창단한 단체의 창립 멤버가 되었습니다. 그는 그 단체를 '전화 가입자 보호 협회'라고 이름 지었죠. 지금도 저는 그 단체의 회원인데, 제가 알기론 지구상에서 창립자를 제외하고는 제가 유일한 회원입니다.

그와 면담하는 동안 그가 하는 모든 말을 경청하며 공감해 주었습니다. 그동안 자기 이야기를 그렇게 들어 준 상담원이 없어서인지, 저를 대하는 태도가 점점 친근하게 변하더군요. 제가 그를 만나러 간 이유는 첫 번째 만남뿐만 아니라 두 번째, 세 번째 만남에서도 언급하지 않았습니다. 하지만 네 번째 만남에서 저는 사건을 완전히 종결하고, 밀린 요금을 모두 받아 내었으며, 그가 전화국을 상대로 분쟁을 시작한 이래 처음으로 공공 서비스 위원회에 올린 민원을 자진해서 철회하게 했습니다."

의심할 여지없이 그 고객은 자신을 대기업의 착취에 맞서 시민의 권익을 수호하는 거룩한 십자군으로 여겼을 것이다. 하지만 실제로 그가 원한 것은 자신을 중요하다고 느끼는 것이었다. 처음에는 욕설과 불평으로 자신이 중요하다는 느낌을 얻었지만, 전화국의 대변자로부터 그 느낌을 받자 마음속의 불만이 모두 녹아 없어진 것이다.

몇 년 전 아침, 잔뜩 화가 난 고객이 줄리언 F. 데트머^{Julian F. Detmer}의 사무실로 들이닥쳤다. 데트머는 훗날 세계 최대 모직물 유통 업체로 성장한 데트머 모직 회사의 설립자다.

"그 고객은 우리 회사에 15달러의 채무가 남아 있었습니다." 데트머는 그때 상황을 내게 이렇게 설명했다. "그는 아니라고 주장했지만, 그가 틀렸다는 걸 우리는 알고 있었지요. 그래서 우리 회사의 신용 부서에서는 그에게 대금을 지급해 달라고 독촉했습니다. 담당자로부터 몇 차례 독촉장을 받은 후, 그 고객은 짐을 싸서 시카고까지 왔습니다. 제 사무실로 쳐들어와서 대금을 내지 않는 것은 물론이고, 앞으로는 우리와 거래를 끊겠다고 말하더군요.

저는 인내심을 가지고 그의 말을 끝까지 들었습니다. 중간에 끼어들고 싶은 마음도 들었지만, 그러는 게 좋지 않은 방식이라는 걸 알고 있었죠. 그래서 하고 싶은 말을 다 하도록 놔두었습니다. 한참 만에 그가 분을 가라앉히고 제 말을 들을 상태가 되었을 때, 제가 침착하게 말을 꺼냈습니다. '시카고까지 오셔서 이리 말씀해 주신 것에 감사드리고 싶군요. 고객님께서는 저희에게 큰 도움을 주셨습니다. 우리 신용 부서에서 고객님을 불편하게 했다면 다른 선량한 고객들께도 그럴 수 있으니 큰 문제가 되었을 겁니다. 정말입니다. 고객님께서 말씀하시고 싶었던 것보다 제가 이 이야기를 듣고 싶은 마음이 더 컸을 겁니다.'

그 고객은 제가 그런 말을 할 줄 아마 상상도 못 했을 겁니다. 제 생각에 그분은 약간 실망했던 것 같아요. 왜냐하면 제게 이런저런 말을 하려고 시카고까지 왔는데, 제가 따지기는커녕 도리어 고맙다고 했으니까요. 저는 그에게 미납 대금 15달러를 장부에서 지워버릴 테니 잊어버리시라고 했습니다. 그 고객은 워낙 꼼꼼한 분이시고 우리 회사와의 거래만 관리하면 되지만, 우리 직원들은 수천 개의 계좌를 관리해야 하기 때문입니다. 따라서 우리보다는 그분이 틀릴 가능성이 작았습니다.

저는 그분의 기분을 충분히 이해하고 있고, 제가 같은 처지였어도 의심할 여지없이 똑같이 느꼈을 거라고 말했습니다. 앞으로 우리 회사와 거래하지 않겠다고 하길래 다른 모직 회사도 추천해 주었어요.

예전에는 그분이 시카고에 오면 함께 점심을 먹곤 했습니다. 그래서 그날도 함께 점심을 먹자고 초대했죠. 그는 마지못해 알겠다고 했지만, 사무실로 돌아와서는 전보다 더 많은 물량을 주문해 주었습니다. 그리고 한결 부드러워진 채로 집으로 돌아갔고, 우리가 정당하게 대해 준 만큼 자신도 정당해지고 싶다며, 스스로 계산서들을 살펴보고는 빠뜨린 계산서 하나를 발견해서 사과의 말과 함께 15달러짜리 수표를 보내 주었습니다.

나중에 그의 아내가 아들을 낳았을 때, 그는 아들의 중간 이름을 데트머라고 지었어요. 그리고 22년 뒤 세상을 뜨기 전까지 제 좋은 친구이자 고객으로 남아 주었습니다."

오래전 네덜란드에서 이민 온 가난한 소년이 있었다. 그는 주급

50센트를 버느라 학교가 끝나면 빵집에서 유리창을 닦았는데, 집이 너무 가난해서 매일 바구니를 들고 길거리에 나가 석탄 마차가 연료를 실어 나르다 배수로에 떨어뜨린 석탄 부스러기를 주워 모았다. 에드워드 보크Edward Bok라는 이름의 그 소년은 평생 학교라고는 6년도 다니지 못했지만, 결국 미국 언론 역사상 가장 성공한 잡지 편집자가 되었다. 어떻게 그럴 수 있었을까? 이는 긴 이야기지만, 첫 시작을 어떻게 했는지는 간략하게 설명할 수 있다. 바로 이 장에서 이야기하는 원칙을 활용한 것이었다.

소년은 13살 때 학교를 그만두고 웨스턴 유니언사에 들어가 주급 6달러 25센트를 받으며 사환으로 일을 시작했다. 하지만 배움에 대한 열정은 한순간도 포기하지 않았다. 그는 독학을 시작했다. 차비를 아끼고 점심을 거르며 돈을 모았고, 그 돈으로 미국 위인들의 전기 백과사전을 샀다. 그러고는 이전에 누구도 들어 본 적 없는 특별한 일을 시작했다. 소년은 유명한 사람들의 생애를 읽은 후, 그들에게 어린 시절에 관한 이야기를 더 들려 달라고 요청하는 편지를 썼다. 소년은 남의 말을 듣는 데 뛰어난 사람이었고, 유명한 사람들이 기꺼이 자신에 관한 이야기를 하도록 만들었다. 당시 대통령 선거에 출마한 제임스 A. 가필드James A. Garfield[4] 장군에게 편지를 써서 한때 그가 운하를 오가는 배에서 일한 것이 사실인지 물었고, 가필드로부

---

4   미국의 군인 출신 정치인. 미국의 제20대 대통령을 역임했다. -편집자

터 답장을 받았다. 율리시스 S. 그랜트Ulysses S. Grant[5] 장군에게도 편지를 보내 어떤 전투에 관해 물었는데, 그랜트 장군은 답장으로 손수 지도를 그려 보내 주었다. 심지어 소년을 식사에 초대해 저녁 내내 소년과 이야기도 나누었다.

소년은 랠프 월도 에머슨에게도 편지를 써서 그가 자신에 관한 이야기를 털어놓게 했다. 웨스턴 유니언사의 사환에 불과했던 소년은 곧 에머슨, 필립스 브룩스Phillips Brooks[6], 올리버 웬들 홈스Oliver Wendell Holmes[7], 헨리 워즈워스 롱펠로Henry Wadsworth Longfellow[8], 메리 토드 링컨, 루이자 메이 올컷Louisa May Alcott[9], 윌리엄 테쿰세 셔먼William Tecumseh Sherman 장군[10], 제퍼슨 데이비스Jefferson Davis[11]와 같이 미국에서 내로라하는 유명인들과 편지를 주고받는 사이가 되었다.

소년은 유명 인사들과 편지를 주고받았을 뿐만 아니라, 휴가를 받

---

5   미국의 군인 출신 정치인. 남북전쟁 당시 북군의 총사령관으로서 북군의 승리를 이끈 명장이다. 미국의 제18대 대통령을 역임했다. -편집자

6   미국 성공회 성직자이자 작가. 보스턴 트리니티 교회의 총장과 매사추세츠주 주교를 역임했다. -편집자

7   미국의 의사이자 시인, 수필가, 평론가로 다방면에서 뛰어난 명성을 떨쳤다. -편집자

8   미국의 시인이자 소설가이며 번역가. 하버드대학교 교수를 지냈다. -편집자

9   미국의 소설가. 《작은 아씨들》을 비롯한 다수의 작품을 남겼다. -편집자

10   미국 남북전쟁 당시 북군의 장군으로 전쟁을 끝내는 데 큰 공을 세웠다. -편집자

11   미국 남북전쟁 당시 남부 연맹의 대통령. -편집자

으면 그들의 집에 손님으로 초대받아 따뜻한 환대를 받았다. 이러한 경험은 소년에게 돈으로 살 수 없는 엄청난 자신감을 불어넣었다. 그 유명 인사들은 소년의 삶에 혁명을 일으킨 비전과 야망에 불을 지펴 주었다. 다시 말하지만, 그 모든 것은 소년이 이 책에서 언급된 원칙을 실천했기 때문에 가능한 일이었다.

유명인 인터뷰의 세계 챔피언이라 할 수 있는 아이작 F. 마코슨 Isaac F. Marcosson은 많은 사람이 주의 깊게 듣지 않기 때문에 좋은 인상을 얻지 못한다고 단언했다. "사람들은 다음에 무슨 말을 할지에 너무 많은 신경을 쓰느라 귀를 열어 두지 않습니다… 거물급 인사들은 말을 잘하는 사람보다 말을 잘 들어 주는 사람을 더 좋아한다고 하는데, 말을 잘 듣는 능력은 다른 어떤 것보다도 보기 드물더군요."

다른 사람의 말을 잘 들어 주는 사람이라면 거물급 인사뿐 아니라 보통 사람들도 좋아한다. 언젠가 〈리더스 다이제스트〉에 이런 말이 나왔다. "사람들은 자기 말을 들어 줄 사람이 필요할 때 의사를 찾는다."

남북전쟁이 가장 암울했던 시기, 링컨은 일리노이주 스프링필드에 사는 오랜 친구에게 편지를 보내 의논하고 싶은 문제가 몇 가지 있다며 워싱턴으로 와 달라고 요청했다. 친구가 백악관에 도착하자 링컨은 몇 시간 동안 노예 해방 선언의 타당성에 관해 이야기했다. 노예 해방의 찬성과 반대의 주장을 모두 검토한 다음, 노예 해방 문제에 관한 신문 기사와 편지글도 읽어 주었다. 한쪽에서는 노예를 해방하지 않는다고, 다른 한쪽에서는 노예를 해방한다고 링컨을 비난했다. 몇 시간 만에 이야기를 끝낸 링컨은 친구와 악수를 나눈 뒤 작별 인사를 하고 그를 일리노이주로 돌려보냈다. 친구의 의견은 묻지도 않은 채 말이다. 링컨은 내내 혼자 이야기했고, 그 덕분에 생각이 정리되는 듯 보였다. "나와 이야기를 나눈 후에 그가 한결 편안해 보였다."라고 그 친구는 말했다. 링컨은 조언을 원한 것이 아니었다. 그저 자신의 부담을 덜어줄 수 있도록 친근하고 따뜻하게 이야기를 들어 줄 사람이 필요했던 것이다. 힘든 일을 겪을 때 우리가 원하는 것이 바로 그런 사람이다. 화난 고객, 불만에 찬 직원, 상처받은 친구가 원하는 것도 그런 사람이다.

사람들이 당신을 멀리하고 뒤에서 비웃고 욕하게 하고 싶다면, 여기에 그 방법이 있다. 사람들의 이야기를 길게 듣지 마라. 끊임없이 당신의 이야기만 해라. 당신이 하고 싶은 말이 있다면 상대가 말하고 있어도 끝날 때까지 기다리지 마라. 어차피 그 사람은 당신만큼 똑똑하지 않다. 왜 쓸데없는 소리를 듣느라 시간을 낭비하는가? 상대의 말을 끊고 도중에 끼어들면 된다.

그런 사람을 실제로 알고 있는가? 불행히도 나는 그렇다. 그리고 놀라운 점은 그들 중 몇몇 사람이 〈사교계 명사록〉에 이름이 올라 있는 유명인이라는 것이다.

그들은 지루한 사람들이다. 자아에 도취되어 자신만이 중요하다고 생각하는 사람은 지루하기 짝이 없다.

자기 이야기만 하는 사람은 자기밖에 생각할 줄 모른다. 컬럼비아대학교의 총장인 니컬러스 머리 버틀러Nicholas Murray Butler 박사는 이렇게 말했다. "자기밖에 생각할 줄 모르는 사람은 절망적일 정도로 무지하다. 그런 사람은 아무리 가르쳐도 배움을 얻지 못한다."

따라서 대화를 잘하는 사람이 되고 싶다면 다른 사람의 말을 세심하게 경청할 줄 알아야 한다. 찰스 노섬 리Charles Northam Lee가 말한 대로 "관심을 얻고 싶다면, 관심을 가져라." 상대방이 기분 좋게 대답할 만한 질문을 하고, 그 사람이 자신과 자신의 업적에 관해 이야기하도록 격려해야 한다.

당신이 대화하고 있는 사람은 당신이나 당신의 문제보다 자신과 자신이 원하는 것 그리고 자신의 문제에 100배 더 관심이 많다는 사실을 기억하라. 원래 사람은 수백만의 목숨을 앗아간 먼 나라의 기근보다 자기 치통이 더 중요한 법이다. 저 멀리 다른 대륙에서 발생하는 수십 차례의 지진보다 자기 목에 난 종기가 더 신경 쓰이는 법이다. 앞으로 누군가와 대화를 시작할 때는 이 점을 유념하라.

따라서 사람들에게 호감을 얻고 싶다면, 네 번째 원칙은:

상대방의 이야기를 경청하라.

상대가 자신에 관해 이야기하도록 격려하라.

CHAPTER 5

사람들의 관심을
얻는 방법

How to Interest People

시어도어 루스벨트를 만나러 오이스터 베이에 방문한 사람들은 그의 해박한 지식에 놀라움을 금치 못했다. 가말리엘 브래드퍼드Gama-liel Bradford[1]는 자신의 글에서 "상대가 카우보이든, 기병대원이든, 뉴욕 정치인이든, 외교관이든 루스벨트는 무슨 말을 해야 할지 알고 있었다."라고 썼다. 어떻게 그럴 수 있었을까? 답은 간단하다. 루스벨트는 손님이 방문하기로 예정되어 있으면, 그 전날 밤늦도록 그 손님이 관심 있어 하는 주제에 관한 책을 읽었다.

훌륭한 지도자라면 누구나 알고 있듯이, 루스벨트도 **사람의 마음을 얻는 가장 좋은 방법은 상대가 소중하게 여기는 것에 관해 이야기하**

---

[1] 미국의 전기 작가. 당시에 '미국 전기 작가들의 학장'이라 불렸다. -편집자

는 것이라는 사실을 알고 있었다.

인자한 성품의 예일대학교 문학 교수였던 윌리엄 라이언 펠프스 William Lyon Phelps는 어린 나이에 이 교훈을 배웠다.

그가 쓴 《인간의 본성》[2]이라는 수필에는 이런 글이 있다. "나는 8살 때 후사토닉강 근처 스트랫퍼드에 사는 리비 린슬리 Libby Linsley 숙모님 댁에서 주말을 보낸 일이 있다. 어느 날 저녁, 한 중년 남자가 찾아와 숙모님과 대화를 나눈 후에 나에게 관심을 보였다. 당시 나는 보트에 관심이 아주 많았는데, 그는 보트에 관해 재밌는 이야기를 많이 해 주었다. 그가 떠난 후 나는 그 손님에 대해 흥분해서 말했다. '정말 대단한 사람이에요! 보트에 그렇게 관심이 많으시다니!' 숙모님은 그가 뉴욕에서 일하는 변호사이며, 보트를 좋아하지 않고, 보트에 전혀 관심도 없는 사람이라고 했다. 그래서 나는 '그런데 왜 줄곧 보트 이야기를 하셨을까요?'라고 물었다.

'그야 그분이 좋은 분이라서 그렇지. 네가 보트에 관심을 보이니까 네가 좋아하고 즐거워할 만한 이야기를 하신 거란다. 그분은 네게 맞춰 주신 거야.'

그리고 펠프스는 그 글에서 이렇게 덧붙였다. "나는 숙모님의 그 말씀을 한 번도 잊은 적이 없다."

내가 이번 장을 쓰고 있을 때, 보이스카우트에서 활동하는 에드워

---

2   원제목: Human Nature –옮긴이

드 L. 챌리프Edward L. Chalif라는 사람에게서 다음 편지를 받았다.

"어느 날 제게 도움이 필요한 일이 생겼습니다. 유럽에서 대규모 스카우트 잼버리가 열릴 예정이었고, 저는 우리 학생 중 한 명을 그곳에 보내기 위해 미국의 어느 대기업 회장으로부터 여행 경비를 후원받고 싶었어요.

운 좋게도 저는 그를 만나기 직전에 그가 100만 달러짜리 수표를 발행했다가 지급이 취소되어 액자에 넣어 두었다는 이야기를 듣게 되었습니다.

그래서 그의 사무실에 들어서며 제일 먼저 그 수표를 보여 달라고 부탁해 보았습니다. 100만 달러짜리 수표라니요! 저는 그렇게 큰 금액을 수표로 발행한 사람을 본 적이 없다고 했고, 또 우리 학생들에게 100만 달러짜리 수표를 실제로 보았다고 말해주고 싶다고도 했습니다. 그러자 그가 기꺼이 수표를 보여주더군요. 저는 감탄하며 어떻게 이런 수표를 발행하게 되었는지 알려 달라고 부탁했습니다."

눈치챘는가? 챌리프는 보이스카우트나 유럽에서 열리는 잼버리 또는 **자신**이 원하는 것에 관한 이야기로 대화를 시작하지 않았다. 그는 상대가 관심 있어 하는 이야기로 대화를 시작했다. 다음은 그 이야기의 결과다.

"잠시 후 그가 이렇게 묻더군요. '아, 그런데 무슨 일로 저를 만나고 싶으셨나요?' 그제서야 저는 제 이야기를 했습니다.

놀랍게도 그는 제가 부탁한 것을 즉시 들어주었을 뿐 아니라 그보다 훨씬 많은 것을 해 주었어요. 저는 학생 한 명만 유럽으로 보내 달라고 부탁했는데, 그는 저를 포함해 다섯 학생의 경비를 후원해 주었습니다. 심지어 1000달러짜리 신용장을 써 주며 저희에게 유럽에서 7주간 지내다 오라고까지 했습니다. 게다가 자기 회사의 지사장들에게 우리를 잘 돌봐 주라며 소개장도 써 주고, 파리까지 직접 와서 시내 구경도 시켜 주었어요. 그 후로 그는 형편이 어려운 학생들을 위해 일자리를 마련해 주고, 지금까지 우리 단체에서 활발하게 활동하고 있습니다.

만약 그가 무엇에 관심이 있는지 제가 먼저 파악해서 마음을 열어 놓지 않았다면, 그에게 접근하기가 10배는 더 어려웠을 거라고 생각합니다."

이것이 비즈니스에서도 유용한 기술이 될 수 있을까? 그럴까? 한번 살펴보자. 뉴욕 최고의 제빵 기업 중 하나인 두버노이 앤 선즈의 헨리 G. 두버노이Henry G. Duvernoy의 경우를 예로 들어 보겠다.

두버노이는 뉴욕의 한 호텔에 빵을 납품하려고 애쓰고 있었다. 그는 4년간 매주 호텔 지배인을 찾아갔다. 그 지배인이 참석한다는 친목 모임에도 나갔고, 심지어 그 호텔에서 투숙하여 살다시피 한 적도 있다. 하지만 그는 실패했다.

두버노이는 이렇게 말했다. "인간관계 기술을 공부한 후로 전략을 바꿔 보기로 했습니다. 그 지배인이 무엇에 관심이 있는지, 어떤 일에 열정을 쏟고 있는지를 알아내기로 결심했죠.

저는 그가 미국 호텔인 연합에 소속되어 있다는 것을 알게 되었습니다. 소속된 정도가 아니라 넘치는 열정으로 그 단체의 회장직을 맡고 있었고, 심지어 세계 호텔인 연합에서도 회장을 맡고 있었어요. 그는 회의가 열리는 곳이라면 산을 넘고 사막이나 바다를 건너야 하는 한이 있더라도 비행기를 타고 날아가 반드시 참석했습니다.

그래서 다음 날 그를 만났을 때, 호텔인 연합에 관해 이야기하기 시작했습니다. 그의 반응이 정말 대단하더군요! 그는 장장 30분간 목소리가 떨릴 만큼 열정적으로 호텔인 연합에 관해 이야기했습니다. 그 모임이 그의 취미이자 인생의 열정이 담긴 일이라는 것을 분명히 알 수 있었죠. 사무실을 떠나기 전에 그는 저에게 그 단체의 회원권을 '판매'하기까지 했습니다.

그사이 저는 빵에 관한 이야기는 언급조차 하지 않았습니다. 하지만 며칠 뒤, 그 호텔의 관리인으로부터 견본과 가격표를 가져와 달라는 전화가 왔어요.

관리인이 제게 인사를 건네더니 '당신이 우리 영감님에게 무슨 짓을 했는지는 모르지만, 당신한테 확실히 넘어갔더군요!'라고 했습니다.

생각해 보세요! 저는 그 호텔의 계약을 따내려고 4년이나 그를 쫓아다녔습니다. 만약 그 사람이 무엇에 관심이 있는지, 어떤 이야기를 하고 싶어 하는지 끝내 알아내지 못했다면, 저는 아직도 그를 쫓아만 다녔을 겁니다."

따라서 사람들이 호감을 느끼도록 만들고 싶다면, 다섯 번째 원칙은:

상대방의 관심사에 관해 이야기하라.

CHAPTER 6

사람들에게 즉시
호감을 얻는 방법

How to Make People Like You Instantly

뉴욕 33번가와 8번가의 교차로에 있는 우체국에서 편지를 부치려고 줄을 서 있을 때였다. 나는 우체국 직원이 우편물의 무게를 재고, 우표를 건네고, 잔돈을 거슬러 주고, 영수증을 발행하는 등 몇 년째 똑같이 반복되는 단조로운 업무에 싫증이 나 있다는 것을 알아차렸다. 그때 속으로 이런 생각이 들었다. "저 친구가 나를 좋아하게 만들어 봐야겠다. 물론 그러려면 무언가 기분이 좋아질 만한 말, 나에 관한 것이 아니라 저 친구에 관한 것을 말해야 할 텐데. 이렇게 생각해 보자. '내가 진심으로 저 친구를 칭찬할 만한 점이 없을까?'" 그 답은 상대가 잘 모르는 사람이라면 찾기 어려울 수도 있다. 하지만 그 직원의 경우에는 쉽게 찾을 수 있었다. 칭찬할 점이 곧바로 눈에 띄었기 때문이다.

나는 직원이 봉투의 무게를 재고 있을 때 감탄하며 말했다. "저도 선생님 같은 머리숱을 갖고 싶네요."

그는 살짝 놀란 얼굴로 나를 올려 보더니 밝게 미소 지었다. "글쎄요. 지금은 예전만 못해요." 그가 겸손하게 말했다. 나는 예전만큼은 아닐지 몰라도 여전히 멋지다고 말해 주었다. 그는 무척 기뻐했다. 우리는 즐겁게 몇 마디 대화를 나누었고, 마지막으로 그가 나를 보며 이렇게 말했다. "사람들이 제 머리숱을 부러워하긴 합니다."

그날 그 친구는 분명히 점심을 먹으러 가면서도 하늘을 나는 기분이었을 것이다. 그날 밤 집에 가서 아내에게 그 이야기를 했을 것이다. 거울을 들여다보며 "내 머리가 멋지긴 멋져."라고 생각했을 것이다.

나는 언젠가 공개석상에서 이 이야기를 했다. 그러자 한 남자가 이렇게 물었다. "그 사람에게서 뭘 바란 건가요?"

그 사람에게서 뭘 바랐냐고!!! 내가 뭘 바랐냐고!!!

우리가 그토록 지독하게 이기적인 사람이라 아무런 대가를 바라지 않고는 작은 행복을 나누거나 진심 어린 칭찬조차 전할 수 없다면, 우리의 마음이 그렇게 콩알보다 작다면, 우리가 실패하는 것은 너무나 당연한 이치다.

아니다. 내가 그에게서 바란 것이 있기는 했다. 나는 돈으로 살 수 없는 무언가를 원했다. 그리고 그것을 얻었다. 그가 나를 위해 해줄 것이 아무것도 없다는 것을 알면서도 그를 위해 무언가를 해 주었다는 기분을 느꼈다. 그 느낌은 그 일이 지나간 후에도 오랫동안 밝고 즐거운 기억으로 남을 것이다.

인간의 행동에는 대단히 중요한 법칙이 하나 있다. 그 법칙을 지키면 곤경에 처할 일이 거의 없을 것이다. 사실 그 법칙을 잘 따르기만 해도 많은 친구를 얻고 항상 행복할 것이다. 하지만 그 법칙을 어기는 순간, 우리는 한없이 곤경에 처할 것이다. 그 법칙은 바로 이것이다. **항상 상대방이 자신을 중요하다고 느끼게 하라.** 앞에서 말했듯이 존 듀이는 인간의 본성이 지닌 가장 깊은 충동이 중요한 사람이 되고자 하는 욕망이라고 했다. 윌리엄 제임스는 "인간 본성의 가장 심오한 원칙은 인정받고자 하는 갈망이다."라고 했다. 이미 지적한 대로 이 욕망은 동물과 우리를 구별하는 중요한 특징이다. 우리의 문명이 발전한 것은 이 욕망 덕분이다.

철학자들은 수천 년간 인간관계의 원리를 사색해 왔고, 그 모든 사색 가운데 단 하나의 중요한 교훈을 진화시켰다. 이는 새로운 것이 아니다. 역사만큼이나 오래된 교훈이다. 조로아스터교는 3000년 전에 페르시아에서 불을 숭배하는 신도들에게 이 교훈을 가르쳤다. 중국에서는 공자가 24세기 전에 이 교훈을 설파했다. 도교를 창시한 노자老子는 한수漢水 계곡에서 제자들에게 이 교훈을 가르쳤다. 부처는 예수보다 500년 앞서 갠지스강 둑에서 이 교훈을 설교했다. 힌두교 경전에서는 부처보다 1000년 앞서 이 교훈을 가르쳤다. 예수는 19세기 전에 고대 유대의 돌무더기 언덕에서 이 교훈을 가르쳤다. 예수는 이 교훈을 한마디 말로 요약했다. 아마 이 세상에서 가장 중요한 원칙일 것이다. "남에게 대접받고자 하는 대로 남을 대접하라."

당신은 주변 사람들에게 인정받기를 원한다. 당신의 진가를 알아주기를 원한다. 당신의 작은 세상에서 당신이 중요하다는 느낌을 얻고자 한다. 입에 발린 저급한 아첨이 아니라 진심 어린 칭찬을 갈망한다. 찰스 슈왑의 말처럼 동료나 친구들이 "진심으로 인정하고 아낌없이 칭찬해 주기"를 원한다. 우리 모두 이것을 원한다.

그러니 이 황금률에 따라 남에게 대접받고자 하는 대로 남을 대접하자.

언제? 어디서? 어떻게? 그 답은 언제나, 어디서든, 항상 그래야 한다는 것이다.

예를 들어 보자. 나는 라디오 시티 건물에서 안내원에게 헨리 수배인Henry Souvaine[1]의 사무실 호수를 물어본 일이 있다. 단정하게 제복을 갖춰 입은 안내원은 자신이 안내하는 방식에 자부심이 있었다. 그는 내 질문에 또렷하고 명료하게 대답했다. "헨리 수배인 씨는 (잠깐 쉬고) 18층, (잠깐 쉬고) 1816호에 계십니다."

나는 서둘러 엘리베이터로 가다가, 다시 돌아와 그에게 말했다. "질문에 답변하는 방식이 정말 훌륭하네요. 아주 또렷하고 명확해서 좋았습니다. 마치 예술가처럼 느껴졌어요. 그렇게 일하는 사람을 보

---

1 미국의 작곡가이자 라디오 프로듀서. -편집자

기란 쉽지 않죠."

그는 환하게 웃으며 자신이 왜 잠깐씩 멈추는지 그리고 각 문구를 왜 그렇게 말하는지 설명해 주었다. 내 몇 마디는 그를 으쓱하게 해 주었고, 나는 18층으로 올라가는 동안 그날 오후 인류의 행복 총량에 조금이나마 기여한 것 같은 기분이 들었다.

프랑스 대사나 엘크 클럽[2]의 클램 베이크 위원회 의장이 되어야만 이런 친절의 미학을 발휘할 수 있는 것은 아니다. 우리는 일상에서도 칭찬으로 이런 마법을 일으킬 수 있다.

예를 들어, 감자튀김을 주문했는데 종업원이 으깬 감자를 가져온다면 이렇게 말해 보자. "번거롭게 해 미안합니다만, 제가 주문한 건 감자튀김입니다." 그러면 종업원은 "알겠습니다."라고 말한 뒤, 당신의 존중에 대한 보답으로 기꺼이 감자튀김을 가져다줄 것이다.

"번거롭게 해서 미안합니다만", "부탁 좀 들어주시겠습니까?", "~해 주시겠어요?", "~해도 될까요?", "감사합니다." 같은 공손한 표현은 일상이라는 톱니바퀴에 윤활유 역할을 하며, 당신이 교양 있는 사람이라는 것을 나타내는 표시가 되기도 한다.

또 다른 사례를 살펴보자. 홀 케인Hall Caine의 소설인 《크리스천》[3],

---

2   미국의 자선 단체. -옮긴이

3   원제목: The Christian -옮긴이

《재판관》⁴, 《맨섬 사람》⁵을 읽어 본 적 있는가? 그의 소설을 읽어 본 사람은 수백만 명이 넘을 것이다. 그는 대장장이의 아들이었다. 학교라고는 평생 8년도 다니지 못했지만, 세상을 떠날 때는 그 누구보다 부유한 문학가가 되었다.

홀 케인의 이야기는 이렇다. 그는 소네트⁶와 발라드⁷에 빠져 단테 가브리엘 로세티Dante Gabriel Rossetti의 시라면 빼놓지 않고 탐독했다. 심지어 로세티의 예술적인 업적을 찬양하는 강연 원고를 써서, 그 사본을 로세티에게 보낼 정도였다. 로세티는 크게 기뻐했다. 아마 로세티는 "내 능력을 이리 높게 평가하는 젊은이라면 명석한 사람이 틀림없겠지."라고 생각했을 것이다. 그래서 이 대장장이의 아들을 런던으로 불러 비서 일을 맡겼다. 그 일은 케인에게 인생의 전환점이 되었다. 새로운 직책 덕분에 당대의 문인들을 매일 만날 수 있었기 때문이다. 그들의 조언과 격려로 용기를 얻은 케인은 작가의 길에 들어서게 되고, 후세에 길이 이름을 남길 수 있었다.

케인이 살았던 맨섬의 그리바 성은 세계 각지에서 온 관광객들의 메카가 되었으며, 그가 남긴 재산은 250만 달러에 달한다. 하지만

---

4   원제목: The Deemster -옮긴이

5   원제목: The Manxman -옮긴이

6   이탈리아에서 발생한 14행의 짧은 시. -옮긴이

7   중세 유럽에서 유행한 자유로운 형식의 짧은 서사시. -옮긴이

그가 한 유명인을 향한 존경심을 글로 표현하지 않았다면, 아무도 알아주지 않는 가난뱅이로 생을 마쳤을지도 모르는 일이다.

마음에서 우러나는 진심 어린 칭찬은 이처럼 엄청난 힘이 있다.

로세티는 자신을 중요하다고 생각했다. 그것이 이상한 일은 아니다. 세상 모든 사람은 자신을 중요하다고, 그것도 아주 중요하다고 생각한다.

이는 개인뿐 아니라 국가도 마찬가지다.

미국인이 일본인보다 우월하다고 생각하는가? 하지만 일본인들은 우리 미국인보다 자신들이 훨씬 더 우월하다고 여긴다. 예를 들면 보수적인 일본 남자들은 백인 남자가 일본 여자와 춤추는 모습만 보아도 크게 분노한다.

인도에 사는 힌두교도보다 자신이 우월하다고 생각하는가? 그렇게 생각하는 것은 당신의 자유다. 하지만 100만 힌두교도들은 자신들이 당신보다 한없이 우월하다고 믿는다. 그래서 미국인 이교도의 그림자가 닿아 오염된 음식은 거들떠보지도 않는다.

미국인이 에스키모보다 우월하다고 여기는가? 다시 말하지만, 생각은 자유다. 하지만 에스키모들이 우리 미국인을 어떻게 생각하는지 알고 싶지 않은가? 에스키모 사회에는 일하기를 거부하고 사회에 아무런 도움이 되지 않는 부랑자들이 일부 있다. 에스키모들은 그들을 "백인"이라고 부르는데, 이는 에스키모 사이에서 가장 경멸적인 표현이기 때문이다.

모든 국가는 자기 나라가 다른 나라보다 우월하다고 느낀다. 그래서 애국심도 생기고, 전쟁도 일어난다.

확실한 사실은 우리가 만나는 거의 모든 사람이 어떤 식으로든 자신을 상대보다 나은 사람이라고 느낀다는 것이다. 따라서 상대의 마음을 얻는 확실한 방법은 적어도 상대의 작은 세상에서만큼은 상대가 중요하다는 것을 진심으로 인정하고, 그렇게 생각한다는 것을 상대가 은연중에 깨닫게 하는 것이다.

에머슨이 한 말을 기억하라. "내가 만나는 모든 사람은 어떤 식으로든 나보다 나은 점이 있다. 그런 점에서 나는 모든 사람에게서 배운다."

그러나 한심하게도 성취감을 느낄 이유가 전혀 없는 사람들이 불쾌하고 역겨우리만치 자만심에 빠져 큰소리치고 야단법석을 떨며 자기 내면의 무능함을 감추려 할 때가 너무 많다.

셰익스피어는 이렇게 표현했다. "인간이여, 오만한 인간이여, 속절없이 짧은 권위를 걸쳐 입고, 드높은 하늘 아래 거들먹거리다니. 하늘의 천사들이 애처로워 눈물짓는다."[8]

우리 강좌를 들은 사업가들이 이러한 원칙을 적용해서 어떠한 결

---

8   《자에는 자로》 2막 2장의 일부. -옮긴이

과를 얻었는지, 지금부터 3가지 사례를 소개하겠다. 먼저 코네티컷 주에 사는 한 변호사의 사례를 살펴보자. 그가 친척들과 관련된 이유로 이름이 알려지기를 원치 않는다고 하여, 이 책에서는 그를 R이라고 하겠다.

R은 우리 강좌를 수강하고 얼마 되지 않았을 때, 아내의 친척 집을 방문하러 아내와 함께 롱아일랜드에 갔다. 아내는 노령의 고모와 담소를 나누는 R을 놔두고, 혼자서 손아래 친척들을 만나러 급히 나가 버렸다. R은 우리 강좌에서 배운 칭찬의 법칙을 어떻게 적용했는지 수업 시간에 발표하기로 되어 있었다. 그래서 그 친척 노부인을 첫 적용 대상으로 삼아 보기로 하고, 집안을 둘러보며 진심으로 칭찬할 점이 없는지 찾아보았다.

"이 집은 1890년쯤에 지어진 것 같은데, 혹시 그런가요?"

"그렇다네. 정확히 그해에 지어졌지."

"이 집을 보니 제가 태어난 집이 생각납니다. 집이 정말 아름다워요. 널찍하니 정말 잘 지어진 집입니다. 요즘은 집을 이렇게 짓지 않거든요."

"그렇지. 요즘 젊은이들은 아름다운 집 같은 데 관심이 없으니까. 원하는 거라곤 좁아터진 아파트와 냉장고뿐이니 말이야. 그러고는 자동차로 쏘다니기 바쁘더군."

노부인은 옛 추억이 떠오르는지 떨리는 목소리로 말했다. "이 집은 꿈의 집이라네. 사랑으로 지어진 집이야. 남편과 내가 몇 년 동안 고대하다 이 집을 지었다네. 설계사도 따로 없었어. 모든 걸 우리가 직접 설계했지."

그런 다음 노부인은 R에게 집을 구석구석 구경시켜 주었다. 그녀가 여행하며 하나둘 사 모아 평생토록 간직해 온 페이즐리 숄, 영국 전통 찻잔 세트, 웨지우드 도자기, 프랑스산 침대와 의자, 이탈리아산 그림, 프랑스의 한 성에 걸려 있었던 비단 커튼 등 아름다운 보물들을 보며 R은 진심 어린 감탄을 표현했다.

R은 다음 상황을 이렇게 말했다. "고모님은 집 안을 둘러본 후 저를 차고로 데려갔습니다. 차고에는 거의 새 차나 다름없는 고급 패커드 자동차 한 대가 블록 위에 놓여 있었어요."

"남편이 세상을 떠나기 얼마 전에 이 차를 샀다네." 부인이 나지막한 목소리로 말했다. "그 양반이 떠난 뒤로는 한 번도 탄 적이 없어…. 자네는 물건을 보는 안목이 있는 사람이니 이 차를 자네가 갖게나."

"정말이지 놀라운 말씀만 하시네요. 물론 호의는 감사드리지만, 제가 어떻게 이 차를 받겠습니까? 따지고 보면 저는 이 집안사람도 아닌데요. 저에게는 새 차도 있습니다. 그리고 패커드 차를 갖고 싶어 할 친척분도 많이 계시잖아요."

"친척!" 부인이 소리쳤다. "그렇지. 이 차를 가지려고 내가 죽기를 기다리는 친척들이 있긴 하지. 하지만 그 애들에게 이 차를 주진 않을 거야."

"그게 싫으시면 간단하게 중고상에 파는 방법도 있습니다."

"팔다니!" 부인이 더 크게 소리쳤다. "내가 이 차를 팔 것 같은가? 얼굴도 모르는 사람이 이 차를 몰고 다니는 꼴을 내가 참을 것 같아? 남편이 내게 사준 이 차를? 차를 판다는 건 꿈에도 생각해 본 적이 없네. 그러니 자네가 받아 주게나. 자네는 훌륭한 물건을 알아보는 사람이지 않은가!"

R은 노부인의 감정을 상하게 하지 않으면서 끝까지 사양해 보려 했지만, 그럴 수가 없었다.

페이즐리 숄과 프랑스산 골동품 그리고 옛 추억만 남겨진 커다란 집에 홀로 살던 노부인은 사람들의 관심을 갈망하고 있었다. 그녀에게도 한때 젊고, 아름답고, 인기 많던 시절이 있었다. 사랑으로 가득한 집을 지었고, 유럽 곳곳에서 수집한 물건들로 집을 아름답게 꾸미던 시절도 있었다. 이제 나이가 들어 홀로 남겨진 외로움 속에서 그녀는 인간적인 따뜻함과 진심 어린 관심을 간절히 바라고 있었다. 하지만 아무도 이를 채워 주지 않았다. 그러다 마침내 사막에서 샘물을 발견한 것처럼 그녀가 바라던 것을 얻게 되자, 패커드 자동차를 선물로 주는 것 말고는 자신이 느낀 고마움을 마땅히 표현할 수 없었던 것이다.

이제 또 다른 사례를 살펴보자. 뉴욕주 라이에서 루이스 앤 밸런타인사를 운영하며 묘목업과 조경업을 하는 도널드 M. 맥마혼Donald

M. McMahon은 다음 일화를 들려주었다.

"제가 '사람들의 마음을 얻고 영향력을 발휘하는 법' 강좌를 들은 지 얼마 지나지 않았을 때, 한 유명한 법률가의 부지에서 조경 공사를 하게 되었습니다. 집주인이 철쭉과 진달래를 어디에 심고 싶은지 알려 주겠다며 제게 왔죠.

저는 이렇게 말했습니다. '판사님, 멋진 취미를 가지셨군요. 판사님의 아름다운 개들을 보고 감탄했습니다. 매디슨 스퀘어 가든의 개 품평회에서 매년 상을 타시는 이유를 알겠습니다.'

그 몇 마디 감탄의 효과는 정말 놀라웠습니다.

'그래요. 개를 기르는 일은 무척 재밌지요. 제 사육장을 한번 보시겠습니까?'

그 판사는 제게 거의 1시간 동안 자신이 기르는 개들과 그 개들이 받은 상들을 보여주었습니다. 심지어 혈통서까지 가져와서 그렇게 훌륭한 외모와 영리함을 낳은 혈통에 관하여 설명해 주었어요.

그러더니 저를 돌아보며 '혹시 댁에 아이가 있습니까?'라고 묻더군요.

'네 아들이 하나 있습니다.'

'혹시 아들이 강아지를 좋아하나요?'

'그럼요. 얼마나 좋아하는지 모릅니다.'

'잘됐군요. 그럼, 강아지를 한 마리 드리겠습니다.'

그러고는 강아지에게 먹이를 주는 방법을 알려 주기 시작했습니다. 그러다 잠시 말을 멈추고는 '말로 하면 잊기 쉬우니 제가 적어드리지요.'라고 하더군요. 그래서 집 안으로 들어가 혈통서와 먹이 주는 법을 타이핑한 다음, 수백 달러나 되는 강아지를 준 것도 모자라 장장 1시간 15분에 달하는 귀중한 시간도 내어 주었습니다. 그 모든 건 제가 그분의 취미와 업적에 진심 어린 감탄을 표현했기 때문이었어요."

코닥의 설립자인 조지 이스트먼George Eastman은 영화를 가능하게 한 투명 필름을 발명하여 수억 달러의 재산을 모았고, 세계적으로 유명한 기업가 중 한 명이 되었다. 하지만 이 모든 엄청난 업적에도 불구하고 그는 당신이나 나처럼 인정받기를 갈망했다.

그에 관한 일화가 있다. 몇 년 전, 이스트먼은 로체스터에서 '이스트먼 음악 학교'와 어머니를 추모하기 위한 '킬번 홀 극장'을 짓고 있었다. 뉴욕의 슈피리어 좌석 회사의 사장인 제임스 애덤슨James Adamson은 이 두 건물에 들어갈 극장용 좌석의 납품 계약을 따내고 싶었다. 애덤슨은 담당 건축가에게 전화를 걸어 이스트먼과 로체스터에서 만나기로 약속을 잡았다.

애덤슨이 도착했을 때 건축가가 말했다. "이번 계약을 꼭 따내고 싶은 것은 잘 압니다만, 이것만은 지금 꼭 말씀드려야겠네요. 이스트먼 씨의 시간을 5분 이상 뺏으면 성공할 확률이 거의 없을 겁니다. 이스트먼 씨는 아주 까다로운 분이세요. 그리고 굉장히 바쁜 분이죠. 그러니 용건만 간단히 말하고 빨리 나오는 게 좋을 겁니다."

애덤슨은 그의 말대로 해야겠다고 생각했다.

애덤슨이 방으로 들어섰을 때, 이스트먼은 책상에 놓인 서류 더미에 파묻혀 있었다. 잠시 후, 이스트먼이 고개를 들고 안경을 벗더니 건축가와 애덤슨 쪽으로 다가와 말했다. "안녕하세요, 여러분. 무엇을 도와드릴까요?"

건축가가 양측을 소개한 후, 애덤슨은 이렇게 말을 건넸다.

이스트먼 씨를 만나 뵈려고 기다리는 동안 사무실을 둘러보고 감탄하던 중이었습니다. 이런 방이라면 기꺼이 일하고 싶을 것 같아요. 아시다시피 저도 인테리어 목공업을 하고 있는데, 이렇게 멋지고 훌륭한 사무실은 처음 봅니다.

그러자 조지 이스트먼이 답했다.

당신 덕분에 거의 잊고 있었던 것이 생각나는군요. 정말 멋져요. 그렇죠? 처음 지었을 때 저도 무척 마음에 들어 했습니다. 하지만 이젠 이런저런 일로 머리가 복잡하다 보니 몇 주씩이나 이 방을 제대로 보지 못할 때도 있습니다.

애덤슨이 방 한쪽으로 가서 벽면을 만져 보고 이렇게 말했다. "이

건 영국산 떡갈나무 같은데요? 이탈리아산과는 결이 조금 달라서요."

"맞습니다. 영국에서 수입해 온 겁니다. 고급 목재를 전문으로 하는 친구가 골라 줬어요."

그 후 이스트먼은 애덤슨에게 방을 보여 주며 그 방의 균형감과 색감, 수공예 조각품, 그 외 그가 설계하고 만들기도 한 여러 물건들을 설명해 주었다.

두 사람은 방안을 둘러보며 목공예를 감상하다가 창가에 멈춰 섰다. 이스트먼은 겸손하고 부드러운 목소리로 로체스터대학교, 종합병원, 동종 요법[9] 병원, 노숙자 쉼터, 아동 병원 등 그가 인류를 돕기 위해 설립한 기관들을 언급했다. 애덤슨은 인류의 고통을 덜어주기 위해 자신의 부를 나누는 이스트먼의 이상주의적인 방식에 진심으로 경의를 표했다. 그러자 이스트먼은 진열장을 열고는 자신의 첫 카메라를 꺼내 보여 주었다. 그가 한 영국인으로부터 산 발명품이었다.

애덤슨은 이스트먼이 사업을 시작하기까지 초기에 겪었던 어려움에 관해 자세히 질문했고, 이스트먼은 가난했던 어린 시절의 경험을 진솔하게 이야기했다. 홀어머니는 하숙집을 운영하고 자신은 보험회사에서 사무원으로 일하며 하루 50센트를 벌어야 했다. 가난의 공포는 밤낮없이 그를 괴롭혔고, 그는 돈을 많이 벌어서 어머니가

---

9   질병과 비슷한 증상을 일으키는 물질을 극소량 사용하여 병을 치료하는 방법.
     -편집자

하숙집에서 죽을 때까지 일만 하다가 세상을 떠나게 하지 않겠다고 결심했다. 애덤슨은 이스트먼이 사진 건판으로 실험한 이야기를 하는 동안 계속해서 질문을 던지며 그가 이야기를 이어 가도록 했고, 잠시도 한눈팔지 않고 그의 말에 귀를 기울였다. 이스트먼은 종일 사무실에서 일하면서 화학 반응이 일어나는 동안 쪽잠만 자며 밤을 지새워 실험하기도 하고, 어떤 때는 72시간 동안 옷 한 번 갈아입지 않고 그대로 자고 일하고 자고 일하고 하면서 지내기도 했다는 이야기를 들려주었다.

제임스 애덤슨은 10시 15분에 이스트먼의 사무실로 들어가며 5분 이상 시간을 지체하지 말라는 경고를 들었다. 하지만 1시간을 넘어 2시간이 지나도록 두 사람의 이야기는 끝날 줄을 몰랐다.

마침내 이스트먼이 애덤슨을 돌아보며 이렇게 말했다. "지난번에 제가 일본에 갔을 때 의자 몇 개를 사서 볕이 잘 드는 베란다에 두었어요. 하지만 햇볕에 페인트가 벗겨져서 시내로 가 페인트를 사서 제가 직접 칠해 보았습니다. 제 솜씨를 한번 보시겠습니까? 좋아요. 우리 집에 가서서 같이 점심이나 하시지요. 그 의자도 보여 드리겠습니다."

점심을 먹고 나서 이스트먼은 애덤슨에게 일본에서 가져온 의자들을 보여 주었다. 개당 1.5달러도 안 되는 값싼 의자였지만, 조지 이스트먼은 사업으로 수억 달러를 벌었음에도 자신이 직접 페인트를 칠했다는 이유로 그 의자들을 자랑스럽게 생각했다.

극장용 좌석의 주문량은 9만 달러에 달했다. 그 계약을 누가 따냈을까? 애덤슨일까 아니면 다른 경쟁사였을까?

그때부터 이스트먼이 세상을 떠나기 전까지, 두 사람은 절친한 친구로 남았다.

칭찬이라는 마법의 시금석을 어디서부터 적용하면 좋을까? 가정에서 당장 시작해 보는 것은 어떤가? 나는 가정만큼 칭찬이 필요하지만 등한시되는 곳도 없다고 생각한다. 당신의 배우자에게는 분명 장점이 있을 것이다. 적어도 한때는 그렇게 생각했으니 결혼도 했을 것이다. 하지만 배우자의 매력을 마지막으로 칭찬한 것이 언제인가? 얼마나 오래전의 일이었는가??? 얼마나???

몇 년 전 뉴브런즈윅에 있는 미러미시강 상류에서 낚시를 하고 있을 때였다. 나는 캐나다의 깊은 숲속에 홀로 떨어져 야영하고 있었다. 읽을거리라고는 지역 신문밖에 없었다. 그래서 신문에 있는 글이라는 글은 광고를 포함해 도로시 딕스의 칼럼까지 하나도 빼놓지 않고 모두 읽었다. 딕스의 글이 너무 훌륭해서 따로 오려 내어 아직도 보관하고 있다. 그녀는 신부들에게만 늘어놓는 훈계는 질리도록 들었다며, 이제는 누군가 나서서 신랑들을 데려다가 다음과 같이 유익한 충고를 전해 주어야 한다고 주장했다.

블라니 스톤[10]에 입을 맞추기 전까지는 절대로 결혼하지 마라. 결혼하기 전이라면 여자에게 칭찬하는 것은 남자들에게 선택의 문제이다. 하지만 결혼한 후에는 무탈한 결혼 생활을 위한 필수 조건이다. 결혼 생활은 솔직함을 위한 자리가 아니다. 그것은 수완이 필요한 영역이다.

매일 편안하게 지내고 싶다면, 아내의 살림살이에 간섭하거나 시어머니와의 악의적인 비교를 하지 마라. 오히려 아내가 얼마나 가정일에 헌신적인지 칭찬하고, 비너스와 미네르바 그리고 메리 앤의 매력을 모두 합친 유일한 여성과 결혼한 것이 얼마나 축복받은 일인지 공개적으로 표현하라. 스테이크가 가죽 같고 빵이 새카맣게 타더라도 불평하지 마라. 그저 평소에는 완벽한데, 오늘은 평소만큼은 아닌 것 같다고만 말하라. 그러면 아내는 당신의 기대에 부응하기 위해 부엌 화로 앞에서 온몸을 불태울 것이다.

그렇지만 수상하게 생각할 수 있으니 너무 갑자기 달라질 필요는 없다.

그 대신 오늘 밤이나 내일 밤에 배우자에게 꽃다발이나 사탕 한 상자를 선물해 보라. "그래야지."라고 말만 하지 말고 진짜 해 보라! 그리고 다정한 미소와 따뜻한 말까지 곁들여 보라. 더 많은 아내와

---

10   아일랜드에 있는 돌로, 이 돌에 입을 맞추면 아부를 잘하게 된다는 속설이 있다. -옮긴이

남편이 이를 실천했다면, 지금처럼 부부 여섯 쌍 중 한 쌍이 리노[11]의 법정에서 파국에 이르렀겠는가?

여자가 당신에게 반하도록 만드는 방법을 알고 싶은가? 비결을 알려 주겠다. 분명히 효과가 있을 것이다. 내가 알아낸 비결은 아니고, 도로시 딕스의 아이디어를 빌린 것이다. 그녀는 무려 23명의 여자를 유혹해서 재산을 가로채고 결혼 사기를 저지른 사람을 인터뷰한 일이 있다. (참고로 인터뷰가 교도소에서 진행되었다는 점은 언급하고 가야겠다) 여자들의 마음을 어떻게 사로잡았는지 그에게 비결을 물었더니, 특별한 비결 같은 것은 없고, 단지 여자와 대화할 때 그녀에 관해서 이야기했을 뿐이라고 했다.

이 기술은 남자에게도 효과가 있다. 역대 대영 제국의 총리 가운데 가장 영리한 인물로 손꼽히는 벤저민 디즈레일리는 이렇게 말했다. "사람들과 대화할 때는 상대방이 주인공이 되도록 이야기하라. 그러면 상대는 몇 시간이고 귀를 기울일 것이다."

---

11 네바다주에 있는 도시. 1930년대에 네바다주에서 6주 이상 거주한 사람이 6주 이상 별거 상태이면 배우자의 동의 없이 이혼이 성립된다는 법안이 통과되었다. 이에 따라 네바다주에서 가장 크고 주 법원이 있는 리노로 이혼을 원하는 사람들이 몰려들어 도시가 크게 발전했고, 리노는 '이혼의 도시'로 불리게 되었다. −옮긴이

따라서 사람들에게 호감을 얻고 싶다면, 여섯 번째 원칙은:

상대방이 자신을 중요하다고 느끼게 하라.
그리고 진심으로 그렇게 여겨라.

여기까지 당신은 이 책을 충분히 오래 읽었다. 이제는 책을 덮고 담배 파이프에서 재를 털어낸 다음, 이 책에서 배운 원리를 가장 가까운 사람에게 적용해 보라. 그리고 어떤 마법 같은 일이 펼쳐지는지 지켜보라.

사람들에게 호감을 얻는
6가지 방법

1. 상대방에게 진심으로 관심을 가져라.

2. 미소를 지어라.

3. 사람의 이름은 세상에서 가장 달콤하고 중요한 소리라는 것을
   기억하라.

4. 상대방의 이야기를 경청하라. 상대가 자신에 관해 이야기하도록
   격려하라.

5. 상대방의 관심사에 관해 이야기하라.

6. 상대방이 자신을 중요하다고 느끼게 하라. 그리고 진심으로
   그렇게 여겨라.

PART THREE

사람들의 마음을 사로잡는 12가지 방법

TWELVE WAYS TO WIN PEOPLE TO YOUR WAY OF THINKING

CHAPTER 1

논쟁으로는
이길 수 없다

You Can't Win an Argument

제1차 세계대전이 끝난 직후, 나는 런던에서 매우 귀중한 교훈 하나를 깨우쳤다. 당시에 나는 로스 스미스Ross Smith 경의 개인 매니저로 일하고 있었다. 로스 경은 1차 세계대전 때 팔레스타인에서 호주의 에이스 조종사로 활약했고, 종전 선언이 선포된 직후 30일 만에 지구의 절반을 비행해 세계를 놀라게 했던 인물이다. 과거에 누구도 시도한 적이 없던 일이었기에, 그의 비행은 엄청난 반향을 불러일으켰다. 호주 정부는 그에게 5만 달러의 상금을 지급했고, 영국왕은 기사 작위를 수여했으며, 한동안 유니언잭¹ 아래에서 가장 많은 화제를 모았던 사람이었다. 그는 대영 제국의 린드버그였던 셈이

---

1   영국 국기를 이르는 말. -옮긴이

다. 어느 날 밤, 로스 경을 기리기 위해 열린 연회에 참석했다. 저녁 식사가 한창일 무렵, 내 옆자리에 앉은 남자가 "인간이 대충 해 놓은 일을 완성하는 것은 신의 뜻이다."[2] 라는 문장을 인용해 우스갯소리를 했다.

그 이야기꾼은 인용문이 성경에 나오는 말이라고 했다. 그는 틀렸다. 나는 알고 있었다. 의심의 여지가 없을 만큼 확실히 알았다. 그래서 내가 중요하다는 느낌을 받고자, 또 내 우월함을 과시하고자 앞으로 나섰다. 아무도 요청하지 않고, 누구도 환영하지 않은 청문회의 위원으로 나 자신을 임명하여 그의 실수를 지적한 것이다. 그는 인정하려 하지 않았다. 뭐라고요? 셰익스피어라고요? 그럴 리 없어요! 말도 안 됩니다! 성경에 나오는 말이 분명해요! 그도 자기 생각을 확신했다.

그 이야기꾼은 내 오른쪽에 앉아 있었고, 왼쪽에는 내 오랜 친구인 프랭크 개먼드Frank Gammond가 앉아 있었다. 개먼드는 셰익스피어 연구에 오랜 세월을 바친 사람이다. 그래서 나와 이야기꾼은 누구의 말이 옳은지 개먼드에게 물어보기로 했다. 개먼드는 우리 이야기를 듣더니 테이블 밑으로 내 다리를 걷어차고는 이렇게 말했다. "데일, 자네가 틀렸어. 저분 말씀이 맞아. 성경에 나오는 말이야."

그날 밤 집으로 돌아가는 길에 개먼드에게 물었다. "프랭크, 그 말

---

2   원문: There's a divinity that shapes our ends, Rough-hew them how we will.

이 셰익스피어 작품에 나온다는 걸 자네도 알잖아."

그러자 그가 말했다. "물론, 알다마다. 《햄릿》 5막 2장에 나오는 말이지. 하지만 우리는 연회에 손님으로 참석했을 뿐이야. 데일, 이 친구야. 그 남자가 틀렸다는 걸 밝혀서 뭐에 쓰겠나? 그러면 그 사람이 자네를 좋게 볼까? 그 사람 체면 좀 살려 주는 게 어때서? 그 사람은 자네의 의견을 묻지 않았어. 자네의 의견을 원한 게 아니야. 그런데 굳이 논쟁할 필요가 있을까? 언제가 되었든 사람들과 각을 세우는 건 피하게나."

"사람들과 각을 세우지 않도록 하라." 그 말을 한 친구는 이제 죽고 없다. 하지만 그가 가르쳐 준 교훈은 영원히 남아 있다.

그것은 나에게 절실히 필요한 교훈이었다. 내가 습관적으로 논쟁을 벌이길 좋아했기 때문이다. 어렸을 때는 세상 모든 일에 관하여 형과 토론을 벌였다. 대학에 가서는 논리학과 논증법을 공부했고, 토론 대회에도 참가했다. 나는 미주리주 출신답게[3] 모든 것을 확실히 해 두어야 했다. 나중에는 뉴욕에서 토론법과 논증법을 가르쳤고, 부끄럽지만 한때는 이 주제에 관한 책을 쓸 계획도 세웠다. 이후 수천 건의 논쟁을 듣고, 비평하고, 참여하며 결과를 지켜보았다. 이 모든 과정을 거치며 논쟁에서 이기는 방법이 세상에 단 하나뿐이라

---

3   미주리주 사람들은 남을 쉽게 믿지 않는다고 한다. 자세한 내용은 371쪽을
     참고. -편집자

는 결론을 내렸다. 바로 논쟁을 피하는 것이다. 뱀이나 지진을 피하 듯, 논쟁은 피해야 한다.

논쟁은 십중팔구 각자의 생각이 옳았음을 더 확신하는 결과로 끝 나고 만다.

논쟁으로는 이길 수 없다. 져도 진 것이고, 이겨도 진 것이기 때문 이다. 왜냐고? 상대의 허점을 파헤쳐 그 사람의 코를 납작하게 만들 고 승리의 기쁨을 만끽한다고 치자. 그러면 어떻게 될까? 물론 당신 은 기분이 좋아질 것이다. 하지만 상대방은 어떻겠는가? 당신은 그 가 열등감을 느끼게 했고, 그의 자존심을 상하게 했다. 그는 당신의 승리에 분개할 것이다. 또한

"자기 의사에 반하여 설득당한 사람은

여전히 자기 생각을 바꾸지 않는 법이다."

펜 상호 생명보험사는 영업 사원을 위한 명확한 정책을 하나 정해 놓았다. "논쟁하지 말라!"

진정한 판매 수완은 논쟁에 있지 않다. 논쟁과는 아예 거리가 멀 다. 사람의 마음은 논쟁으로 바뀌지 않는다.

예를 들어 보겠다. 몇 년 전 패트릭 J. 오헤어라는 다혈질의 아일 랜드 사람이 우리 강좌에 참여했다. 그는 학교 교육을 거의 받지 못 했지만, 논쟁을 얼마나 좋아했는지 모른다! 그는 한때 운전사로 일

하다가 트럭 영업 사원이 되었는데, 별다른 성공을 거두지 못하자 나를 찾아왔다. 몇 가지 질문을 통해 그가 거래하고자 애쓰는 사람들, 즉 고객들과 끊임없이 마찰을 일으키고 적대시하고 있다는 사실을 알게 되었다. 만약 어떤 고객이 그가 판매하고자 하는 트럭에 관해 부정적인 말을 하면, 그는 얼굴이 벌게지며 고객의 멱살을 잡곤 했다. 논쟁이 붙으면 이기는 쪽은 주로 그였다. 그는 나중에 이렇게 말했다. "고객의 사무실을 나오며 '저놈에게 한 소리 해 줬군.'이라고 말하곤 했죠. 물론 할 말은 했지만, 아무것도 팔지는 못했습니다."

내가 맨 처음 해야 할 일은 오헤어에게 말하는 법을 가르치는 것이 아니었다. 내 당면 과제는 그가 말을 자제하고 말싸움을 피하도록 훈련하는 것이었다.

오헤어는 이제 뉴욕에 있는 화이트 자동차 회사에서 우수한 영업 사원으로 활약하고 있다. 어떻게 그럴 수 있었을까? 지금부터 그의 말을 옮겨 보겠다. "제가 고객의 사무실에 찾아갔을 때 고객이 '뭐요? 화이트 트럭? 별로예요! 거저 준대도 안 가져요. 저는 후지트 트럭을 살 겁니다.' 이런 식으로 말한다면, 저는 이렇게 답합니다. '형님, 들어 보세요. 후지트 트럭 좋지요. 후지트 트럭을 사신다면 절대 후회하지 않으실 겁니다. 회사도 훌륭하고, 판매원들도 좋은 사람들이니까요.'

그러면 고객은 할 말이 없어집니다. 논쟁의 여지가 없어지죠. 고객이 후지트 트럭을 최고라고 하면, 저도 그렇게 생각한다고 말합니다. 그러면 말을 멈출 수밖에 없죠. 제가 동의하는 데도 오후 내내 '후지트 트럭이 최고'라고 말할 필요는 없으니까요. 후지트 트럭에 관해 더 할 말이 없어지면, 그제야 저는 화이트 트럭의 좋은 점에 관해 이야기하기 시작합니다.

예전에는 그런 일이 있으면 얼굴이 붉으락푸르락하던 때가 있었습니다. 우선 제가 후지트 트럭을 깎아내리는 이야기로 시작합니다. 제가 그럴수록 잠재 고객은 후지트 편을 들게 됩니다. 논쟁이 계속될수록 고객은 경쟁사 제품을 사게 되는 셈이죠.

지금 돌이켜 보면 어떻게 그러고도 물건을 팔 수 있었는지 의문입니다. 저는 논쟁하고 다투느라 몇 년을 허비했습니다. 이젠 입을 꾹 다물고 지냅니다. 그게 더 이득이니까요."

지혜로웠던 벤저민 프랭클린은 이렇게 말하곤 했다.

논쟁하고 괴롭히고 반박하다 보면 때때로 승리를 거둘 수 있다. 그러나 그 승리는 공허한 승리다. 상대의 호의는 절대 얻어 내지 못할 테니 말이다.

그러니 당신이 직접 생각해 보라. 당신은 둘 중 어느 것을 택하겠는가? 허울뿐인 이론적인 승리인가 아니면 사람들의 호의인가? 그 둘을 동시에 얻기는 힘들다.

언젠가 〈보스턴 트랜스크립트〉에 다음과 같은 의미심장한 풍자

시가 실렸다.

> 윌리엄 제이, 여기 잠들다
> 자기만 옳다고 고집하다 잠든 이여
> 한평생 옳았고, 완벽히 옳았지만,
> 마치 자신이 틀렸다는 듯 죽어 있다

논쟁에서 당신의 말이 옳을 수도, 완벽히 옳을 수도 있다. 하지만 상대의 마음을 바꾸는 데 있어서는 당신이 틀린 것처럼 부질없는 일이 될 것이다.

우드로 윌슨 내각의 재무부 장관이었던 윌리엄 깁스 매커두William Gibbs McAdoo는 정계에서 오랜 세월을 보낸 결과 "무지한 사람을 논쟁으로 이기는 것은 불가능하다."라는 점을 깨달았다고 말한 적이 있다.

"무지한 사람들?" 너무 온화하게 표현하셨네요, 매커두 씨. 내 경험으로 보자면, 지능과 상관없이 논쟁으로 마음을 바꿀 수 있는 사람은 **아무도** 없다.

예를 들어 보자. 소득세 전문 상담가로 일하는 프레더릭 S. 파슨스Frederick S. Parsons는 정부 세금 조사관과 한 시간 동안 논쟁과 실랑이를 벌였다. 이는 9000달러가 걸린 일이었다. 파슨스는 이 9000달러가 악성 채권이라 회수할 수 없는 돈이므로 과세 대상이 아니라고 주장했다. 하지만 세무 조사관은 "악성 채권이라니, 말도 안 돼요. 과세 대상입니다."라고 반박했다.

파슨스는 우리 강좌에서 그 이야기를 들려주며 이렇게 말했다. "이 조사관은 차갑고, 거만한 데다 고집도 세더군요. 이유도 설명하고 증거도 들이댔지만, 소용없었습니다… 논쟁이 길어질수록 그는 더 고집을 부렸죠. 그래서 전 논쟁을 관두고 화제를 바꿔서 칭찬의 말을 건네 보기로 했습니다.

저는 이렇게 말했어요. '선생님께서 내려야 하는 정말 중요하고 어려운 결정에 비하면 이런 건 아주 사소한 문제일 거라고 생각합니다. 저도 세법을 공부했습니다. 하지만 책만 보고 얻은 지식이 전부죠. 선생님은 경험의 최전선에서 지식을 얻고 계십니다. 가끔은 저도 선생님 같은 직업을 가졌으면 좋겠다고 생각해요. 그러면 저도 많은 것을 배울 수 있을 테니까요.' 제가 한 모든 말은 진심이었습니다.

그러자 조사관은 자세를 고쳐 등을 기대어 편히 앉더니, 그동안 자신이 적발한 교묘한 사기 행각 등 자기 일에 관해 한참을 이야기했습니다. 그의 말투는 점점 부드러워졌고, 얼마 안 가 자녀들 이야기까지 나왔어요. 그는 떠나면서 이번 건을 좀 더 검토해 보고 며칠 내로 결과를 알려 주겠다고 했습니다.

그는 3일 뒤 제 사무실로 전화를 걸어 제가 신고한 그대로 세금 환급을 처리하겠다고 알려 주었습니다."

이 세무 조사관은 인간이 가진 흔한 약점 중 하나를 보여 주고 있다. 그는 자신이 중요하다는 느낌을 원했고, 파슨스가 자신과 논쟁을 벌이는 한, 자신의 권위를 큰 소리로 주장함으로써 중요하다는 느낌을 얻을 수 있었다. 하지만 자신이 중요하다는 것을 인정받자 논쟁은 멈췄고, 자존심을 세울 수 있게 되자 동정심이 많고 친절한 사람으로 바뀌었다.

나폴레옹의 집사장이었던 루이 콩스탕 웨리Louis Constant Wairy는 조제핀과 종종 당구를 쳤다. 《나폴레옹의 사생활 회고록》[4] 1권 73쪽에서 콩스탕은 이렇게 말하고 있다. "나는 당구 실력이 꽤 좋았지만, 언제나 황후께서 이길 수 있도록 배려했다. 그러면 황후께서는 무척 기뻐하셨다."

콩스탕으로부터 불변의 교훈을 배우자. 고객, 연인, 남편, 아내가 사소한 말다툼에서 우리를 이기도록 배려하자.

부처는 이렇게 말했다. "미움은 미움으로 끝낼 수 없으며, 오직 사랑으로 끝낼 수 있다." 오해 역시 논쟁이 아니라 재치, 수완, 화해 그리고 상대의 관점에 공감하려는 마음으로 멈출 수 있다.

링컨은 언젠가 동료와 심하게 논쟁하는 젊은 장교를 질책하며 이렇게 말했다. "자신에게 최선을 다하려는 사람은 사사로운 논쟁에

---

4   원제목: Recollections of the Private Life of Napoleon -옮긴이

시간을 허비하지 않는 법이네. 더군다나 성질이 격해지고 자제력을 잃는 결과를 감수할 필요는 더더욱 없지. 중요한 일이더라도 자네가 옳은 만큼 상대도 옳다면, 자네가 양보하게. 자네가 옳고 상대가 틀렸더라도 사소한 일이라면, 자네가 양보하게. 개와 싸워서 물리느니, 개가 먼저 지나도록 길을 양보하는 편이 낫다네. 개를 죽인다 해도 물린 상처는 남을 테니 말일세."

그러므로 첫 번째 원칙은:

**논쟁에서 최선의 결과를 얻는 유일한 방법은
논쟁을 피하는 것뿐이다.**

CHAPTER 2

적을 만드는 확실한 방법과
이를 피하는 방법

**A Sure Way of Making Enemies—
and How to Avoid It**

시어도어 루스벨트는 백악관에 있을 때, 자기 생각의 75%만 옳아도 자신이 생각하는 최고 기대치에 이른 것이라고 고백한 적이 있다.

20세기 가장 위대한 인물로 꼽히는 사람이 기대하는 최고치가 그 정도라면, 당신이나 나처럼 평범한 사람들은 어떻겠는가?

당신이 55%만 옳다고 확신할 수 있어도 월스트리트에서 하루에 100만 달러를 벌고, 요트도 사고, 매력적인 사람과 결혼도 할 수 있을 것이다. 그런데 자신이 옳다고 55%도 확신할 수 없으면서, 어째서 다른 사람들에게 그들이 틀렸다고 말할 수 있는가?

당신은 표정이나 말투, 몸짓으로도 말로 표현하는 것만큼 분명하게 상대방이 틀렸다고 지적할 수 있다. 그런데 상대방에게 틀렸다고 지적하면, 그가 당신의 의견에 동의하고 싶을까? 전혀! 왜냐하면 당신이 그의 지능, 판단력, 자존심, 자존감에 직접 타격을 입혔기 때문이다. 그러면 상대는 반격하고 싶을 것이다. 하지만 결코 자기 생각을 바꾸고 싶지는 않을 것이다. 이렇게 되면 플라톤Plato이나 임마누엘 칸트Immanuel kant의 논리를 모두 동원해도 상대의 의견을 바꾸지 못할 것이다. 그의 감정을 상하게 했기 때문이다.

절대 "내가 이렇게 저렇게 증명해 보이겠다."라는 식으로 말을 꺼내서는 안 된다. 이는 좋지 않다. 다음과 같이 말하는 것과 같다. "내가 당신보다 똑똑하니, 한두 마디 해주고 당신의 생각을 바꿔 놓겠어."

그런 말은 상대에 대한 도전이나 마찬가지다. 이는 반발심을 불러일으키고, 듣는 사람으로 하여금 시작하기도 전에 당신과 싸우고 싶게 만들 뿐이다.

아무리 분위기가 좋은 상황에서도 다른 사람의 생각을 바꾸는 것은 어려운 일이다. 그런데 왜 일을 더 어렵게 만드는가? 왜 스스로 불리해지는가?

무언가를 증명하고 싶다면, 아무도 모르게 해야 한다. 아무도 눈치채지 못하도록 아주 미묘하고 교묘하게 해야 한다.

"사람은 가르치지 않는 것처럼 가르쳐야 한다.
모르는 것도 잊은 것처럼 느끼도록 제시해야 한다."

체스터필드 공Lord Chesterfield[1]은 아들에게 이렇게 말했다.

되도록 남들보다 지혜로운 사람이 되거라. 하지만 남들에게는 그렇다고 말하지 않도록 해라.

나는 20년 전에 믿었던 것들을 이제 거의 믿지 않는다. 예외가 있다면 구구단표 정도다. 하지만 아인슈타인에 관해 읽고 나니 그마저도 의심스러워졌다. 20년 뒤에는 이 책에서 내가 말한 내용도 믿지 않을지 모르겠다. 이제 모든 일에 예전만큼 확신이 서지 않는다. 소크라테스Socrates는 아테네에서 제자들에게 늘 이렇게 말했다. "내가 유일하게 아는 한 가지는 내가 아무것도 모른다는 것뿐이다."

글쎄, 내가 소크라테스보다 현명하길 바라기는 어려울 것이다. 그래서 이제는 사람들에게 틀렸다고 말하는 것을 그만두었다. 그리고 그편이 더 이득이라는 것도 알게 되었다.

만약 누군가가 당신이 생각하기에 틀린 말을 한다면, 심지어 당신이 틀렸다고 확실히 알고 있는 말을 하더라도, 이렇게 말하는 것이 더 낫지 않을까? "글쎄요. 저는 다르게 생각하지만, 제가 틀렸을 수

---

[1] 제4대 체스터필드 백작 필립 스탠호프Philip Stanhope. 영국에서 정치가, 외교관, 문필가로 활동했다. -편집자

도 있습니다. 저는 종종 틀릴 때가 있습니다. 그리고 제가 틀렸다면 바로잡고 싶습니다. 그러니 함께 사실관계를 살펴보죠."

"제가 틀렸을 수도 있습니다. 저는 종종 틀릴 때가 있습니다. 함께 사실관계를 살펴보죠." 이런 표현에는 마법 같은 힘, 긍정적인 마법의 힘이 있다.

하늘 위나 땅 아래나 물속에 있는 게 아닌 이상, 세상 어떤 사람도 "제가 틀렸을 수도 있습니다. 함께 사실관계를 살펴보죠."라는 말에 이의를 제기하지는 않을 것이다.

이것이 바로 과학자들이 일하는 방식이다. 언젠가 나는 유명한 탐험가이자 과학자인 빌얄무르 스테판손Vilhjalmur Stefansson을 인터뷰한 적이 있다. 그는 북극권 너머에서 11년간 생활하며 6년 동안 고기와 물만 먹으며 지냈다고 한다. 그는 자신이 수행한 어떤 실험에 관해 이야기했는데, 나는 그 실험으로 무엇을 증명하려 했는지 물었다. 그때 그가 한 대답을 나는 절대 잊지 못할 것이다. 그는 이렇게 말했다. "과학자는 어떤 것도 증명하려 하지 않습니다. 다만 사실을 찾으려고 노력할 뿐이죠."

우리 모두 과학적으로 사고하고 싶을 것이다. 그렇지 않은가? 이를 막을 사람은 아무도 없다. 자기 자신만 빼면 말이다.

당신이 틀릴 수 있다는 것을 인정하면 곤경에 빠질 일이 없을 것이다. 오히려 논쟁을 멈추게 하고, 상대방도 당신처럼 공정하고 개방적이며 넓은 마음을 갖도록 영감을 줄 것이다. 그러면 상대방도 자신이 틀릴 수 있다는 점을 인정하고 싶어질 것이다.

만약 상대방이 틀린 것이 너무나 확실해서 그 사실을 직설적으로 말한다면 어떤 일이 벌어질까? 구체적인 사례를 살펴보자. 뉴욕의 젊은 변호사인 S는 최근 미국 대법원에서 상당히 중요한 사건의 변론을 맡았다(루스트가르텐 대 플리트 법인 사건, 280 U.S. 320). 이 사건에는 거액의 돈과 중요한 법률 사안이 걸려 있었다.

변론 중에 대법관 중 한 명이 S에게 이렇게 물었다. "해사법[2]의 공소 시효는 6년입니다. 그렇죠?"

S는 멈춰서 판사를 빤히 쳐다보다가 무뚝뚝하게 말했다. "판사님, 해사법에는 공소 시효가 없습니다."

S는 우리 강좌에서 당시의 경험을 이렇게 말했다. "법정에 정적이 흘렀고 방의 온도가 0도까지 내려가는 것 같았습니다. 분명히 제가 옳았고, 판사님이 틀렸습니다. 그리고 저는 있는 그대로를 말했을 뿐이고요. 하지만 그게 판사님을 우호적으로 만들었을까요? 아니요. 지금도 저는 제가 법적으로 옳았다고 생각합니다. 그 어느 때보다 변론도 훌륭했고요. 하지만 저는 설득하지 못했습니다. 제가 매우 학식 있고 유명한 사람에게 틀렸다고 말하는 엄청난 실수를 저질렀기 때문입니다."

---

[2] 바다에서 이루어지는 배의 항행 활동에 관련된 법규. -편집자

논리적인 사람은 거의 없다. 우리 대부분은 편견과 선입견을 가지고 있다. 사전에 형성된 관념과 질투, 의심, 두려움, 시기, 자만에 사로잡혀 있다. 그리고 대다수 사람들은 종교나 머리 모양, 공산주의, 클라크 게이블에 대한 자기 생각을 바꾸고 싶어 하지 않는다. 따라서 사람들에게 틀렸다고 말하고 싶은 생각이 든다면, 매일 아침 식사 전에 무릎을 꿇고 다음 글을 읽어보길 바란다. 이 글은 제임스 하비 로빈슨James Harvey Robinson[3] 교수의 계몽적인 저서인《생각의 형성》[4]에서 가져온 것이다.

우리는 때때로 별다른 저항이나 격한 감정 없이 생각을 바꾸기도 하지만, 자신이 틀렸다는 말을 들으면 그 지적에 분개하고 생각을 더 굳힌다. 우리는 신념을 형성하는 데 믿을 수 없을 만큼 무신경하지만, 누군가가 그 신념을 빼앗으려 하면 신념에 대한 잘못된 열정으로 가득 차게 된다. 우리가 소중히 여기는 것은 신념 자체가 아니라 위협받는 우리의 자존심이다… "나의my"라는 짧은 단어는 사람의 일에서 가장 중요한 것이며, 이를 잘 헤아리는 것이 지혜의 시작이다. 이 단어는 "나의" 저녁, "나의" 개, "나의" 집, "나의" 아버지, "나의" 국가, "나의" 신 등 어느 경우에나 동등한 힘과 의미를 갖는다. 우리는 시계가 잘못되었다

---

3   미국의 사회학자. 컬럼비아대학교에서 교수를 역임했다. -편집자

4   원제목: The Mind in the Making -옮긴이

거나 차가 고물이라는 비난에만 분개하는 것이 아니다. 화성에 운하가 있는지, 'Epictetus[5]를 어떻게 발음하는지, 살리신[6]이 의학적으로 효과가 있는지, 사르곤 1세[7]가 살았던 시대가 언제인지에 관한 우리의 생각이 수정될 수 있다는 사실에도 분개한다… 우리는 우리가 진실이라고 받아들이는 데 익숙한 것을 계속 믿고 싶어 하고, 우리의 믿음에 의문을 던지면 분노를 일으키며, 그 믿음을 고수하기 위해 온갖 변명을 찾게 된다. 그 결과 우리가 논증이라고 부르는 과정의 대부분은 우리가 이미 믿고 있는 것을 계속 믿기 위한 논거를 찾는 것으로 이루어지게 된다.

언젠가 인테리어 업자에게 우리 집의 커튼 시공을 맡긴 적이 있다. 그런데 청구서를 받고 보니 말문이 막혔다.

며칠 뒤, 한 지인이 우리 집을 방문해 그 커튼을 보았다. 가격을 언급하자 그녀는 깜짝 놀라며 외쳤다. "얼마라고요? 너무하네요! 바가지를 엄청나게 쓰셨어요."

정말일까? 그렇다. 그녀는 맞는 말을 했지만, 자신의 판단과 다른

---

5   에픽테토스. 고대 그리스 스토아 학파의 대표적인 철학자이다. -편집자

6   버드나무 껍질에서 주로 발견되는 β-글루코사이드 물질이다. 섭취 시 항염 작용 및 통증 완화 효과가 있다. -편집자

7   고대 아시리아의 왕. 아카드 제국의 초대 대왕 사르곤과 혼동되는 경우가 있다. 두 사람의 시대 사이에는 400년 이상의 차이가 있다. -편집자

진실을 듣고 싶어 하는 사람은 별로 없다. 나 역시 사람인지라, 자신을 방어하기 시작했다. 싼 게 비지떡이라는 둥, 저렴한 가격으로는 품질과 예술적 취향을 만족시키지 못한다는 둥, 이런저런 점들을 지적했다.

다음 날, 또 다른 지인이 찾아와 커튼을 보고 감탄하며 열광적인 반응을 보였다. 형편이 된다면 자기 집에도 이런 멋진 작품을 달고 싶다고 했다. 내 반응은 전날과 완전히 달랐다. "글쎄요. 솔직히 말하면 저도 그 정도의 여유는 없습니다. 돈을 너무 많이 썼어요. 주문한 걸 후회하고 있습니다."

우리가 틀렸을 때, 스스로 잘못을 인정하기는 어렵지 않다. 누군가가 아주 조심스럽고 요령 있게 지적해 준다면 다른 사람에게도 잘못을 인정할 수 있고, 솔직하고 넓은 마음을 가진 것에 자부심을 가질 수도 있다. 하지만 도저히 삼킬 수 없는 진실을 강제로 목구멍에 밀어 넣는다고 한다면… 그때는 이야기가 달라진다.

남북전쟁 당시 미국에서 가장 유명한 편집자였던 호러스 그릴리 Horace Greeley는 링컨의 정책들에 격렬하게 반대했다. 그는 논쟁과 조롱, 독설을 통해 링컨이 자기 생각에 동의하도록 유도할 수 있다고 믿었다. 그는 신랄한 비판을 매달, 매해 계속 이어 갔다. 실제로 부스의 총을 맞고 링컨이 쓰러진 날 밤에도 링컨에 대해 잔인하고, 냉혹하고, 냉소적이며, 인신공격적인 글을 썼다.

하지만 이 모든 비판 덕분에 링컨이 그릴리의 생각에 동의하게 되었을까? 전혀 그렇지 않다. 조롱과 독설로는 절대 그럴 수 없다.

사람을 대하고, 자신을 다스리며, 인격을 갖추는 법에 관한 현명한 조언을 원한다면, 미국 문학의 고전이자 한 사람의 인생을 다룬 가장 훌륭한 책이라 할 수 있는《벤저민 프랭클린 자서전》[8]을 읽어 보라. 공공 도서관에서 빌리거나 서점에서 구매할 수 있다. 집 근처에 서점이 없다면, 뉴욕시 6번가 1230번지 포켓북스 출판사에서 우편으로 주문할 수 있다. 가격은 25센트이며, 우편 요금과 취급 수수료 5센트를 함께 보내면 된다.[9]

이 자서전에서 벤저민 프랭클린은 어떻게 논쟁이라는 나쁜 습관을 극복하고 미국 역사상 가장 유능하고 온화하며 사교적인 사람으로 변모할 수 있었는지 이야기한다.

벤저민 프랭클린이 서툴렀던 젊은 시절, 하루는 퀘이커 교도인 오랜 친구가 프랭클린을 한쪽으로 불러 내 다음과 같은 날카로운 진실로 그를 질책했다.

벤, 자네는 정말 구제 불능이야. 자네의 의견은 자네와 생각이 다른

---

8   원제목: Autobiography of Benjamin Franklin -옮긴이

9   본 내용은《데일 카네기 인간관계론》원서 내용을 그대로 옮긴 것으로, 여기에 적힌 주소와 가격은 현재의 상황과 맞지 않다는 점을 알려드립니다. -편집자

모든 사람들에게 상처를 주고 있네. 자네의 의견이 너무 부담스러워서 이제 아무도 신경 쓰지 않는다네. 친구들도 자네가 없는 게 더 좋다고 할 지경이야. 자네는 아는 게 너무 많아서 아무도 자네에게 해 줄 말이 없네. 사실 말해 봐야 입만 아프고, 서로 불편해지기만 할 뿐이지. 자네가 계속 이런 식이면, 자네는 지금 알고 있는 얄팍한 지식 이상으로 더 많이 알기가 어려울 걸세.

내가 아는 벤저민 프랭클린의 가장 훌륭한 점은 이런 따끔한 충고를 받아들이는 태도였다. 프랭클린은 친구의 말이 옳다는 것을 깨닫고, 자신이 실패와 사회적 몰락으로 나아가고 있음을 알아챌 만큼 현명하고 그릇이 큰 사람이었다. 그래서 그는 180도 달라졌다. 즉시 자신의 거만하고 독선적인 태도를 바꾸기 시작했다.

프랭클린은 이렇게 말했다. "나는 다른 사람의 감정에 정면으로 부딪히고, 내 주장만 고집하는 것을 금하겠다고 규칙을 삼았다. 심지어 강한 의미를 담은 '확실히', '틀림없이'와 같은 표현의 사용을 금지하고, 그 대신 '내 생각에는', '내가 이해하기로는', '추측하건대', '지금 보기에는'과 같은 표현을 썼다. 다른 사람이 내가 틀렸다고 생각하는 주장을 하더라도, 예전처럼 대놓고 반박하거나 즉시 잘못된 점을 지적하는 즐거움을 거부하기로 했다. 그리고 대답할 때는 특별한 경우나 상황에서는 상대의 말이 옳을 수 있지만, 현재의 경우에는 약간의 차이가 '있어 보인다' 혹은 '있는 것 같다'라는 식으로 이야기했다. 나는 곧 내 태도의 변화로 인한 이점을 발견했고, 대화는 더 유쾌하게 흘러갔다. 겸손한 태도로 의견을 제시하면 더 쉽게 받아들여지고 반박도 줄어들었다. 내가 틀렸다는 사실을 알게 되어도 수치심을 덜 느꼈고, 내가 옳을 경우에도 상대가 실수를 인정하고 나와 함께하도록 설득하기가 더 쉬워졌다.

처음에는 이렇게 행동하기 위해 타고난 성향을 강제로 억눌러야 했지만, 시간이 갈수록 차츰 쉬워져 습관이 되었다. 아마도 지난 50년 동안 내가 독선적인 태도로 말하는 것을 들은 사람은 아무도 없을 것이다. 그리고 이러한 습관(청렴한 성품에 이어) 덕분에 나는 새로운 제도를 제안하거나 낡은 제도의 대안을 제시했을 때 시민들에게 많은 지지를 얻을 수 있었고, 의원으로서 일하게 되었을 때 제대로 영향력을 발휘할 수 있었다고 생각한다. 왜냐하면 원래 나는 말을 유창하게 하지 못했고, 단어 선택에 어려움도 많았으며, 문법이 틀릴 때도 있었지만, 대체로 내 주장을 잘 관철할 수 있었기 때문이다."

벤저민 프랭클린의 방식을 비즈니스에 적용하면 어떻게 될까? 2가지 사례를 살펴보자.

뉴욕의 리버티가 114번지에 사는 F. J. 머호니F. J. Mahoney는 석유업계에서 특수 장비를 판매하고 있었다. 어느 날 롱아일랜드에 있는 중요한 고객에게서 주문이 들어왔다. 제출된 설계도가 고객의 승인을 받자 장비 제작이 진행되었다. 그런데 갑자기 문제가 생겼다. 고객이 지인들과 장비에 대해 상의했는데, 지인들이 지금 큰 실수를 하고 있다고 경고했던 것이다. 어느 부분은 너무 크고, 어느 부분은 너무 작고, 여기는 이게 문제고, 저기는 저게 문제고 하는 식으로 완전히 이상한 장비를 떠안게 되었다고 말한 것이다. 고객은 지인들의 지적에 화가 치솟았다. 그래서 머호니에게 전화를 걸어 이미 제작에 들어간 장비를 절대 받지 않겠다고 딱 잘라 말했다.

머호니는 그때 일을 이렇게 말했다. "저는 매우 신중하게 상황을 점검했고, 그 결과 우리가 옳다고 확신했습니다. 고객과 그의 지인들이 잘 모르고 하는 이야기라는 것도 알고 있었지만, 그렇게 말하는 것은 위험할 것 같았어요. 저는 고객을 만나러 롱아일랜드로 갔습니다. 사무실로 들어서자 고객이 벌떡 일어나 제게 다가와 불만을 쏟아 내기 시작했죠. 얼마나 흥분했던지 제 눈앞에서 주먹을 흔들 정도였어요. 저와 제 장비에 비난을 퍼붓더니 '이제 어쩔 거요?'라며 말을 끝내더군요.

저는 매우 침착하게 그가 말하는 대로 전부 해 주겠다고 했습니다. '장비 값을 내는 사람은 고객님이시니, 당연히 고객님이 원하는 물건을 받으셔야죠. 하지만 누군가는 책임을 져야 합니다. 만약 고객님의 판단이 옳다고 생각하시면 저희에게 설계도를 주십시오. 이미 장비를 제작하느라 2000달러를 썼지만, 장비를 폐기하겠습니다. 고객님을 기쁘게 해드리기 위해서라면 2000달러의 손실을 감수할

용의가 있습니다. 하지만 고객님께서 요청하신 대로 장비를 제작한다면, 그 장비에 대한 책임은 고객님께서 져야 한다는 걸 알려드립니다. 하지만 저희가 설계한 대로 진행하도록 허락해 주신다면, 저희는 여전히 그 방식이 옳다고 생각하므로 모든 책임은 저희가 지겠습니다.'

그쯤 되자 그는 진정되었는지 이렇게 말하더군요. '좋습니다. 그럼, 원래대로 진행해 주세요. 하지만 문제가 생기면, 그쪽이 책임져야 합니다.'

우리의 판단은 옳았고, 일은 잘 마무리되었습니다. 그리고 그 고객은 이번 시즌에 비슷한 주문을 2건 더 하겠다고 약속했어요.

그 사람이 저를 모욕하고 제 얼굴에 주먹을 흔들어 대며 일을 제대로 알고 하는 거냐고 따질 때, 그와 논쟁하거나 저를 정당화하지 않기 위해 제가 할 수 있는 모든 자제력을 동원해야만 했습니다. 많은 자제력이 필요했지만, 그랬던 보람이 있었어요. 만약 제가 그에게 틀렸다고 말하고 논쟁을 시작했다면, 아마도 소송, 쓰라린 감정, 금전적 손실을 떠안고 소중한 고객도 잃었을 겁니다. 그래요. 저는 상대방이 틀렸다고 말하는 것이 아무런 도움이 되지 않는다고 확신합니다."

또 다른 사례를 살펴보자. 지금 인용하는 사례들은 수많은 사람들이 경험하는 전형적인 사례라는 것을 기억하라. R. V. 크롤리R.V.

Crowley는 뉴욕의 가드너 W. 테일러 목재 회사에서 영업 사원으로 일하고 있다. 크롤리는 자신이 수년간 앞뒤가 꽉 막힌 목재 검사관들에게 그들이 틀렸다고 말해 왔다는 사실을 털어놓았다. 그리고 논쟁에서 이겼다는 것도 알려 주었다. 하지만 아무 소용이 없었다. 크롤리는 이렇게 말했다. "목재 검사관들은 야구 심판과 비슷합니다. 한번 결정을 내리면 절대 번복하는 법이 없거든요."

크롤리는 자신이 논쟁에서 이긴 결과 회사가 수천 달러의 손실을 보고 있다는 사실을 깨달았다. 그래서 우리 강좌를 들으면서 전략을 바꿔 논쟁을 관두기로 마음먹었다. 결과가 어땠을까? 다음은 그가 수업 시간에 동료 수강생들에게 이야기한 내용이다.

어느 날, 아침에 사무실로 전화가 걸려 왔어요. 전화를 건 사람은 화가 난 목소리로 짜증을 내며 우리가 그쪽 공장으로 보낸 차 한 대 분량의 목재가 전혀 만족스럽지 않다고 했습니다. 그래서 하역을 중단했으니, 저보고 당장 와서 목재를 치워 달라고 하더군요. 목재를 1/4 정도 하역한 후에 그쪽 검사관이 목재를 검수했는데 불량률이 55%라고 보고했다네요. 상황이 이러니 그쪽에서 인수를 거부했습니다.

저는 곧장 그쪽 공장으로 출발했고, 도중에 상황을 처리하는 가장 좋은 방법이 무엇인지 고민해 보았습니다. 평소였다면 저는 등급 규정을 들먹이며 제가 목재 검사관으로 일했을 때 얻은 경험과 지식을 동원해서 목재가 실제로 등급에 맞고 상대 검사관이 규정을 잘못 이해하고 있다고 설득하려 했을 겁니다. 하지만 이 강좌에서 배운 원칙을 적용해 봐야겠다는 생각이 들더군요.

현장에 도착했더니 그쪽 회사의 구매 담당자와 목재 검사관이 저와 한판 붙을 기세로 잔뜩 벼르고 있었습니다. 우리는 목재를 내리다 만 차량으로 걸어갔고, 저는 목재의 상태를 볼 수 있도록 하역 작업을 지속해 달라고 부탁했습니다. 검사관에게는 원래 하던 대로 불량 목재를 골라내고, 좋은 목재를 따로 쌓아 달라고 부탁했죠.

한동안 지켜보고 있자니 검사관이 실제로 기준을 너무 엄격하게 적용하고 있고, 규정을 잘못 이해하고 있다는 걸 알게 되었습니다. 문제가 된 목재는 스트로브잣나무였습니다. 그 검사관은 활엽수로 만든 단단한 목재에 관해서는 잘 알고 있었지만, 침엽수인 스트로브잣나무에 관해서는 유능하고 경험이 풍부한 검사관이 아니라는 것을 알 수 있었습니다. 스트로브잣나무는 제 전문이라 잘 알거든요. 그래서 제가 등급을 매기는 방식에 이의를 제기했을까요? 전혀 아닙니다. 저는 계속 지켜보면서 불량품이 나오면 왜 불량으로 판정하는지 조금씩 물어보기 시작했습니다. 저는 단 한 순간도 검사관이 잘못 판정하고 있다는 식으로 말하지 않았습니다. 제가 질문한 유일한 이유는 나중에 그쪽 회사에서 원하는 목재를 정확하게 제공하기 위해서라고 강조했어요.

저는 우호적이고 협조적인 태도로 질문하면서 그들의 기준에 부합하지 않는 목재를 골라내는 것이 옳다고 계속 말했습니다. 그러자 검사관의 태도가 누그러지면서 우리 사이의 긴장된 관계가 눈 녹듯이 녹

아내리더군요. 이따금 제가 조심스럽게 던진 몇 마디가 검사관의 생각을 바꾸기 시작했습니다. 자신이 불량으로 판정한 목재 일부가 실제로는 기준에 부합한다는 것과 그들이 요구하는 기준은 더 비싼 등급의 목재라는 사실을 깨닫는 것 같았죠. 하지만 제가 그 점을 문제 삼는다고 상대가 생각하지 않도록 계속 주의를 기울였습니다.

검사관의 태도가 점점 달라졌습니다. 그러더니 마침내 자신이 스트로브잣나무를 경험해 본 적이 없다는 것을 인정하고, 차에서 목재를 내릴 때마다 저에게 질문하기 시작했습니다. 저는 지정된 등급 내에서 왜 그런 목재가 들어오는지 설명했지만, 그쪽의 기준에 맞지 않으면 목재를 인수하지 않는 것이 당연하다고 거듭 강조했죠. 결국 그 검사관은 불합격 더미에 목재를 넣을 때마다 죄책감을 느끼는 지경에 이르렀습니다. 그쪽 회사에서 더 높은 등급의 목재를 주문했어야 했는데, 그러지 않은 자신들의 실수라는 것을 깨달은 겁니다.

최종 결과, 검사관은 제가 떠난 뒤 화물 전체를 다시 살펴보고 전량을 인수하기로 했습니다. 우리는 납품한 물량의 대금을 모두 받을 수 있었죠.

이 한 가지 사례만 보더라도, 상대방이 틀렸다고 지적하지 않는 약간의 기지와 결단력 덕분에 우리 회사는 실제 현금으로 150달러를 절약할 수 있었고, 돈으로 가치를 매길 수 없는 신용을 얻을 수 있었습니다.

나는 이번 장에서 어떤 새로운 사실을 밝힌 것이 아니다. 19세기 전에 예수는 "네 적과 속히 화해하라."[10]라고 말했다.

다시 말해 고객이나 배우자 심지어 적과도 논쟁하지 말라는 뜻이다. 틀렸다고 말하지 말고, 상대를 화나게 하지도 말고, 다만 약간의 수완을 발휘하라.

예수가 태어나기 2200년 전, 이집트의 악토이_{Akhtoi}[11] 왕은 아들에게 오늘날에도 절실히 필요한 현명한 조언을 전했다. 지금으로부터 4000년 전 어느 날 오후, 악토이 왕은 술을 마시다가 아들에게 이렇게 말했다. "상대방의 기분을 상하게 하지 마라. 그러면 네가 원하는 바를 이룰 것이다."

그러므로 사람들의 마음을 사로잡고 싶다면, 두 번째 원칙은:

상대의 의견을 존중하라.

절대 상대가 틀렸다고 말하지 말라.

10   마태복음 5장 25절. -편집자

11   제9왕조 네브카우레 케티_{Nebkaure Khety}로 추정된다. -편집자

CHAPTER 3

틀렸다면,
인정하라

If You're Wrong, Admit It

나는 지리적으로 뉴욕시 중심부 가까이에 살고 있지만, 우리 집에서 1분만 걸어가면 울창한 원시림이 나온다. 봄이 되면 딸기 덤불에 하얗게 꽃이 피고, 다람쥐가 둥지를 틀어 새끼들을 키우며, 쥐꼬리망초가 말의 키만큼 자라는 곳이다. 사람의 손을 거의 타지 않은 이 지역을 포레스트 파크라고 부르는데, 아마도 콜럼버스가 아메리카 대륙을 발견하던 날 오후의 모습과 비교해도 크게 다르지 않을 것이다. 나는 렉스와 함께 이 숲으로 자주 산책을 다닌다. 렉스는 내가 키우는 보스턴테리어 품종의 작은 개다. 렉스는 사람을 잘 따르고 온순한 데다 공원에서는 사람과 마주칠 일이 거의 없어서, 나는 렉스에게 목줄이나 입마개를 하지 않고 다녔다.

어느 날 공원에서 기마경찰을 마주쳤는데, 그 경찰은 자신의 권위를 과시하고 싶어 안달이 난 모양이었다.

경찰은 나를 질책하며 말했다. "공원에서 입마개와 목줄도 없이 개를 풀어 두시면 어떡합니까? 위법이라는 걸 모르십니까?"

나는 조심스럽게 대답했다. "물론 알고 있습니다. 다만 이 녀석이 여기서 별다른 해를 끼칠 일은 없다고 생각했어요."

"**생각**했다니요! **생각**이라니요! 법은 선생님 **생각**과는 아무 상관이 없습니다. 저 개가 다람쥐를 죽일 수도 있고, 어린아이를 물 수도 있어요. 이번 한 번은 봐드리지만, 여기서 또 입마개나 목줄을 하지 않고 개와 다니는 모습을 제가 본다면 그때는 판사에게 가서 이야기하셔야 할 겁니다."

나는 그러겠다고 순순히 약속했다.

그리고 약속을 지켰다. 몇 번인가는. 하지만 렉스는 입마개를 좋아하지 않았고, 나도 그러고 싶지 않았다. 그래서 경찰에게 걸리지 않기를 바라며 렉스를 풀어 놓고 다녔다. 한동안은 모든 것이 좋았다. 그러다 올 것이 오고야 말았다. 어느 날 오후 렉스와 같이 언덕을 뛰어오르는 중이었는데, 갑자기 적갈색 말 위에 올라탄 법의 위엄을 마주하게 된 것이다. 내 앞에 있던 렉스는 그대로 경찰에게 달려갔다.

나는 꼼짝없이 걸리고 말았다. 피할 방법이 없어 보였다. 그래서 경찰관이 말을 꺼내기까지 기다리지 않았다. 내가 먼저 선수를 쳤다. "경찰관님 제가 딱 걸리고 말았네요. 전 유죄입니다. 알리바이도 변명거리도 없습니다. 지난주에 또 입마개 없이 개를 데리고 나오면 벌금을 물리겠다고 경고하셨는데 말입니다."

그러자 경찰은 부드러운 어조로 이렇게 말했다. "음. 주변에 아무도 없을 때라면 이렇게 작은 개를 뛰어놀게 하고 싶은 유혹이 들만하죠."

"당연히 그런 유혹이 들죠. 하지만 위법이니까요."

"글쎄요. 이렇게 작은 개라면 사람에게 해를 입히진 않겠죠." 경찰이 반박했다.

"네, 그렇지만 다람쥐를 죽일 수도 있으니까요."

"글쎄요. 제 생각엔 너무 심각하게 받아들이시는 것 같습니다. 그럼, 이렇게 하시죠. 제 눈에 띄지 않게 저 언덕 너머에서 개를 풀어 놓으세요. 그리고 서로 없었던 일로 하는 겁니다."

그 경찰관도 사람이니 자신이 중요하다는 느낌을 받고 싶었을 것이다. 그래서 내가 자책하기 시작하자, 그가 위신을 세울 수 있는 유일한 방법은 내게 자비를 베푸는 관대한 태도를 취하는 것밖에 남지 않았다.

하지만 내가 계속 변명을 늘어놓았다면 어떻게 됐을까? 경찰과 그런 경험이 있는 사람은 아마 잘 알 것이다.

나는 경찰과 논쟁하는 대신, 그가 전적으로 옳고 내가 전적으로 잘못했음을 순순히 시인했다. 그것도 아주 빠르고, 솔직하게 그리고 진심으로 했다. 내가 그의 편을 들어 주었더니, 그도 내 편을 들어 주었고, 사건은 원만하게 종결되었다. 체스터필드 공을 데려와도 불과 일주일 전에 법대로 하겠다며 나를 위협했던 그 기마경찰보다 더 너그러울 수는 없었을 것이다.

어차피 비난받을 것을 알고 있다면, 다른 사람이 먼저 비난하기 전에 우리가 먼저 스스로 비난하는 편이 훨씬 낫지 않겠는가? 다른 사람의 입에서 나오는 비난을 참고 듣느니 스스로 비난하는 것이 훨씬 더 쉽지 않겠는가?

상대가 생각하거나, 말하고 싶거나, 말하려고 하는 모든 비난의 소리를, 상대가 말할 기회를 얻기 전에 당신이 먼저 자신에게 말해 보라. 그러면 상대의 기세는 꺾일 것이다. 그 기마경찰이 나와 렉스에게 그랬던 것처럼 너그럽고 관대한 태도로 당신의 실수를 눈감아줄 가능성이 크다.

상업 미술가인 퍼디낸드 E. 워런Ferdinand E. Warren은 이런 수완을 발휘하여 까다롭고 성질 급한 고객의 호의를 얻을 수 있었다.

"광고나 출판용으로 그림을 그릴 때는 정확하고 정밀하게 그리는 것이 중요합니다." 워런은 자신의 이야기를 시작하며 이렇게 말했다.

"일부 미술 편집자들은 주문을 급하게 의뢰하는데, 이런 경우 약간의 실수가 발생하기 쉽습니다. 제가 아는 어떤 미술 감독은 사소한 실수로 트집 잡기를 좋아했습니다. 저는 종종 기분이 나빠져서 그의 사무실을 나오곤 했는데, 저를 비난해서가 아니라 비난하는 방식이 문제였어요. 최근에 그가 급하게 주문을 의뢰해서 작업해 준 일이 있었는데, 제게 전화해서는 당장 사무실로 와 달라고 하더군요. 뭔가 잘못되었다고 말이죠. 가서 보니 제가 예상하고 걱정했던 모습 그대로였습니다. 그는 적대적인 태도를 보이며, 저를 비난할 기회를 잡아 흡족해하고 있었어요. 그러고는 여기는 왜 이렇게 하고, 저기는 왜 저렇게 했냐며 저를 다그쳤습니다. 저는 그동안 공부해 온 자기비판의 원칙을 적용해 볼 기회가 왔다고 생각했습니다. 그래서 이렇게 말했죠. '선생님, 말씀하신 것이 사실이라면 제 잘못이고, 제 실수에 대해 변명할 여지가 전혀 없습니다. 오랫동안 선생님을 위해 그림을 그려 왔기 때문에 더 잘 알고 있습니다. 정말 면목이 없습니다.'

이 말을 하자마자 그가 저를 변호하기 시작했습니다. '네, 그렇긴 합니다만, 그다지 심각한 실수는 아닙니다. 단지…'

저는 그의 말을 막고 '어떤 실수든 돈이 들 수도 있고, 귀찮은 일이 생길 수도 있으니까요.'라고 말했죠.

그는 뭔가 말하고 싶어 했지만, 제가 그럴 틈을 주지 않았습니다. 저는 정말 즐거운 시간을 보내고 있었습니다. 제 인생에서 처음으로 자신을 비판해 봤는데, 그게 너무 좋더군요.

저는 이어서 말했습니다. '제가 좀 더 주의를 기울였어야 했습니다. 그동안 선생님께서 제게 많은 일을 주셨는데, 당연히 최고의 결과물을 받으셔야죠. 이 그림은 제가 전부 다시 그려 오겠습니다.'

그러자 그가 '아닙니다. 아니에요. 그런 수고를 끼칠 생각은 안 했어요.'라며 저를 말리더군요. 그는 제 작품을 칭찬하며 약간의 수정만 원했습니다. 그리고 그 실수로 회사에 손해가 가는 것도 아니고, 사소한 문제라서 전혀 걱정할 것이 없다고 저를 안심시키더군요.

먼저 나서서 자신을 비판하려는 제 열의가 그 사람에게서 싸워 보려는 의지를 완전히 날려 버렸어요. 결국 그는 제게 점심을 사 주었고, 헤어지기 전에 수표와 함께 새로운 일거리도 맡겨 주었습니다."

어떤 바보라도 자신의 실수를 변명할 수 있고, 바보는 대부분 그렇게 행동한다. 하지만 자신의 실수를 인정하는 사람은 사람들 사이에서 돋보이게 되고 고결한 기분과 큰 기쁨을 느끼게 된다. 예를 들면 역사에 기록된 로버트 E. 리 장군의 일화 중 가장 아름다운 것으로 다음 이야기가 손꼽힌다. 게티즈버그 전투에서 조지 피켓George Pickett 장군이 돌격 작전에 실패했을 때 리 장군이 자신을 탓하며 모든 책임이 오직 자신에게 있다고 나섰던 사연이다.

서구 역사상 가장 화려하고 인상적인 전투를 꼽자면 단연 '피켓의 돌격'일 것이다. 피켓 자신도 인상적인 사람이었다. 그는 적갈색 머리를 거의 어깨에 닿을 정도로 길렀고, 나폴레옹이 이탈리아 원정에서 그랬듯이 전쟁터에서도 날마다 열렬한 연애편지를 썼다. 비극적인 기운이 감도는 7월의 오후, 모자를 멋지게 오른쪽으로 살짝 비껴쓴 피켓 장군이 북군 전선을 향해 말을 타고 힘차게 달려 나갔다. 충성스러운 그의 부대원들은 일제히 환호성을 질렀고, 계급장이 서로 맞닿을 정도로 대열을 이루며 피켓을 따랐다. 깃발이 펄럭이고, 총검은 햇살에 번쩍였다. 용맹함이 느껴지는 광경이었다. 대담하고, 장엄했다. 그 모습을 본 북군 사이에서도 감탄이 새어 나왔다.

피켓의 부대는 과수원과 옥수수밭을 지나 초원을 가로지르고 협곡을 건너 거침없이 진격했다. 적군의 대포가 대열에 끔찍한 구멍을 내고 있었지만, 그들은 굴하지 않고 계속 전진했다.

그런데 세미터리 리지' 능선에 이르렀을 때, 돌벽 뒤에서 갑자기 북군이 튀어나와 무방비 상태였던 피켓 부대를 향해 무참히 사격을 가했다. 그 순간 능선 일대는 화염에 휩싸여 타오르는 화산이자 도살장이 되어 버렸다. 몇 분 만에 여단장 한 사람을 제외한 피켓 부대의 전 지휘관이 전사했고, 5000의 병력 중 4000명이 쓰러졌다.

루이스 아미스테드Lewis Armistead[2] 장군이 남은 부대원들을 이끌고 마지막 돌격에 나섰다. 돌벽을 뛰어넘고는 총검 끝에 모자를 꽂아 흔들며 이렇게 외쳤다.

"녀석들에게 칼침을 놔 줘라!"

병사들은 명령에 따랐다. 그들은 벽을 넘어, 총검으로 적을 찌르고, 개머리판으로 머리통을 날렸다. 그리고 마침내 세미터리 리지 남쪽에 남군의 깃발을 꽂았다.

그 깃발이 휘날렸던 순간은 아주 잠시였다. 하지만 그 짧은 순간

---

1   펜실베이니아주 게티즈버그 마을에 있는 남쪽의 능선 지역. -옮긴이

2   미국의 장교. 남북전쟁 당시 남부연합군의 준장이었다. -편집자

은 남부 연방 역사에서 가장 위대했던 순간으로 기록된다.

피켓의 돌격은 화려하고 영웅적이었지만, 종말의 시작에 불과했다. 리 장군은 실패했다. 북군을 돌파할 수 없었다. 그도 그 사실을 알았다.

남군은 최후의 순간을 맞았다.

충격과 슬픔에 빠진 리 장군은 제퍼슨 데이비스 남부 연방 대통령에게 사의를 전하며 후임으로 '더 젊고 유능한 인재'를 임명해 달라고 요청했다. 만약 리 장군이 피켓의 돌격이 처참하게 실패한 책임을 다른 사람 탓으로 돌리고자 했다면, 이유는 얼마든지 찾을 수 있었을 것이다. 일부 지휘관들이 일을 그르치는 바람에 보병대를 지원해야 하는 기병대가 제시간에 도착하지 못했고, 그 결과 모든 계획이 틀어졌기 때문이다.

그러나 다른 사람을 탓하기에는 리 장군의 인품이 너무나 고결했다. 피켓의 패잔병들이 피투성이가 된 채로 남군의 진영으로 돌아왔을 때, 리 장군은 홀로 말을 타고 나가 숭고한 자기 비난으로 그들을 맞이했다. 리 장군은 이렇게 말했다.

"모든 것은 다 내 잘못이다. 이 전투에서 패배한 이는 나, 오직 나뿐이다."

역사상 이토록 패배의 책임을 인정하는 용기와 인품을 지닌 장군은 거의 없었다.

엘버트 허버드는 미국 사회에 큰 반향을 일으킨 가장 독창성 있는 작가 중 한 명으로, 그의 날카로운 문장은 종종 격렬한 분노를 불러 일으켰다. 하지만 사람을 대하는 수완이 뛰어나 적을 동지로 잘 돌려놓았다.

예를 들어 분노한 독자가 허버드의 글에서 이런저런 점에 동의할 수 없다는 내용의 편지를 보내면서 허버드를 이렇게 저렇게 욕하며 글을 끝내면, 허버드는 다음과 같이 답장을 보냈다.

다시 생각해 보니 저 역시 제 생각에 전적으로 동의할 수 없군요. 어제 쓴 글 모두가 오늘도 마음에 드는 것은 아니니까요. 이 주제에 대한 선생님의 생각을 알게 되어 기쁩니다. 언제 근처에 오실 일이 있다면 꼭 한번 들러 주세요. 함께 이 주제를 철저히 파헤쳐 보도록 합시다. 지면으로나마 악수를 청합니다.

엘버트 허버드 올림

이렇게 말하는 사람에게 어떤 말을 더 할 수 있겠는가?

우리가 옳을 때는 부드럽고 교묘하게 사람들을 우리의 사고방식으로 끌어들이고, 우리가 틀렸을 때는(자신에게 솔직하다면 그럴 때가 놀랄 만큼 자주 있을 것이다) 재빨리 그리고 진심으로 우리의 실수를 인정하자. 이렇게 하면 놀라운 결과를 가져올 뿐만 아니라, 믿기 어렵겠지만 자신을 변호하려고 애쓸 때보다 훨씬 더 재밌을 것이다.

오래된 속담에 이런 말이 있다. "싸워서는 결코 충분히 얻지 못하나, 양보하면 생각보다 많은 것을 얻을 수 있다."

그러므로 사람들의 마음을 사로잡고 싶다면, 기억하면 좋을 세 번째 원칙은:

잘못이 있다면, 빠르게 그리고 단호하게 인정하라.

CHAPTER 4

이성에 호소하는
확실한 방법

The High Road to a Man's Reason

누군가에게 화가 났을 때 그에게 몇 마디 쏘아붙이고 나면 당신의 기분은 풀릴 것이다. 하지만 상대는 어떨까? 그도 당신처럼 기분이 좋아질까? 공격적인 말투와 적대적인 태도로 상대를 당신의 생각에 더 쉽게 동의하도록 만들 수 있을까?

우드로 윌슨은 이렇게 말했다. "만약 당신이 주먹을 불끈 쥐고 내게 온다면, 나도 즉시 같은 자세를 취할 거라고 약속할 수 있다. 하지만 당신이 내게 와서 '우리가 함께 앉아서 서로 조언을 구하고, 우리가 다른 점이 있다면 왜 서로 다른지, 문제의 요점이 무엇인지 이해해 봅시다.'라고 한다면, 우리가 그렇게 멀리 떨어진 사이가 아니고 우리의 의견에 차이점이 적고 공통점이 많다는 것을 알게 될 것이다. 인내심과 솔직함 그리고 화합하려는 열망이 있다면, 우리는 함께 하게 될 것이다."

존 D. 록펠러 주니어John D. Rockefeller, Jr.만큼 우드로 윌슨의 말뜻을 잘 이해한 사람은 또 없을 것이다. 1915년 당시, 록펠러는 콜로라도주에서 제일 극심한 증오를 샀던 인물이었다. 미국 산업 역사상 가장 피비린내 나는 파업이 2년 동안 콜로라도주를 충격에 빠뜨렸기 때문이다. 성난 광부들은 콜로라도 연료 철강 회사에 임금 인상을 요구했고, 그 회사의 경영주가 바로 록펠러였다. 회사 기물이 파손되자 군대가 출동했고 끔찍한 유혈 사태가 벌어졌다. 파업 참가자들은 총탄에 쓰러졌고, 그들의 시신에는 총알 자국이 가득했다.

록펠러는 이처럼 증오심이 불타오르던 시기에 파업 참가자들을 설득하기 위해 나섰다. 그리고 이를 해냈다. 어떻게? 지금부터 그 이야기를 시작해 보겠다. 록펠러는 먼저 몇 주 동안 사람들을 만나 친해지기 위해 시간을 보낸 뒤, 파업 대표자들 앞에서 연설을 시도했다. 이 연설은 처음부터 끝까지 하나의 걸작이었다. 그리고 놀라운 결과를 얻어 냈다. 록펠러 자신을 향한 분노의 파도를 잠재웠고, 수많은 추종자를 낳았다. 록펠러가 얼마나 친근하고 우호적인 태도로 사실관계를 잘 설명했던지, 파업 참가자들은 그들이 격렬하게 싸웠던 임금 문제에 관해서 한마디도 하지 않고 다시 일터로 돌아갈 정도였다.

다음은 그 놀라운 연설의 첫대목이다. 그가 얼마나 친근함이 가득한 연설을 선보이는지 주목해 보기를 바란다.

록펠러가 며칠 전까지만 해도 그를 사과나무에 목매달고 싶어 했던 사람들에게 연설하고 있다는 점을 기억해야 한다. 하지만 그는 마치 의료 선교사 그룹을 대하듯 더없이 정중하고 다정하게 연설했다. 그의 연설문에는 '이 자리에 있게 된 것을 **자랑스럽게** 생각한다', '**여러분의 가정을 방문하여**', '많은 아내와 자녀들을 만나', '우리는 낯선 사람이 아니라 **친구**로서 이 자리에서 만나', '**상호 우정의 정신**', '우리의 **공통 관심사**', '여러분의 특별한 배려가 있었기에'와 같은 우호적인 표현이 가득했다.

록펠러의 연설은 이렇게 시작했다. "오늘은 제 인생에서 아주 특별한 날입니다. 이 위대한 회사의 직원 대표와 임원 그리고 관리자 여러분들을 한자리에 모시는 행운을 누린 것은 이번이 처음입니다. 이 자리에 함께하게 된 것을 자랑스럽게 생각하고, 살아 있는 한 이 모임을 오래도록 기억할 것입니다. 만약 이 모임이 2주 전에 열렸다면, 저는 여러분 대다수에게 낯선 사람으로 이 자리에 서서, 몇몇 분들의 얼굴만 알아볼 수 있었을 겁니다. 지난주에 남부 탄광의 모든 캠프를 방문하여 부재중인 분들을 제외하고 사실상 거의 모든 직원 대표들과 개별적으로 대화할 기회를 가졌습니다. 여러분의 집을 방문하고 많은 아내와 자녀들을 만났기에, 이제 우리는 낯선 사람이 아니라 친구로서 이 자리에서 만나, 상호 우정의 정신으로 우리의 공통 관심사에 관해 논의할 기회를 얻게 되었습니다. 이에 저는 큰 기쁨을 느낍니다.

저는 여러분의 특별한 배려가 있었기에 오늘 이 자리에 설 수 있었습니다. 오늘 모임은 회사의 임원과 직원 대표들을 위한 자리이고, 저는 그중 어딘가에 속하는 행운을 누리지 못했기 때문이죠. 하지만 어떤 의미에서는 주주와 관리직을 대표하는 사람이기에 여러분 모두와 깊게 연관되어 있다고 생각합니다."

이런 연설이야말로 적을 동지로 만드는 훌륭한 사례가 아니겠는가?

록펠러가 다른 접근법을 사용했다고 가정해 보라. 광부들과 논쟁을 벌이고, 그들의 얼굴에 대고 충격적인 말들을 퍼부었다고 생각해 보라. 그들이 잘못했다는 어조와 암시를 풍기고, 온갖 논리로 그것을 입증하려 했다고 가정해 보라. 과연 어떤 일이 벌어졌을까? 더 큰 분노와 더 큰 증오, 더 큰 저항이 일어났을 것이다.

만약 어떤 사람이 당신에 대한 불만과 악감정으로 가득 차 있다면, 세상의 그 어떤 논리로도 그를 설득할 수 없다. 야단치는 부모, 고압적인 상사, 권위적인 남편, 잔소리하는 아내들은 깨달아야 한다. 원래 사람이란 자기 생각을 바꾸고 싶어 하지 않는 법이다. 강요나 압박으로는 우리 의견에 동의하게 할 수 없다. 하지만 상냥하고 다정하게 다가간다면, 사람들의 생각을 바꿀 수도 있다.

링컨도 거의 100년 전에 이런 요지의 발언을 한 적이 있다. 다음은 그 내용이다.

"꿀 한 방울이 쓸개즙 한 통보다 더 많은 파리를 잡는다."라는 옛말에는 진리가 담겨 있다. 그러니 누군가를 자기편으로 만들고 싶다면, 먼저 당신이 그의 진정한 친구임을 확신시켜야 한다. 사람의 마음을 사로잡는 꿀 한 방울이 바로 거기에 있다. 이것이야말로 상대의 이성에 호소하는 가장 확실한 방법이다.

사업가들은 파업 참가자들을 우호적으로 대하는 것이 더 이득이 된다는 것을 깨우치고 있다. 예를 들어 화이트 자동차 회사에서 공장 직원 2500명이 임금 인상과 유니언 숍¹을 요구하며 파업을 벌였을 때, 사장인 로버트 F. 블랙Robert F. Black은 분노하거나, 비난하거나, 협박하거나, 폭도나 공산주의자를 언급하는 짓을 하지 않았다. 그는 오히려 파업 참가자들을 칭찬했다. 그는 지역 신문 〈클리블랜드〉에 광고를 내고 "평화로운 방식으로 그들의 연장을 내려놓았다."라며 파업 참가자들에게 경의를 표했다. 파업 참가자들이 피켓을 내려놓았을 때는 야구 방망이와 글러브를 수십 개 사서 공터에서 야구를

---

1   노동조합 의무 가입 조항. 이 조항에 따라 회사는 조합에 가입되어 있지 않은 사람도 고용할 수 있지만, 일정 기간 내에 그 직원은 해당 노동조합에 가입해야 한다. -편집자

하도록 권유했고, 볼링을 좋아하는 사람들을 위해서 볼링장을 임대하기도 했다.

친절이 친절을 낳는다는 말처럼 블랙 사장의 우호적인 태도도 우호적인 결과로 되돌아왔다. 파업 참가자들은 빗자루와 삽, 손수레를 가져와 공장 주변에 버려진 성냥개비와 종이, 꽁초를 줍기 시작했다. 상상해 보라! 파업 참가자들이 임금 인상과 노조 인정을 요구하며 회사와 싸우는 와중에 공장 부지를 청소하는 모습을. 미국 노동 운동의 길고 험난한 역사 속에서 이런 일이 벌어진 적은 단 한 번도 없었다. 결국 파업은 어떤 악감정이나 상처도 남기지 않고 일주일 만에 합의를 통해 원만하게 끝났다.

대니얼 웹스터Daniel Webster는 근엄한 얼굴과 위엄 있는 목소리로 항상 뛰어난 변론을 펼친 훌륭한 변호사였다. 하지만 그 역시 자신의 주장을 강력히 펼칠 때조차 다음과 같이 부드럽고 우호적인 표현으로 말을 시작했다. '배심원 여러분께서는 이 점을 고려해 주시길 바랍니다', '여러분, 이 점은 아마도 고려할 가치가 있을 겁니다', '여러분께서도 이 사실을 간과하지 않을 것이라고 믿습니다', '여러분께서는 인간 본성에 관한 깊은 지식을 갖고 계시므로 이 사실의 중요성을 쉽게 파악하실 겁니다'. 불도저식 밀어붙이기는 없었다. 고압적이지도 않았다. 자신의 의견을 강요하려고 하지도 않았다. 웹스터는 부드러운 말투와 조용하고 친근한 접근 방식을 사용했고, 이것이 그를 유명한 변호사로 만들었다.

물론 당신이 파업 사태를 해결하거나 배심원단 앞에서 연설하는 일은 아마 없을 것이다. 하지만 집세를 깎고 싶을 때는 있을 수 있다. 그때도 우호적인 접근 방식이 도움이 될까? 다음 사례를 살펴보자.

엔지니어로 일하는 O. L. 스트라우브O. L. Straub는 집세를 깎고 싶었다. 그리고 집주인이 강경한 사람이라는 것도 알고 있었다. 스트라우브는 우리 강좌에서 자신의 이야기를 들려주며 이렇게 말했다. "저는 집주인에게 임대 기간이 끝나는 대로 집을 비우겠다고 편지를 썼습니다. 하지만 사실 그러고 싶지 않았어요. 집세를 조금 깎을 수만 있다면 더 머물고 싶었죠. 하지만 가망이 없어 보였어요. 다른 세입자들도 집세를 깎아 보려 했다가 실패한 적이 있었거든요. 모두가 집주인이 상대하기 어려운 사람이라고 말했어요. 하지만 저는 이렇게 생각했습니다. '사람을 대하는 방법에 관한 강의를 듣고 있으니, 한번 시도해 보고 어떻게 되는지 보자.'

집주인은 제 편지를 받고 곧바로 비서와 함께 저를 만나러 왔습니다. 저는 찰스 슈왑의 방식대로 그를 반갑게 맞아 주었습니다. 선의와 열정으로 가득 차 있었죠. 집세가 비싸다는 말은 일절 꺼내지 않았습니다. 대신 그 집이 얼마나 마음에 드는지만 이야기했어요. 정말입니다. 저는 '진심으로 인정하고 아낌없이 칭찬'했어요. 집주인이 건물을 운영하는 방식에 대해서도 칭찬하고, 1년 더 머물고 싶지만 그럴 형편이 안 된다고 말했습니다.

집주인은 세입자로부터 그런 환대를 받아본 적이 없는 것 같았어요. 제 말을 듣고 어찌할 바를 모르더군요.

그러더니 집주인이 자기 고충을 털어놓기 시작했습니다. 불평하는 세입자들 얘기였어요. 한 세입자는 그에게 편지를 14통이나 썼는데, 그중 몇 통은 모욕적인 내용이었다고 하더군요. 다른 세입자는 위층에 사는 사람의 코골이를 멈추지 않으면 계약을 파기할 거라며 협박했다고 하고요. 그는 '이 집에 사는 것을 만족해하는 세입자가 있어서 얼마나 다행인지 몰라요.'라고 말했습니다. 그리고 제가 요청하지도 않았는데 집세를 조금 깎아 주겠다고 하더군요. 저는 조금 더 깎기를 원했기에 제가 낼 수 있는 금액을 말했더니, 그는 두말없이 이를 수락했습니다.

그리고 집을 나서면서 저를 향해 '제가 손봐 드려야 할 곳이 있을까요?'라고 묻더군요.

제가 다른 세입자들처럼 집세를 깎으려고만 했다면, 분명히 저도 그들처럼 실패했을 겁니다. 우호적이고, 공감하며, 감사하는 마음으로 접근한 것이 성공의 비결이었어요."

또 다른 예를 살펴보자. 이번에는 한 여성을 예로 들겠다. 〈사교계 명사록〉에도 이름이 올라 있는 도로시 데이Dorothy Day 부인은 롱아일랜드 해변의 가든시티에 살고 있었다.

데이 부인은 이렇게 말했다. "얼마 전 몇몇 지인을 초대해 오찬 모임을 열었습니다. 제게는 중요한 행사였어요. 당연히 모든 일이 순조롭게 진행될 수 있도록 신경을 많이 썼습니다. 보통 이런 일이 있을 땐 유능한 수석 지배인인 에밀이 저를 도와주었습니다. 하지만 그날은 정말 실망스러웠어요. 오찬 모임은 실패로 끝났습니다. 에밀은 코빼기도 보이지 않았어요. 그는 우리를 위해 웨이터 한 명만 보냈습니다. 그 웨이터는 일류 서비스가 뭔지 전혀 모르는 사람이었어요. 그날의 주빈을 마지막에 챙기는 짓을 계속했죠. 한번은 커다란 접시에 셀러리 하나만 달랑 내오기도 했어요. 고기는 질기지, 감자는 기름 범벅이지, 정말 끔찍했습니다. 화가 머리끝까지 났어요. 겉으로는 미소를 잃지 않으려고 애쓰면서 속으로만 계속 말했습니다. '두고 보자 에밀, 나중에 보면 가만두지 않겠어.'

그 일은 수요일에 일어났습니다. 다음 날 밤 저는 인간관계 수업을 들었죠. 수업을 듣다 보니 에밀을 다그치는 것이 얼마나 부질없는 일인지 깨달을 수 있었어요. 그랬다면 그의 감정을 상하게 하고 화만 나게 할 게 뻔했으니까요. 앞으로 저를 돕고 싶은 마음도 싹 사라졌겠죠. 저는 그의 입장에서 보려고 노력해 봤어요. 그가 요리 재료를 산 것도 아니고, 요리를 직접 한 것도 아니었어요. 그가 데리고 있는 웨이터 중에 실력이 부족한 친구가 있는 것도 어쩔 수 없는 일이었겠죠. 어쩌면 제가 너무 가혹하고 성급하게 화를 냈을지도 모른다는 생각이 들었어요. 그래서 그를 비난하는 대신 친근한 태도로 대화를 시작하기로 결정했습니다. 나중에 그를 보면 칭찬의 말부터 건네야겠다고 마음먹었죠. 이 접근 방식은 매우 효과적이었습니다. 다음 날 에밀을 만났습니다. 그는 방어 태세를 갖추고 화를 내며 싸움을 벌일 기세였어요. 저는 이렇게 말했어요. '이봐요, 에밀. 제가 사람들을 접대할 때 당신이 도와주면 정말 큰 힘이 된다는 걸 알려주고 싶어요. 당신은 뉴욕 최고의 지배인이니까요. 물론 당신이 요리 재료를 사거나 직접 요리하지 않는 것도 잘 알아요. 수요일 일은 당신도 어쩔 수 없었을 거예요.'

에밀의 어두웠던 얼굴이 환해지더군요. 미소를 지으며 이렇게 말했어요. '맞습니다, 부인. 문제는 주방 팀에 있었어요. 제 잘못이 아니었습니다.'

그래서 저는 이렇게 말했습니다. '에밀, 다른 모임을 계획하고 있는데, 당신의 조언이 필요해요. 그 주방 팀에게 한 번 더 기회를 주는 건 어떨까요?'

'물론입니다, 부인. 이제 두 번 다시 그런 일은 없을 겁니다.'

그다음 주에 저는 다른 오찬 모임을 열었습니다. 에밀과 제가 함께 메뉴를 정했어요. 그에게는 원래 주던 팁의 절반만 주는 대신, 지난번 실수에 대해서는 아무 말도 하지 않았죠.

오찬 모임에 도착해 보니, 식탁이 고급 장미로 화려하게 꾸며져 있었어요. 에밀은 줄곧 자리를 지켰습니다. 메리 여왕을 모시는 자리였다 해도 그보다 더 훌륭한 접대는 받을 수 없었을 거예요. 음식은 훌륭하고 따뜻했습니다. 서비스도 완벽했어요. 메인 요리가 나올

땐 한 명이 아니라 네 명의 웨이터가 시중을 들었습니다. 요리 위에 민트를 올릴 땐 에밀이 직접 해주었죠.

우리가 떠날 때 그날의 주빈이 제게 와서 이렇게 묻더군요. '그 지배인에게 무슨 마법이라도 거셨나요? 이렇게 훌륭한 접대는 처음 받아 봅니다.'

손님의 말이 맞았어요. 그 마법은 바로 친근한 태도와 진심 어린 찬사였죠."

내가 맨발로 숲속을 걸어 미주리주 북서부에 있는 시골 학교에 다니던 어린 시절에, 어느 날 해와 바람에 관한 우화를 읽었다. 해와 바람은 누가 힘이 더 센지 다투었고, 바람은 이렇게 말했다. "내가 직접 보여 주지. 저기 외투를 걸치고 지나가는 나그네가 보이지? 내가 너보다 더 빨리 외투를 벗길 수 있다고 장담하지."

그리하여 해가 구름 뒤로 물러나고 바람이 나섰다. 바람은 거의 토네이도가 될 때까지 불었지만, 바람이 세질수록 나그네는 외투를 더 단단히 여몄다.

결국 바람이 잠잠해지며 외투 벗기기를 포기했다. 그러자 구름 뒤에 있던 해가 앞으로 나와 나그네를 향해 친절하게 미소를 지었다. 이윽고 나그네는 이마를 훔치며 외투를 벗었다. 해는 따뜻함과 부드러움이 분노와 힘보다 강한 법이라고 바람에게 일러 주었다.

내가 이 우화를 읽던 시기에, 그 우화의 진리가 보스턴이라는 먼

도시에서 실제로 펼쳐지고 있었다. 보스턴은 교육과 문화의 중심지였지만, 어렸을 땐 직접 가 보게 될 줄은 꿈에도 생각지 못한 곳이었다. 이 이야기의 주인공인 B 박사는 그로부터 30년 뒤 내 강좌의 수강생이 되었다. 다음은 B 박사가 수업 시간에 들려준 이야기다.

당시에 보스턴의 신문들은 허위 의료 광고, 즉 남성의 질병을 치료한다는 낙태 전문 시술자나 돌팔이 의사들의 광고에 시달리고 있었다. 실제로는 "남성성의 상실"이나 다른 끔찍한 말로 사람들에게 겁을 주어 순진한 이들을 등쳐 먹는 일이 많았다. 그들은 병에 대한 공포심만 심어 주었을 뿐, 실제로 환자에게 도움이 되는 치료는 전혀 제공하지 않았다. 낙태 시술자들은 환자를 사망에 이르게 하는 경우도 많았지만, 유죄 판결을 받은 사람은 거의 없었다. 대부분 약간의 벌금만 내거나 정치적 영향력을 통해 풀려나곤 했다.

상황이 심각해지자 보스턴의 선량한 시민들이 분노로 들고일어났다. 목사들은 연단을 두드리며 신문사들을 비난했고, 이런 허위 광고를 멈추게 해달라며 기도를 올렸다. 시민 단체와 여성 단체, 청년 단체, 교회, 기업들도 규탄과 비판에 나섰지만, 그 모든 노력이 헛수고였다. 주 의회에서도 이 수치스러운 광고를 불법화하기 위해 격렬한 논쟁이 이어졌지만, 뇌물과 정치적 압력 때문에 번번이 무산되고 말았다.

당시 B 박사는 보스턴 기독교 연합회의 모범 시민 위원회에서 의장직을 맡고 있었다. 위원회에서도 할 수 있는 모든 일을 시도했지만, 아무런 성과를 얻지 못했다. 의료 범죄자들과의 싸움은 성공할 가망이 없어 보였다.

그러던 어느 날 밤, B 박사는 자정이 넘은 시각에 보스턴에서 그 동안 누구도 생각해 보지 않은 일을 시도했다. 바로 '친절, 공감, 칭찬'의 기술을 써 보기로 한 것이다. 그는 신문사들이 허위 광고를 중단하고 **싶게** 만들고자 했다. B 박사는 〈보스턴 헤럴드〉의 발행인에게 편지를 써서 자신이 그 신문을 얼마나 존경하는지 이야기했다. 항상 애독하고 있고, 뉴스 소재가 자극적이지 않고 산뜻하며, 사설도 훌륭해서 온 가족이 읽기에 좋은 신문이라고 했다. 자신이 생각하기에 〈보스턴 헤럴드〉가 뉴잉글랜드주 최고의 신문이자 미국 전체로 보았을 때도 손꼽히는 훌륭한 신문이라고 분명하게 말했다. 그리고 이렇게 말을 이었다. "그런데 제 친구에게는 어린 딸이 있습니다. 그 친구가 말하길 얼마 전 밤에 자기 딸이 〈보스턴 헤럴드〉에 실린 낙태 시술자의 광고를 소리 내어 읽고는 몇몇 문구의 뜻을 물어보더랍니다. 솔직히 말해서, 친구는 너무 당황한 나머지 무슨 말을 해야 할지 몰랐다고 하더군요. 〈보스턴 헤럴드〉는 보스턴의 상류 가정에 배달됩니다. 제 친구의 집에서 이런 일이 벌어졌다면, 다른 많은 집에서도 이런 일이 벌어질 수 있지 않겠습니까? 선생님에게 어린 딸이 있다면, 그런 광고를 읽게 두시겠습니까? 그리고 그런 광고를 읽고 어떤 내용인지 물어본다면 어떻게 설명해 주시겠습니까?

저는 〈보스턴 헤럴드〉처럼 다른 모든 면에서 완벽에 가까운 훌륭한 신문이 하나의 단점 때문에 딸들이 볼까 봐 아버지들이 불안해하는 신문이 되는 것이 안타까울 따름입니다. 수천 명의 다른 구독자들도 저와 같은 생각을 하고 있지 않을까요?"

이틀 후 〈보스턴 헤럴드〉의 발행인이 B 박사에게 답장을 보냈다. B 박사는 그 편지를 30년 넘게 보관해 오다가 우리 수업을 듣게 되었을 때 내게 보여 주었다. 이 글을 쓰는 지금, 그 편지가 내 앞에 있다. 1904년 10월 13일 자로 된 그 편지는 이렇게 쓰여 있다.

매사추세츠주 보스턴

B 박사님 귀하

친애하는 선생님께

지난 11일에 제게 보내 주신 귀하의 편지는 제가 이곳에 부임한 이래로 계속 고심해 오던 조치를 단행하는 데 결정적인 영향을 주었기에 귀하께 깊은 의무감을 느끼고 있습니다.

이번 월요일부터 〈보스턴 헤럴드〉는 독자들에게 불쾌감을 주는 모든 광고를 가능한 한 완전히 삭제하기로 했습니다. 의료 카드, 질 세정제와 같은 광고는 완전히 "제거"할 것이며, 당장 없애기 어려운 다른 의료 광고에 대해서도 독자들에게 불쾌감을 주지 않도록 철저히 검열할 것입니다.

이 문제에 도움을 주신 친절한 편지에 다시 한번 감사의 말씀을 드립니다.

W. E. 해스컬W.E.Haskell 발행인 올림

아이소포스Aesop[2]는 크로이소스Croesus[3]의 궁전에 살았던 그리스인 노예로 기원전 600년에 불멸의 우화를 만들어 냈다. 그가 가르친 인간 본성에 관한 진리는 25세기 전 아테네뿐만 아니라 오늘날의 보스턴과 버밍햄에서도 똑같이 통한다. 해가 바람보다 더 빨리 외투를 벗길 수 있듯이, 따뜻함과 친절, 칭찬이 호통과 질책보다 더 쉽게 사람의 마음을 바꿀 수 있다.

링컨의 말을 기억하자. "꿀 한 방울이 쓸개즙 한 통보다 더 많은 파리를 잡는다."

그러므로 사람들의 마음을 사로잡고 싶다면, 잊지 말아야 할 네 번째 원칙은:

우호적인 방식으로 시작하라.

---

2   이솝 우화의 저자. '이솝'은 아이소포스의 영어식 발음이다. -편집자
3   기원전 6~7세기 소아시아 서부 지역에 있던 리디아 왕국의 마지막 왕. -옮긴이

CHAPTER 5

소크라테스의
비결

The Secret of Socrates

사람들과 대화할 때 견해가 다른 의견부터 논의하는 것은 좋지 않다. 서로 동의하는 부분을 강조하고 또 계속 강조하는 것으로 시작하는 게 좋다. 가능하면 두 사람이 같은 목적을 위해 노력하고 있으며, 차이가 있다면 목적이 아니라 방법의 차이일 뿐임을 계속 강조해야 한다.

상대방이 처음부터 "네, 네"라고 말하도록 대화를 이끌어라. 가능하면 "아니오"라고 말하지 않게 하라.

오버스트리트 교수는 그의 저서 《인간의 행동에 영향을 미치는 법》에서 이렇게 말하고 있다. "'아니오'라는 반응은 극복하기 가장 어려운 장애물이다. 한번 '아니오'라고 말한 사람은 자존심 때문에 자기 생각을 잘 바꾸려 하지 않는다. 나중에 가서 '아니오'라고 한 것이 경솔한 일이었다고 느낄 수도 있지만, 그럼에도 자신의 소중한 자존심을 챙겨야 한다! 사람은 한번 어떤 말을 뱉고 나면, 그 말을 계속 고수하려 한다. 따라서 상대방이 긍정적인 방향으로 시작하도록 하는 것이 가장 중요하다.

　말을 잘하는 사람은 처음부터 '네'라는 긍정적 반응을 여러 차례 얻어 낸다. 그렇게 해서 사람의 심리 작용을 긍정적인 방향으로 움직이게 설정한다. 이는 마치 당구공의 움직임과 같다. 당구공을 어느 한 방향으로 밀고 나서, 공의 방향을 조금 바꾸려면 힘이 필요하고, 반대 방향으로 다시 보내려면 더 많은 힘이 필요하다.

　여기서 나타나는 심리적 패턴은 매우 명확하다. 어떤 사람이 '아니오'라고 말할 때는, 그리고 그 말이 진심일 때는, 단지 '아니오'라고 한마디를 내뱉는 것 이상으로 많은 일을 한다. 그의 호르몬계와 신경계, 근육계를 포함한 전체 유기체가 모여 거부 상태에 돌입하는 것이다. 보통은 아주 미세하게 신체적 위축이 일어나는데, 때로는 눈으로 식별할 수 있을 정도가 된다. 요컨대 신경-근육계 전체가 수용에 대한 경계 태세를 갖추게 되는 것이다. 이와 반대로 어떤 사람이 '네'라고 말할 때는 이러한 위축 활동이 일어나지 않는다. 유기체가 긍정적이고 수용적이며 개방적인 상태가 된다. 그러므로 대화의 시작 단계에서 더 많은 '네'를 유도할수록, 우리가 최종적으로 제안하려는 내용에 대해 상대의 관심을 끌어낼 가능성이 커지게 된다.

　'네' 반응을 유도하는 것은 매우 간단한 기술이다. 하지만 얼마나 쉽게 무시되던가! 사람들은 종종 처음부터 상대의 의견에 대립함으로써 자신의 존재감을 드러낼 수 있다고 생각하는 것 같다. 급진주의자들은 보수주의자와 회의에 들어서면 순식간에 상대를 분노에 빠뜨리지 않는가! 하지만 그렇게 해서 실질적으로 얻는 게 무엇인가? 단순히 상대를 화나게 해서 즐거움을 얻는 게 목적이라면 그나마 이해하겠다. 그러나 이런 식으로 상대를 설득하고자 한다면, 그저 심리학적 바보에 불과할 뿐이다.

학생이나 고객, 자녀, 남편, 아내에게 처음부터 '아니오'라고 말하게 하면, 그 뾰족한 부정을 긍정으로 바꾸기 위해서는 천사의 지혜와 인내가 필요할 것이다."

뉴욕시의 그리니치 저축은행에서 일하는 은행원인 제임스 에버슨James Eberson은 "네, 네" 기법을 활용해 자칫 놓칠 뻔한 잠재 고객을 잡을 수 있었다.

에버슨은 이렇게 말했다. "한 남자분이 계좌를 개설하기 위해 찾아왔고, 저는 기본적인 양식을 드린 후 내용을 채워 달라고 했습니다. 그런데 몇 가지 질문에는 기꺼이 답을 했지만, 다른 질문에는 단호하게 답변을 거부했어요.

제가 인간관계에 관한 공부를 시작하기 전이었다면, 이 잠재 고객분께 은행에 정보를 제공하지 않을 시 계좌 개설을 거절해야만 한다고 말씀드렸을 거예요. 부끄럽게도 예전에는 그렇게 일을 처리했거든요. 물론 그렇게 최후통첩을 전하고 나면 기분은 좋았습니다. 은

행의 규칙과 규정은 어길 수 없다는, 즉 누가 결정권자인지 보여주는 것 같았거든요. 하지만 확실히 그런 태도로는 우리 은행의 고객이 되려고 찾아온 사람을 환영하거나 중요한 사람이라 느끼게 해 주지 못했을 거예요.

오늘 아침 저는 약간의 지혜를 발휘해 보기로 했습니다. 은행이 원하는 것이 아니라 고객이 원하는 것에 관해 이야기하기로 결심했어요. 무엇보다 고객이 처음부터 "네, 네"라고 대답하게끔 만들어 보자고 생각했습니다. 그래서 저는 그의 말에 동의했습니다. 그가 알려 주길 거부한 정보가 꼭 필요한 것은 아니라고 말해 주었죠.

그리고 이렇게 말했습니다. '하지만 고객님께서 사망하셨을 때 저희 은행에 고객님의 예금이 남아 있다고 가정해 보겠습니다. 은행에서 법에 따라 그 돈을 받을 자격이 있는 가까운 친척분께 예금을 이체해 주는 것이 좋지 않으실까요?'

'그야, 물론이죠.'

그가 그렇게 답하자 저는 계속해서 이렇게 물었습니다. '그러면 고객님께서 사망할 시, 저희가 지체하거나 실수하는 일 없이 고객님의 유언을 이행할 수 있도록 가까운 친척분의 이름을 알려 주시는 것이 좋지 않겠습니까?'

이번에도 고객은 '네, 좋습니다.'라고 대답했습니다.

그 젊은 남성은 은행을 위해서가 아니라 자신을 위해서 정보를 요구한다는 사실을 알게 되자 태도가 한결 부드러워졌습니다. 은행을 떠나기 전까지 그는 자신에 관한 모든 정보를 알려 주었을 뿐만 아니라, 제 제안에 따라 어머니를 수탁자로 지정하는 신탁 계좌를 개설하고, 어머니에 관한 모든 질문에도 기꺼이 답변해 주었어요.

처음부터 '네, 네'라고 말하도록 유도하면, 상대가 문제 삼았던 일들을 완전히 잊어버리고, 제가 제안하는 것들에 기꺼이 동의하도록 할 수 있다는 것을 알게 되었습니다."

웨스팅하우스 전기 제조 회사의 영업 사원인 조셉 앨리슨Joseph Allison은 다음 이야기를 들려주었다. "제가 맡은 구역에는 우리 회사가 거래처로 뚫기를 간절히 바라는 고객이 있었습니다. 제 전임자는 무려 10년 동안 그 고객을 찾아갔지만, 결국 아무것도 팔지 못했어요. 저도 그 구역을 맡고 나서 꾸준히 찾아갔지만, 3년 내내 아무런 주문도 받지 못했습니다. 마침내 13년 동안 전화하고 영업 이야기를 나눈 끝에 드디어 모터 몇 대를 팔 수 있었습니다. 이것들이 괜찮다고 판명되면 수백 대를 더 팔 수 있을 거라고 확신했어요. 제 예상은 그랬습니다.

그럴 것 같죠? 우리 제품이 전부 괜찮다는 걸 저는 알고 있었거든요. 그래서 3주 후에 방문했을 때 한껏 기대에 부풀어 있었습니다.

하지만 저의 기대는 그리 오래가지 못했습니다. 책임 엔지니어가 '앨리슨 씨, 당신네 회사의 모터를 더 구매할 수 없겠어요.'라고 충격적인 소식을 전했기 때문이죠.

'왜요?' 저는 깜짝 놀라서 물었습니다.

'모터가 너무 뜨거워서요. 손을 댈 수가 없더군요.'

그와 논쟁해 봤자 좋을 게 없다는 걸 알고 있었죠. 그런 방법은 이미 오랫동안 써 보았으니까요. 그래서 이번에는 '네, 네' 반응을 유도해 보자고 생각했습니다.

저는 이렇게 말했어요. '아, 그렇군요, 스미스 씨. 저도 100% 동의합니다. 모터가 너무 뜨겁게 작동한다면, 더는 구입하시면 안 되죠. 미국 전기 제조업 협회에서 정한 기준보다 뜨거워지지 않는 모터만 사용해야 합니다. 그렇지 않습니까?

그는 그렇다고 하더군요. 제가 얻어 낸 첫 번째 '네'였습니다.

'미국 전기 제조업 협회의 규정에 따르면 제대로 설계된 모터의 온도는 실온보다 40℃ 이상 뜨거워지면 안 된다고 되어 있습니다. 맞나요?'

'네, 맞습니다. 하지만 당신네 모터는 그보다 훨씬 뜨겁더군요.'

저는 그와 논쟁하지 않았습니다. 그저 '공장의 실내 온도가 몇 도쯤 되나요?'라고 물었습니다.

'아마 24℃쯤 될 겁니다.'

저는 '공장의 실내 온도가 24℃이고 그보다 40℃가 높다면, 총 64℃가 되겠군요. 64℃나 되는 뜨거운 물이 나오는 수도꼭지 아래에 손을 대면 화상을 입지 않을까요?'라고 했습니다.

이번에도 그는 '네'라고 대답했습니다.

저는 이렇게 제안했습니다. '음, 그렇다면 모터에 손이 닿지 않도

록 조심하는 게 낫지 않을까요?'

'네. 그게 맞는 것 같네요.' 그가 인정했습니다. 그렇게 우리는 한동안 대화를 나누었습니다. 그런 다음 비서를 부르더니 다음 달에 3만 5000달러에 달하는 우리 회사 제품을 주문하도록 지시하더군요.

저는 그동안 수년의 시간을 허비하며 수천 달러의 거래를 놓치고 나서야 논쟁이 아무런 이득이 되지 않는다는 걸 깨달았어요. 그보다는 상대의 관점에서 바라보고, '네, 네'라고 말하도록 유도하는 게 훨씬 수익성이 높고 흥미진진하다는 것을 깨달았습니다."

"아테네의 잔소리꾼"으로 불리던 소크라테스는 비록 맨발로 다니고 대머리인 데다 마흔의 나이에 열아홉 된 소녀와 결혼하긴 했지만, 대단한 현자였다. 그는 역사를 통틀어 단 몇 사람만이 할 수 있는 일을 해냈다. 인류의 사고방식을 완전히 바꾸어 놓은 것이다. 그래서 그가 세상을 떠난 지 23세기가 지난 지금도 논쟁으로 가득한 이 세상에 많은 영향을 주고 있는 위대한 설득의 대가로 여겨지고 있다.

그의 방법은? 그가 사람들에게 틀렸다고 말했을까? 아니다. 소크라테스는 그러지 않았다. 그렇게 하기에 소크라테스는 너무도 영리한 사람이었다. 오늘날 "소크라테스식 문답법"이라 불리는 그의 기술은 "네, 네"라는 반응을 얻는 데 기반을 두고 있다. 소크라테스는 상대방이 동의할 수밖에 없는 질문을 던졌다. 그는 "네"라는 대답이 가득할 때까지 계속해서 동의를 얻어냈다. 그는 계속해서 질문을 던졌고, 마침내 상대방은 몇 분 전까지만 해도 극구 반대했던 결론을 깨닫지도 못하는 사이에 받아들이고 있는 자신을 발견하게 되었다.

다음에 누군가에게 틀렸다고 말하고 싶은 충동이 든다면, 맨발의 나이 든 소크라테스를 떠올려 보자. 그리고 상대에게 부드러운 질문, 즉 "네, 네"라는 대답을 얻을 수 있는 질문을 해 보자.

중국인들에게는 변하지 않는 동방의 오랜 지혜가 담긴 속담이 있다. "사뿐히 걷는 자가 멀리 간다."

그들은 지식인을 중심으로 5000년에 걸쳐 인간의 본성을 연구하였고, 이를 통해 많은 통찰력을 얻었다. "사뿐히 걷는 자가 멀리 간다."

그러므로 사람들의 마음을 사로잡고 싶다면, 다섯 번째 원칙은:

상대방이 즉시 "네, 네"라고 말하도록 만들어라.

CHAPTER 6

불만을 잠재우는
안전밸브

The Safety Valve in Handling Complaints

사람들은 대부분 다른 사람을 설득하려 할 때 말을 너무 많이 한다. 특히 영업 사원들이 이 값비싼 실수를 저지르는 경우가 많다. 상대가 스스로 말하게 해야 한다. 상대방은 당신보다 자기 일과 문제에 관해 더 많이 알고 있다. 그러니 그에게 질문하라. 그가 당신에게 말하게 하라.

상대의 의견에 동의하지 않는다면 중간에 끼어들고 싶은 마음이 들 수 있다. 하지만 그래서는 안 된다. 그런 행동은 위험하다. 상대방에게 표현해 달라고 아우성치는 많은 생각들이 남아 있는 한, 상대는 당신의 말에 주의를 기울이지 않을 것이다. 그러니 인내심을 갖고 열린 마음으로 들어라. 진심을 담아 그렇게 하라. 상대가 자기 생각을 충분히 표현하도록 격려하라.

이러한 방식이 비즈니스에도 도움이 될까? 한번 살펴보자. 다음은 **어쩔 수 없이** 이 방법을 시도한 한 남자의 이야기다.

몇 년 전 미국의 한 대기업 자동차 회사에서 내장재 원단의 1년 치 분량을 구매하는 협상을 진행했다. 주요 제조 업체 세 곳에서 샘플 차체에 맞춰 원단을 제작했다. 이 원단들은 모두 자동차 회사의 임원진이 검사했고, 각 제조 업체에는 안내문을 보내 특정 날짜에 계약과 관련된 최종 발언 기회를 해당 업체의 대변인에게 제공할 것이라고 통보했다.

한 업체의 대변인이었던 R은 심한 후두염에 걸려 회의장에 도착했다. R은 우리 강좌에서 그때 일을 들려주었다. "제 차례가 되어 회의장에서 임원들을 만나야 했는데, 목소리가 나오지 않더라고요. 속삭이는 것도 거의 불가능했습니다. 저는 회의장으로 안내되어 섬유 기술자와 구매 담당자, 영업 이사 그리고 사장님과 얼굴을 마주하게 되었죠. 저는 자리에 서서 용기 내어 말을 해 보려고 애썼지만, 끅끅거리는 소리밖에 내지 못했습니다."

모두 테이블에 둘러앉아 있었기에, 저는 종이에 '여러분 목이 쉬어 말씀을 드릴 수가 없습니다.'라고 적었어요.

그러자 그 회사의 사장님이 '그럼 제가 대신 말씀드리죠.'라고 나서 주시더군요. 정말로요. 그는 우리 회사의 샘플을 보여 주며 장점을 칭찬했습니다. 우리 제품에 대한 활발한 토론이 이어졌죠. 그리고 그 사장님은 저를 대신해서 이야기하고 있었기 때문에, 토론 중에는 제 편을 들었습니다. 제가 토론에 참여해서 한 일은 미소와 끄덕임 그리고 몇 가지 제스처를 취하는 게 전부였죠.

이 독특한 회의의 결과로 저는 457킬로미터에 달하는 내장재 원단을 총액 160만 달러에 수주하는 계약을 체결했습니다. 이는 제가 받은 주문 중 가장 큰 규모였습니다.

만일 제가 말을 할 수 있었다면, 그 계약을 따내지 못했을 거라는 점을 저는 알고 있습니다. 왜냐하면 어떻게 제안할 것인지 전혀 다르게 생각하고 있었거든요. 완전히 우연한 기회로 저는 다른 사람에게 말을 맡기는 편이 때때로 훨씬 이득이 된다는 걸 알게 되었습니다."

필라델피아 전기 회사에서 일하는 조셉 S. 웹Joseph S. Webb 역시 같은 깨달음을 얻었다. 웹은 펜실베이니아주에서 네덜란드 출신의 부유한 농부들이 모여 사는 지역을 시찰하고 있었다.

그는 잘 가꾸어진 한 농가 앞을 지나다 그 지역 담당자에게 이렇게 물었다. "저 사람들은 왜 전기를 쓰지 않는 겁니까?"

"워낙 구두쇠들이라 그렇습니다. 저 사람들한테는 아무것도 팔 수가 없어요." 지역 담당자가 넌더리를 내며 말했다. "게다가 우리 회사에 반감이 심해요. 저희도 노력은 해 봤죠. 전혀 가망이 없더라고요."

그 말이 사실일 수도 있지만, 어쨌든 웹은 다시 시도해 보기로 하고 그 농가의 문을 두드렸다. 문이 조금 열리더니 드러켄브로드

Druckenbrod 부인이 얼굴을 살짝 내밀었다.

웹은 당시 이야기를 이렇게 들려주었다. "부인은 우리 회사 담당자를 보자마자 우리 면전에서 문을 쾅 닫아 버렸어요. 다시 노크를 했더니 문을 열어줬고, 이번에는 우리 회사에 대해 어떻게 생각하는지 말하기 시작했습니다.

그래서 제가 말했습니다. '부인, 귀찮게 해드려 죄송합니다. 하지만 저는 전기를 팔러 온 게 아닙니다. 그저 달걀을 사러 왔을 뿐입니다.'

부인이 문을 조금 더 열더니 미심쩍은 얼굴로 우리를 쳐다봤습니다.

그래서 제가 '부인께서 기르시는 도미니크 품종 닭이 훌륭하더군요. 신선한 달걀을 한 묶음 샀으면 해서요.'라고 했지요.

문이 더 활짝 열리더니 부인이 '도미니크 종 닭인 걸 어떻게 알았수?'라고 호기심 가득한 목소리로 물었습니다.

'저도 닭을 키우거든요. 그런데 이렇게 좋은 도미니크 종은 처음 봅니다.'

그러자 부인이 '그러면 왜 당신네 달걀을 쓰지 않고?'라며 여전히 미심쩍은 듯이 묻더군요.

'제가 기르는 닭은 레그혼 품종이어서 흰 달걀만 낳거든요. 당연히 부인께서도 요리를 하시니 아시겠지만, 케이크를 만들 때 흰 달걀은 갈색 달걀에 비할 수가 없으니까요. 제 아내가 케이크 만들기에는 자부심이 있거든요.'

드러켄브로드 부인은 그제야 누그러진 태도로 현관 앞까지 나왔습니다. 그사이 저는 주변을 둘러보았고, 농장에 설비가 잘 갖춰진 낙농 시설이 있는 것을 발견했습니다.

　그래서 이렇게 말했죠. '부인, 사실 남편분께서 젖소로 버는 돈보다 부인께서 암탉으로 버는 돈이 더 많을 것 같은데요.'

　옳거니! 부인이 반응을 보였습니다. 당연히 그랬겠죠! 부인은 그 이야기를 몹시도 하고 싶어 했어요. 하지만 안타깝게도 앞뒤가 꽉 막힌 남편에게 그 사실을 인정하게 할 수는 없었던 모양이었습니다.

　부인이 닭장을 보겠냐며 우리를 불렀습니다. 그곳을 둘러보면서 부인이 직접 만든 장치들을 발견했고, 저는 '진심으로 인정해 주고 아낌없는 찬사'를 보냈습니다. 저는 부인에게 닭을 키우기에 적당한 온도와 좋은 사료에 관해 말해 주었고, 부인에게 몇 가지 사항에 관해 조언도 구했어요. 그리고 곧 우리는 서로의 경험을 나누며 즐거운 시간을 보냈습니다.

　잠시 후, 부인은 몇몇 이웃이 닭장에 전등을 설치한 후로 수입이 훨씬 늘었다는 말을 들었다고 했습니다. 그리고 자신도 그렇게 하면 수입이 늘지 제게 솔직한 의견을 듣고 싶다고 하더군요…

　그로부터 2주 뒤에 드러켄브로드 부인의 도미니크 종 암탉들은 환한 전등불 밑에서 만족스럽게 꼬꼬 거리며 모이를 쪼아 먹게 되었습니다. 저는 주문량을 채웠고, 부인은 더 많은 달걀을 얻었죠. 모두가 만족했고, 모두가 이득을 얻었습니다.

하지만 이 이야기의 요점은 이겁니다. 제가 만약 부인이 먼저 말을 꺼내도록 하지 못했다면, 절대로 그 펜실베이니아주의 네덜란드 출신 농부에게 전기를 팔지 못했을 겁니다.

그런 사람들에게는 어떤 것도 팔 수가 없습니다. 스스로 사게 해야 하죠."

얼마 전 〈뉴욕 헤럴드 트리뷴〉의 경제면에 남다른 능력과 경력을 갖춘 인재를 구한다는 광고가 크게 올라왔다. 찰스 T. 큐벨리스 Charles T. Cubellis는 이 광고에 응해 사서함 번호로 답신을 보냈고, 며칠 후 면접을 보러 오라는 편지를 받았다. 면접을 보러 가기 전, 큐벨리스는 월스트리트에서 몇 시간을 보내며 그가 지원한 회사를 설립한 사람에 관해 가능한 한 많은 정보를 알아냈다. 그리고 면접장에 가서 이렇게 말했다. "이렇게 훌륭한 기록을 가진 조직에서 일하게 된다면 큰 영광으로 생각하겠습니다. 제가 듣기로 사장님께서는 28년 전에 작은 사무실에서 속기사 한 명만 두고 사업을 시작하셨다던데, 그게 정말인가요?"

성공한 사람들 대부분은 어려웠던 초창기 시절을 떠올리며 추억에 잠기는 것을 좋아한다. 그 사장도 예외는 아니었다. 사장은 현금 450달러와 독창적인 아이디어만 가지고 어떻게 사업을 시작했는지 한참 동안 이야기했다. 그는 일요일과 공휴일에도 하루 12~16시간씩 일하면서 어떻게 실의를 극복하고 비웃음에 맞섰는지 이야기했다. 그리고 그 모든 역경을 이겨내고 월스트리트의 거물들이 자신에게 조언을 구하러 오기까지 어떻게 성공할 수 있었는지 이야기했다. 사장은 그런 과거를 자랑스러워했다. 그는 그럴 자격이 있었고, 그 이야기를 하는 동안 기분이 더할 나위 없이 좋아 보였다. 마지막으로 사장은 큐벨리스에게 경력을 간단히 물어본 후 부사장 중 한 명을 불러 이렇게 말했다. "이 사람이 바로 우리가 찾던 사람인 것 같습니다."

큐벨리스는 예비 고용주의 업적을 알아내기 위해 수고를 아끼지 않았다. 상대방과 그의 문제에 관심을 보였다. 그리고 상대방이 더 많이 이야기하도록 함으로써 좋은 인상을 남겼다.

사실은 우리 주변의 친구들 역시 우리가 자기 자랑을 늘어놓는 것보다 본인의 업적에 관해 이야기해 주는 것을 훨씬 더 좋아한다.

프랑스의 철학자 프랑수아 드 라로슈푸코François de La Rochefoucauld는 이렇게 말했다. "적을 만들려거든 친구를 이기고, 친구를 만들려거든 친구가 이기게 하라."

왜 이 말이 진리일까? 친구가 이기도록 하면 그 친구는 자신이 중요하다는 느낌을 받을 수 있지만, 우리가 친구를 이기면 그 친구는 열등감과 시기심, 질투를 느낄 것이기 때문이다.

독일 속담에는 "Die reinste Freude ist die Schadenfreude."라는 말이 있는데, 이를 해석하면 다음과 같다. "가장 순수한 기쁨은 우리가 부러워하는 사람들이 불행에 빠졌을 때 느끼는 사악한 기쁨이다." 다르게 표현하자면 "가장 순수한 기쁨은 다른 사람의 어려움에서 얻는 기쁨이다."라고 풀이할 수 있다.

그렇다. 당신의 친구 중에도 당신의 성공보다 당신의 고난에 더 큰 만족감을 얻는 사람이 있을 것이다.

그러니 우리의 업적을 최소화하자. 겸손해지자. 이 말은 언제나 유효하다. 어빈 코브Irvin Cobb[1]가 바로 이 기술을 지니고 있었다. 언젠가 그가 법정의 증인석에 섰을 때 한 변호사가 이렇게 물었다. "코브 씨, 제가 알기로 당신은 미국에서 가장 유명한 작가로 알려져 있습니다. 그렇지요?"

그러자 코브는 이렇게 답했다. "분에 넘치게 운이 좋았을 뿐입니다."

우리는 겸손해야 한다. 당신이나 나나 그리 대단한 사람이 아니다. 우리 둘 다 한 세기가 지나면 죽고 없어 완전히 잊힐 것이다. 대단치도 않은 우리의 업적을 떠드느라 사람들을 귀찮게 하기에는 인생이 너무 짧다. 그러니 다른 사람들이 이야기하게 하자. 생각해 보면 어차피 자랑할 것도 별로 없다. 당신을 바보로 만들지 않게 해주는 것이 무엇인지 아는가? 별것도 아니다. 그것은 바로 갑상샘에 들어 있는 5센트어치의 아이오딘일 뿐이다. 의사가 목에 있는 갑상샘을 열고 약간의 아이오딘을 제거한다면 당신은 바보가 될 것이다.

---

[1]   미국의 작가이자, 편집자, 칼럼니스트. 한때 미국에서 가장 많은 급여를 받는 기자였다. -편집자

길모퉁이 약국에서 5센트만 주면 살 수 있는 그 소량의 아이오딘이 당신과 정신병원 사이에 있는 전부다. 5센트어치 아이오딘! 그 정도면 그리 자랑할 만한 것이 아니지 않은가?[2]

그러므로 사람들의 마음을 사로잡고 싶다면, 여섯 번째 원칙은:

상대방이 더 많이 말하게 하라.

CHAPTER 7

협력을
얻어내는 방법

How to Get Co-operation

당신은 누군가가 떠먹여 주는 아이디어보다 스스로 찾아낸 아이디어를 더 신뢰하지 않는가? 그렇다면 당신의 의견을 다른 사람의 목구멍으로 억지로 밀어 넣으려는 것은 잘못된 판단이 아닐까? 의견을 제안하기만 하고 상대방이 스스로 결론을 내리게 하는 것이 더 현명하지 않을까?

한 가지 사례를 소개하겠다. 우리 강좌를 수강하던 아돌프 셀츠 Adolph Seltz 는 의욕을 잃고 체계가 흐트러진 자동차 영업 사원들에게 열정을 불어넣어야 하는 상황에 직면했다. 그는 영업 회의를 열어 자신에게 바라는 것이 있으면 정확히 알려 달라고 직원들에게 촉구했다. 이야기를 나누면서 그는 칠판에 그들의 아이디어를 적어 나갔다. 그런 다음 이렇게 말했다. "여러분이 저에게 기대하는 자질을 모두 갖추겠습니다. 이제 제가 여러분에게 기대해도 될 만한 것들을 말씀해 주세요." 충성심, 정직, 적극성, 긍정적인 자세, 협동심, 하루 8시간의 열정적인 근무 등 다양한 대답이 빠르게 쏟아졌다. 한 직원은 하루에 14시간씩 일하겠다고 자원했다. 회의가 끝날 때쯤 직원들은 새로운 용기와 의욕을 다졌고, 셀츠는 내게 매출 증가가 경이적이라고 알려 주었다.

셀츠는 이렇게 말했다. "직원들은 저와 일종의 도덕적 거래를 한 셈이었고, 제가 제 역할을 다하는 동안 그들도 자신의 역할에 충실하기로 결심한 겁니다. 그들의 바람과 요구에 대한 의견을 듣는 것이 바로 그들에게 꼭 필요한 자극제였어요."

판매의 대상이 된다거나 무언가를 하라고 지시받는 것을 좋아할 사람은 없다. 우리는 자발적 의사로 물건을 사거나 자기 생각에 따라 행동하는 것을 훨씬 더 좋아한다. 우리는 우리의 바람, 요구, 생각에 대해 의견을 물어봐 주는 것을 좋아한다.

유진 웨슨Eugene Wesson의 사례를 살펴보자. 그는 이 사실을 알기 전까지 수천 달러의 수수료를 놓치고 말았다. 웨슨은 스타일리스트와 섬유 제조 업체에 디자인을 제공하는 스튜디오를 위해 스케치를 판매하는 일을 했다. 그는 뉴욕에서 손꼽히는 한 디자이너를 3년 동안 매주 찾아갔다. "그 고객은 제 방문을 한 번도 거절한 적이 없었습니다. 하지만 사는 법도 없었죠. 매번 제 스케치를 꼼꼼하게 살펴보고는 '안 되겠네요, 웨슨 씨. 이번 스케치는 우리와 맞지 않는 것 같네요.'라고 했습니다."

그렇게 150차례나 퇴짜를 맞고 난 후, 웨슨은 자기 생각이 너무 틀에 박혔다는 것을 깨달았다. 그래서 일주일에 하룻저녁은 사람의 마음을 움직이는 법을 공부하는 데 전념하고, 새로운 아이디어와 열정을 불러일으키기로 결심했다.

얼마 후 그는 새로운 방식을 시도해 보고 싶다는 의욕이 생겼다. 작가들이 작업 중인 미완성 스케치 대여섯 점을 챙겨 그 고객의 사무실을 찾아가 이렇게 말했다. "부탁 하나만 들어주셨으면 합니다. 여기 미완성 스케치 몇 장이 있습니다. 어떻게 하면 선생님께 도움이 되도록 마무리할 수 있을지 말씀해 주시겠습니까?"

그 고객은 한동안 말없이 스케치를 쳐다보더니 이렇게 말했다. "웨슨 씨, 이걸 며칠 동안 저에게 맡겨 주세요. 그러고 나서 저를 다시 찾아 주세요."

웨슨은 사흘 뒤에 다시 방문해 고객의 제안을 받고, 스케치를 스튜디오로 가져가 고객이 제안한 대로 완성하게 했다. 결과는? 모두 채택되었다.

그게 9개월 전의 일이었다. 이후로 그 고객은 자신의 아이디어에 따라 그려진 다른 스케치들을 수십 점 더 주문했다. 그 결과 웨슨은 수수료로 1600달러 이상을 벌어들였다. "왜 몇 년 동안 그 고객에게 스케치를 팔지 못했는지 이제야 깨달았습니다. 제가 생각하기에 상대가 틀림없이 갖고 싶을 거라고 여긴 것들을 팔려 했었죠. 지금은 정반대입니다. 상대의 생각을 알려 달라고 하지요. 그는 이제 자신이 디자인을 만들고 있다고 생각합니다. 실제로 그렇기도 하고요. 이제는 제가 팔아야 할 필요가 없습니다. 그가 구매합니다."

시어도어 루스벨트는 뉴욕 주지사로 일할 당시 놀라운 업적을 남겼다. 정치 지도자들과 좋은 관계를 유지하면서도 그들이 몹시 싫어하는 개혁을 강행했던 것이다.

그가 해낸 방법은 다음과 같다.

루스벨트는 중요한 직책을 맡겨야 할 때면 먼저 정치 지도자들에게 추천을 요청했다. 루스벨트는 이렇게 이야기했다. "처음에는 그들이 당에서 '챙겨야 하는' 별 볼 일 없는 무능한 사람을 추천할 겁니다. 그러면 저는 그런 사람을 임명하면 대중이 인정하지 않을 테니 좋은 정치가 아니라고 말하곤 했습니다.

그러면 그들은 또 다른 당원의 이름을 댈 겁니다. 크게 반대할 이유도 없지만, 썩 내키지도 않으면서, 오랫동안 당의 자리를 지키고 있는 인물이 되겠지요. 그러면 저는 그 사람이 대중의 기대에 부응하지 못할 것 같다고 말하고, 그 직책에 더 적합한 사람을 찾을 수 없느냐고 요청했습니다.

그들의 세 번째 제안은 꽤 괜찮은 사람이긴 하지만, 아주 적합한 인물은 아닐 겁니다.

저는 그들에게 감사의 말을 전하며 한 번 더 추천을 부탁합니다.

그들의 네 번째 제안은 받아들일 만합니다. 제가 직접 뽑았을 것 같은 종류의 사람을 지명했죠. 저는 그들에게 감사를 표하고, 그 사람을 임명합니다. **그리고 임명에 대한 공로를 그들에게 돌렸습니다…** 그런 다음 내가 그들을 기쁘게 해 주기 위해 이런 일을 했으니, 이제 그들이 나를 기쁘게 해 줄 차례라고 말합니다."

실제로 그들은 보답했다. 그들은 공무원법과 면허세법 같은 루스벨트의 대대적인 개혁안을 지지해 주었다.

루스벨트가 상대에게 의견을 구하고 상대의 조언을 존중한다는 것을 보여 주기 위해 최선을 다해 노력했다는 점을 기억하자. 루스벨트는 중요한 인선을 할 때 정치 지도자들이 직접 후보자를 선택하게 했고, 그것이 자신들의 생각이라고 느끼도록 만들었다.

롱아일랜드에 사는 한 자동차 딜러는 스코틀랜드인 부부에게 중고차를 팔기 위해 이와 똑같은 기술을 사용했다. 이 딜러는 스코틀랜드인 손님에게 차를 보여 주고 또 보여 주었지만, 항상 뭔가 잘못된 점이 있었다. 이 차는 어울리지 않아서, 저 차는 상태가 좋지 않아서 퇴짜를 맞았다. 그리고 가격이 너무 비싸다고 했다. 가격은 언제나 비쌌다. 마침 우리 강좌를 듣고 있던 그 딜러는 수업 시간에 도움을 요청했다.

우리는 그 스코틀랜드인 손님에게 차를 팔려 하지 말고, 손님이 차를 사게 만들라고 조언했다. 또 손님에게 무엇을 해야 할지 지시하지 말고, 손님이 당신에게 무엇을 해야 할지 말하게 하는 것이 어떻겠냐고 했다. 즉, 자신들의 생각이라고 느끼도록 말이다.

좋은 방법이었다. 며칠 후 어떤 손님이 자신이 쓰던 차를 새 차로 바꾸겠다고 찾아오자, 딜러는 이 방법을 시도해 보았다. 그 중고차는 스코틀랜드인 손님이 분명 마음에 들어 할 만한 차였다. 그래서 전화를 걸어 혹시 괜찮다면 잠깐 와서 자신에게 조언을 해줄 수 있냐고 특별히 부탁했다.

스코틀랜드인 손님이 왔을 때, 딜러는 이렇게 말했다. "손님께서는 현명한 소비자이십니다. 차의 가치를 잘 아시죠. 그러니 이 차를 살펴보시고 한 번 몰아본 후에, 제가 거래에서 얼마를 받아야 하는지 말씀해 주실 수 있을까요?"

그러자 스코틀랜드인 손님이 함박웃음을 지었다. 드디어 딜러가 자신에게 조언을 구하고, 자신의 능력까지 인정했기 때문이다. 손님은 차를 몰고 퀸스대로를 따라 포레스트 힐스까지 돌고 와서 이렇게 조언했다. "이 차를 300달러에 살 수 있다면, 싸게 잘 산 겁니다."

딜러는 이렇게 물었다. "만약 그 가격에 살 수 있다면, 사시겠습니까?" 300달러라고? 당연하지. 그게 손님의 생각이자 감정가였다. 거래는 즉시 성사되었다.

한 엑스레이 제조업자도 브루클린에 있는 대형 병원에 장비를 납품할 때 같은 심리를 이용했다. 이 병원은 건물을 증축하고, 미국 최고의 엑스레이 부서를 갖추기 위해 준비 중이었다. 엑스레이 부서의 책임자였던 L 박사는 영업 사원들이 찾아와 저마다 자기 장비가 최고라며 노래를 불러 대는 통에 정신을 차릴 수 없었다.

하지만 한 제조업자는 좀 더 노련했다. 그는 인간의 본성을 다루는 데 다른 사람보다 훨씬 더 많은 것을 알고 있었다. 그는 다음과 같은 편지를 보냈다.

우리 공장은 최근 새로운 기종의 엑스레이 장비를 제작했습니다. 이 장비의 첫 선적이 방금 저희 사무실에 도착했습니다. 완벽한 상태는 아닙니다. 저희도 그 사실을 알고 있으며 개선점을 찾고 있습니다. 그래서 박사님께서 시간을 내어 장비를 살펴보시고, 어떻게 해야 박사님이 하시는 일에 더 도움이 될지 알려 주신다면 정말 감사하겠습니다. 박사님께서 얼마나 바쁘신지 알기에, 언제든 시간을 정해 주시면 차량을 보내드리도록 하겠습니다.

L 박사는 우리 강좌에서 그때 일을 들려주었다. "그 편지를 받고 깜짝 놀랐습니다. 놀랍기도 하고 뿌듯하기도 했고요. 지금까지 엑스레이 제조업자가 제게 조언을 구한 적은 없었거든요. 제가 중요한 사람이라는 기분이 들었어요. 그 주에는 매일 밤 바빴지만, 저는 저녁 약속을 취소하고 그 장비를 살펴보기로 했습니다. 장비를 보면 볼수록 그 장비를 좋아하는 자신을 발견하게 되더군요."

아무도 저에게 그 장비를 팔려고 하지 않았어요. 우리 병원에 그 장비를 들여와야겠다고 생각한 쪽은 저였지요. 저는 그 장비의 우수한 품질에 매료되어 직접 설치를 주문했습니다."

에드워드 M. 하우스Edward M. House 대령은 우드로 윌슨이 백악관을 점령했던 시절, 국내외 문제들에 막강한 영향력을 발휘했다. 윌슨은 자신의 내각 각료들보다 하우스 대령의 은밀한 권고나 조언에 더 의지했다.

하우스 대령은 대통령에게 영향력을 미치기 위해 어떤 방법을 썼을까? 다행히도 우리는 그 답을 알 수 있는데, 하우스가 직접 아서 D. 하우든 스미스Arthur D. Howden Smith[1]에게 이 사실을 밝혔고, 스미스가 그 말을 〈새터데이 이브닝 포스트〉의 기사에서 인용했기 때문이다.

"하우스는 이렇게 말했다. '대통령을 알게 된 후로, 대통령께서 생각을 바꾸게 하는 가장 좋은 방법은 그의 머릿속에 자연스럽게 생각을 심어 주고 관심을 갖게 하여, 그 생각을 스스로 떠올렸다고 믿게 하는 것이라는 점을 깨달았습니다. 이 방법이 처음으로 효과를 봤던 것은 우연한 일이었습니다. 저는 백악관을 방문해 대통령께 어떤 정책을 촉구했는데, 대통령께서는 이를 반대하시는 것처럼 보였습니다. 그런데 며칠 뒤 저녁 식사 자리에서 대통령께서 제가 말씀드린

---

1   미국의 역사가이자 기자, 소설가. -편집자

제안을 마치 자신의 것처럼 다시 언급하는 것을 듣고는 깜짝 놀랐습니다."

그때 하우스 대령이 대통령의 말을 끊고 "그건 대통령님 생각이 아닙니다. 제 생각이었습니다."라고 했을까? 오, 천만에. 하우스 대령은 그보다 훨씬 더 노련했다. 그는 명성에 관심이 없었다. 그는 결과를 원했다. 그래서 대통령이 그 제안을 자신의 것으로 생각하도록 내버려 두었다. 하우스는 거기서 한발 더 나아갔다. 공식 석상에서도 그 제안에 대한 공로를 대통령에게 돌렸다.

우리가 내일 만나게 될 사람들도 우드로 윌슨과 똑같은 사람임을 기억하자. 그러니 우리도 하우스 대령의 기술을 활용해 보자.

뉴브런즈윅에 사는 한 남자는 몇 년 전 내게 이 기술을 써서 나를 자신의 단골로 만들었다. 나는 당시 뉴브런즈윅에서 낚시를 조금 하고 카누를 탈 계획이었다. 그래서 관광청에 정보를 구하는 편지를 보냈다. 그때 내 이름과 주소가 어딘가에 공개된 것이 분명했는데, 순식간에 캠프장 운영자와 관광 가이드들의 안내 책자와 전단과 추천 홍보물이 수십 통씩 쏟아지는 통에 정신을 차릴 수가 없었기 때문이다. 나는 당황해서 어느 곳을 선택해야 할지 몰랐다. 그런데 한 캠프장 운영자가 아주 영리한 일을 해냈다. 그는 자신의 캠프장을 다녀간 뉴욕 사람들의 이름과 전화번호를 보내 주면서, 그들에게 내가 직접 전화를 걸어 자신이 어떤 서비스를 제공했는지 알아보라고 권유했다.

놀랍게도 그가 보낸 명단에 내가 아는 사람이 있었다. 나는 그에게 전화를 걸어 그가 어떤 경험을 했는지 알아본 다음 캠프장에 전화해 내가 도착하는 날짜를 알려 주었다.

다른 캠프장 주인들이 자신들의 서비스를 팔기에 급급했다면, 한 친구는 내가 스스로 사도록 만들었다. 그의 승리였다.

그러므로 사람들의 마음을 사로잡도록 영향력을 발휘하고 싶다면, 일곱 번째 원칙은:

상대방이 아이디어를 자신의 것이라고 느끼게 하라.

25세기 전, 중국의 현인 노자는 이 책의 독자들이 오늘날에도 적용할 수 있는 명언을 남겼다.

"강과 바다가 100개의 산 개울을 품을 수 있는 것은 낮은 곳에 있기 때문이다. 그래서 모든 산의 물줄기를 다스릴 수 있는 것이다. 그러므로 현명한 사람은 사람들 위에 있고자 한다면 사람들 아래에 서고, 사람들 앞에 나서고자 한다면 사람들 뒤에 선다. 그러면 사람들은 그가 위에 있어도 무겁게 여기지 않고, 그가 앞에 있어도 무례하다고 여기지 않는다."

CHAPTER 8

기적을 행하는
공식

A Formula That Will Work Wonders for You

상대방이 완전히 틀렸을 수도 있다는 것을 기억하라. 하지만 상대방은 그렇게 생각하지 않을 것이다. 그들을 비난하지 마라. 비난은 어떤 바보라도 할 수 있다. 상대를 이해하려고 노력해야 한다. 현명하고 관대하며 비범한 사람만이 그렇게 하려고 노력한다.

상대가 그렇게 생각하고 행동하는 데는 이유가 있다. 그 숨겨진 이유를 찾아야 한다. 그러면 상대방이 왜 그렇게 행동하는지, 어쩌면 그의 성격까지도 이해할 수 있을 것이다.

진심으로 상대의 입장이 되어 보라.

"내가 그의 입장이라면 기분이 어떨까? 어떻게 반응할까?"라고 생각한다면 많은 시간을 절약하고 짜증 날 일도 줄어들 것이다. "원인에 관심을 가지면 결과를 이해하게 되기" 때문이다. 또한 인간관계 기술도 크게 좋아질 것이다.

케네스 M. 구드Kenneth M. Goode는 저서 《사람을 황금처럼 빛나게 하는 법》[1]에서 이렇게 말한다. "잠시 하던 일을 멈추고, 자기 일에 기울이는 열렬한 관심의 크기와 다른 모든 문제에 기울이는 미미한 관심의 크기를 비교해 보라. 그리고 세상의 모든 사람이 똑같은 방식으로 느낀다는 것을 깨닫길 바란다! 그러면 교도관을 제외한 어떠한 직업에서도 유용하게 쓰일 단 하나의 든든한 토대, 즉 인간관계의 성공 비결이 상대의 관점에 얼마나 공감하는지에 달려 있다는 것을 링컨과 루스벨트처럼 이해하게 될 것이다."

수년 동안 나는 우리 집 근처 공원에서 산책을 하거나 자전거를 타면서 대부분의 여가를 보냈다. 나는 고대 갈리아 지방의 드루이드교 사제들처럼 참나무를 거의 숭배하다시피 했는데, 그래서 계절마다 불필요한 화재로 어린나무와 관목들이 죽어 가는 것을 보면 무척 괴로웠다. 이 화재들은 부주의한 흡연자들에 의해 발생한 것이 아니었다. 대부분 공원에 나온 아이들이 야영을 한답시고 나무 아래에서 소시지나 달걀을 구워 먹으려다 일으킨 것이었다. 가끔은 불이 너무 심하게 번져 소방차가 출동해서 화재를 진압해야만 했다.

공원 한쪽에는 불을 내면 벌금형이나 징역형에 처할 수 있다는 표지판이 세워져 있지만, 사람이 잘 다니지 않는 곳에 세워져 있기에

---

[1]   원제목: How Turn People into Gold -옮긴이

이를 본 아이들은 거의 없었다. 기마경찰이 공원을 관리해야 했지만, 그는 자신의 임무를 심각하게 생각하지 않았고, 화재는 계절마다 계속 번져 나갔다. 한번은 공원에 불이 나 빠르게 번지는 것을 보고 경찰에게 달려가 소방서에 알려 달라고 했지만, 경찰은 자기 관할이 아니니 상관할 바가 아니라고 무심하게 대답했다! 그 후 나는 절박한 심정으로 공원에 자전거를 타고 갈 때마다 자진해서 공공 구역 관리 위원이라도 된 듯 행동했다. 처음에는 아이들의 관점을 이해해 보려고 시도조차 하지 않았다. 나무 아래에서 타오르는 불길을 보면 곧장 기분이 나빠졌고, 옳은 일을 해야 한다는 생각에 사로잡혀 그릇된 행동을 했다. 나는 아이들에게 다가가서 불을 피우면 감옥에 갈 수 있다고 경고하고, 권위적인 어조로 불을 끄라고 명령했다. 그래도 아이들이 말을 듣지 않으면 체포하겠다고 엄포를 놓기도 했다. 나는 아이들의 관점을 생각하지 않고 내 감정을 쏟아 내기만 했다.

결과는? 아이들이 내 말을 따르기는 했다. 부루퉁하고 화가 난 표정으로 말이다. 내가 언덕을 넘어가면 아이들은 또 불을 피웠을 것이다. 그리고 공원 전체를 불태워 버리고 싶었을지도 모른다.

세월이 흐르면서 인간관계에 관한 약간의 지식과 요령이 생겼고, 상대방의 관점에서 사물을 보려는 경향도 조금 더 늘었다. 그 뒤로는 명령을 내리는 대신 불길 옆으로 다가가 다음과 같은 방식으로 말하게 됐다.

애들아, 재밌게 놀고 있니? 저녁 메뉴는 뭐야? … 나도 어렸을 때 불 피우는 걸 좋아했고, 지금도 좋아한단다. 하지만 너희도 알다시피 공원에서 불을 피우는 건 굉장히 위험하단다. 물론 너희가 해를 끼칠 의도가 없다는 건 알아. 하지만 조심성 없는 아이들도 있거든. 그 아이들이 와서 너희가 불 피우는 모습을 보고 똑같이 불을 피우고는 집에 갈 때 제대로 끄지 않으면, 마른 나뭇잎 사이로 불길이 번져 나무들이 다 죽게 된단다. 우리가 조심하지 않으면 여기에는 나무가 하나도 남지 않게 될 거야. 이 불을 지른 죄로 감옥에 갈 수도 있단다. 하지만 나는 거만하게 굴면서 너희들의 즐거움을 방해하고 싶지는 않아. 너희들이 즐거운 시간을 보냈으면 좋겠거든. 그래도 불 근처에 있는 낙엽들은 지금 바로 치워 주렴. 그리고 떠나기 전에는 모닥불을 흙으로, 아주 많은 흙으로 덮어 주겠니? 그리고 다음에 놀고 싶을 때는 저 언덕 너머에 있는 모래밭에서 불을 피우는 게 어떻겠니? 거기라면 위험하지 않을 테니까…고맙구나, 얘들아. 그럼 좋은 시간 보내렴.

이런 대화가 얼마나 큰 차이를 가져왔는지 모른다! 아이들이 기꺼이 협조하도록 만들었다. 입이 튀어나오지도, 화를 내지도 않았다. 아이들은 명령에 복종하도록 강요받은 것이 아니다. 체면을 구기지도 않았다. 내가 아이들의 관점을 생각해서 상황을 처리했기에 아이들도 좋았고, 나도 좋았다.

내일부터는 누군가에게 불을 끄라거나, 세제를 사 달라거나, 적십자에 50달러를 기부해 달라고 요구하기 전에 잠시 멈춰서 눈을 감고 상대의 관점에서 생각해 보면 어떨까? 이렇게 자문해 보라. "그 일을 하고 싶어할 이유가 뭘까?" 사실 시간은 더 걸리겠지만, 그렇게 하면 더 적은 마찰과 노력으로 친구도 사귀고 더 좋은 결과도 얻게 될 것이다.

하버드 경영대학원의 월레스 브렛 도넘Wallace Brett Donham 학장은 이렇게 말했다. "누군가와 면담하러 갈 때, 내가 어떤 말을 할지 그리고 상대의 관심사와 동기를 고려해서 그가 어떤 대답을 할지 명확하게 생각이 정리되지 않을 때는 그의 사무실로 곧장 들어서는 것보다 밖에서 2시간 정도 보도를 걷는 편이 낫다."

이는 정말 중요한 말이므로 강조하는 차원에서 한 번 더 반복하겠다.

누군가와 면담하러 갈 때, 내가 어떤 말을 할지 그리고 상대의 관심사와 동기를 고려해서 그가 어떤 대답을 할지 명확하게 생각이 정리되지 않을 때는 그의 사무실로 곧장 들어서는 것보다 밖에서 2시간 정도 보도를 걷는 편이 낫다.

이 책을 읽은 후에 오직 한 가지, 즉 다른 사람의 관점에서 생각하고 자신이 보는 것만큼 타인의 시각에서 사물을 보는 경향이 늘어난다면, 그것 하나만 얻을 수 있다면 이 책은 당신의 앞날에 커다란 이정표가 되어줄 것이다.

그러므로 분노나 반감을 일으키지 않고 사람들의 마음을 사로잡고 싶다면, 여덟 번째 원칙은:

상대의 관점에서 사물을 보려고 진심으로 노력하라.

CHAPTER 9

모두가
원하는 것

What Everybody Wants

논쟁을 멈추고, 반감을 없애고, 호의를 일으키며, 상대가 귀 기울이게 하는 마법의 말을 알고 싶지 않은가?

그런가? 좋다. 여기 알려 주겠다. 이렇게 말하면서 시작하라. "그렇게 생각하시는 것이 당연합니다. 제가 당신이었다면 의심할 여지 없이 똑같이 느꼈을 겁니다."

이렇게 대답하면 아무리 성질이 고약한 사람이라도 부드럽게 만들 수 있다. 그리고 당신이 정말로 그 사람이었다면, 당연히 그와 똑같이 느낄 것이므로 그 말은 100% 진심이 될 것이다. 한번 설명해 보겠다. 알 카포네를 예로 들어 보자. 당신이 알 카포네와 똑같은 몸과 똑같은 기질, 똑같은 마음을 물려받았다고 가정해 보자. 그리고 그가 살아온 환경과 경험까지도 똑같다고 가정해 보자. 그렇다면 당신은 알 카포네와 똑같은 사람이 될 것이고 똑같은 상황에 놓일 것이다. 왜냐하면 지금의 알 카포네를 만든 것은 다른 어떤 것도 아닌 그러한 요인들이기 때문이다.

예를 들어, 당신이 방울뱀이 아닌 유일한 이유는 당신의 부모가 방울뱀이 아니기 때문이다. 당신이 소에게 입 맞추지 않고 뱀을 신성하게 여기지 않는 유일한 이유는 당신이 인도 브라마푸트라강 유역의 힌두교 가정에서 태어나지 않았기 때문이다.

당신이 지금의 당신이 된 것은 크게 인정받을 일이 아니다. 그리고 기억하라. 당신에게 짜증 내고, 고집부리고, 비이성적으로 대하는 사람도 지금의 모습이 된 것은 그다지 비난받을 일이 아니다. 그런 불쌍한 자들을 가엽게 여겨라. 측은히 여기고 공감하는 마음으로 대하라. 술에 취해 비틀거리며 길을 걷는 부랑자를 보고 존 B. 거프 John B. Gough[1]가 했던 말을 자신에게 되뇌어 보라. "신의 은총이 없었다면 저기 가는 사람이 내가 되었을 것이다."

당신이 내일 만나게 될 사람 4명 중 3명은 공감에 굶주리고 목말라 있는 사람들이다. 그들에게 공감하면, 그들은 당신을 사랑할 것이다.

언젠가 나는 《작은 아씨들》의 저자인 루이자 메이 올컷을 방송에서 다룬 적이 있다. 물론 나는 그녀가 매사추세츠주 콩코드에 살면

---

[1]   미국의 금주 운동가. -옮긴이

서 불후의 명작들을 썼다는 사실을 알고 있었다. 하지만 무슨 말을 하는지 생각지도 않고 뉴햄프셔주 콩코드에 있는 그녀의 생가에 방문했다고 말해 버렸다. 뉴햄프셔주라는 말을 한 번만 했어도 괜찮았을지 모른다. 하지만 맙소사! 나는 두 번이나 말했다. 편지와 전보, 따끔한 메시지가 말벌 떼처럼 밀려와 무방비 상태인 내 머릿속을 어지럽혔다. 많은 사람이 분개했고, 몇몇은 모욕적인 말도 서슴지 않았다. 매사추세츠주 콩코드에서 자랐고, 현재는 필라델피아에서 산다는 여성단체 콜로니얼 데임의 한 회원은 내게 거침없는 분노를 쏟아 냈다. 그녀는 내가 올컷을 오지에서 온 야만인이라고 비난한 것처럼 맹렬히 화를 냈다. 편지를 읽으면서 혼잣말로 이렇게 중얼거렸다. "신이여, 감사합니다. 이런 여자와 결혼하지 않게 해주셔서." 나는 편지를 써서 내가 비록 지명을 실수하기는 했지만, 그녀는 예의를 지키지 않는 더 큰 실수를 저질렀다고 말해 주고 싶었다. 이는 첫 문장에 불과했다. 그런 다음 소매를 걷어붙이고 내 진짜 생각을 말하려고 했다. 하지만 나는 그러지 않았다. 그리고 마음을 다스렸다. 상대를 비난하는 것은 성질 급한 바보라도 할 수 있고, 바보들은 대체로 그렇게 행동한다는 것을 알았기 때문이다.

나는 바보보다 나은 사람이 되고 싶었다. 그래서 그녀의 적대감을 호감으로 돌려 보기로 마음먹었다. 그것은 도전이자 내가 즐길 수 있는 일종의 게임이기도 했다. 나는 속으로 이렇게 생각했다. "어쨌든 내가 그녀였다면, 나도 그녀와 똑같은 기분이 들었을 것 아닌가." 그래서 그녀의 관점에 공감하기로 했다. 다음에 필라델피아에 갔을 때 그녀에게 전화를 걸었다. 대화는 다음과 같이 진행되었다.

　　나: 안녕하세요, 부인. 몇 주 전에 편지를 보내 주셔서 감사하다는 말씀
　　　　을 드리고자 연락드렸습니다.

그녀: (날이 서 있지만, 교양 있고 고상한 목소리로) 실례지만 누구시죠?

　　나: 아마 절 모르실 겁니다. 제 이름은 데일 카네기입니다. 몇 주 전 일
　　　　요일에 제가 루이자 메이 올컷에 대해 방송했던 것을 들으셨을 겁
　　　　니다. 저는 그녀가 뉴햄프셔주 콩코드에서 살았다고 말하는 용서받
　　　　지 못할 실수를 저질렀습니다. 정말 바보 같은 실수였고, 이 점을 사
　　　　과드리고 싶습니다. 시간을 내어 편지를 보내 주셔서 정말 감사했
　　　　습니다.

그녀: 아니에요, 카네기 씨. 제가 잠시 이성을 잃었어요. 그때 일은 제가 사
　　　　과드립니다.

　　나: 아닙니다. 아니에요. 부인께서 사과하실 일이 아닙니다. 사과는 제
　　　　가 해야지요. 어린 학생이라도 그런 실수는 하지 않았을 거예요. 그
　　　　다음 주 일요일에 방송을 통해 사과했습니다만, 부인께는 지금 따
　　　　로 개인적으로 사과드리고 싶습니다.

그녀: 저는 매사추세츠주 콩코드에서 태어났어요. 저희 집안은 2세기 동
　　　　안 매사추세츠주에서 명성을 쌓았고, 저는 제 고향에 대한 자부심
　　　　이 있답니다. 그래서 당신이 올컷 씨가 뉴햄프셔주에서 태어났다고

말하는 것을 듣고는 정말 괴로웠어요. 하지만 그 편지는 정말 부끄럽군요.

나: 장담하건대 부인께서 느끼셨을 비통함은 제 10분의 1도 되지 않았을 겁니다. 제 실수로 매사추세츠주에 해를 끼치는 일은 없을 테지만, 저에게는 뼈아픈 일로 남았습니다. 부인처럼 지위와 교양이 있는 분께서 일부러 시간을 내어 라디오에 나오는 사람에게 편지를 쓰는 경우는 거의 없습니다. 그래서 만약 제 발언에서 실수를 발견하신다면 다시 편지를 보내주셨으면 좋겠습니다.

그녀: 제 비판을 받아들이시는 방식이 정말 좋으시네요. 카네기 씨는 정말 좋은 사람인 것 같아요. 당신에 대해 좀 더 잘 알고 싶군요.

이렇게 그녀의 관점에 공감하고 나의 실수를 사과했더니, 그녀도 내 관점에 공감하고 자신의 실수를 사과해 주었다. 나는 내 감정을 잘 다스리고 모욕에 친절로 보답했다는 생각에 만족감을 얻었다. 그녀에게 스쿨킬강[2]에나 뛰어들라고 말할 수도 있었지만, 그러지 않고 그녀에게 호감을 얻은 데에서 훨씬 더 큰 즐거움을 얻었다.

백악관의 주인이 되는 모든 사람은 거의 매일 인간관계 문제로 곤란한 일을 겪는다. 태프트 대통령도 예외는 아니었고, 그는 상대의

---

2   필라델피아를 흐르는 강. -편집자

격한 감정을 중화시키는 데에 공감이 큰 힘을 발휘한다는 사실을 경험으로 깨우쳤다. 그는 《공직자의 윤리》[3]라는 책에서 지나친 의욕으로 실망에 빠진 한 어머니의 분노를 어떻게 잠재웠는지 알려주는 꽤재밌는 일화를 소개했다.

태프트는 이렇게 썼다. "워싱턴에 사는 한 부인은 남편이 어느 정도 정치적 영향력이 있는 사람이었는데, 어떤 자리에 자기 아들을 임명해 달라며 거의 6주 이상 나를 찾아와 괴롭혔다. 심지어 엄청난 수의 상·하원 의원들의 지원을 확보해 그들을 대동하여 내게 압력을 넣었다. 하지만 그 자리는 기술 자격이 필요한 자리였고, 국장의 추천에 따라 다른 사람을 임명하게 됐다. 그 후 그 부인으로부터 편지를 받았는데, 내가 간단히 손만 까딱하면 자신을 기쁘게 해 줄 수 있었음에도 이를 거절했다며, 내가 은혜를 모르는 사람이라고 했다. 더 나아가 자신이 주 의원들을 닦달해서 내가 특별히 관심을 두고 있던 법안에 투표하도록 했건만, 그 보답이 이런 거냐며 불만을 쏟아 냈다.

흔히 그런 편지를 받았을 때 제일 먼저 하는 일은 그렇게 부적절한 요구를 하거나 심지어 무례를 범한 사람에게 어떻게 따끔한 맛을 보여 줄지 생각해 보는 것이다. 그런 다음에는 편지를 쓸 것이다. 하지만 현명한 사람이라면 편지를 서랍에 넣고, 그 서랍을 잠글 것

3 원제목: Ethics in Service -옮긴이

이다. 그리고 이틀쯤 지나 꺼내 볼 것이다. 원래 그런 편지는 답장에 이틀 정도 시간이 걸리는 법이다. 그 정도 시간이 지나서 다시 꺼내 본 다음에는 편지를 부치지 않을 것이다. 이것이 내가 썼던 방법이다. 그 후 나는 자리에 앉아 그녀에게 최대한 정중하게 편지를 썼다. 그런 상황에서 어머니로서 느꼈을 실망감을 이해하지만, 사실 임명은 내 개인적인 취향에 맡겨진 것이 아니며, 기술 자격을 갖춘 사람을 뽑아야 했기에 국장의 추천을 따를 수밖에 없었다고 말했다. 나는 그녀의 아들이 지금 있는 자리에서 계속 정진하여 언젠가 어머니의 기대를 이루길 바란다고 했다. 그러자 부인은 화가 누그러졌는지 전에 그렇게 써서 미안하다고 사과의 편지를 적어 보냈다.

하지만 내가 임명한 자리가 한 번에 승인되지 않자, 얼마 뒤 남편이라고 칭하는 사람이 보낸 편지를 받았다. 하지만 다른 편지와 동일한 필체로 작성되어 있었다. 그 편지에는 자기 아내가 이번 일로 너무 실망한 나머지 신경쇠약에 걸려 몸져누웠고, 위암이 심각하게 진행되었다는 내용이 적혀 있었다. 그러니 처음 임명을 철회하고 자기 아들을 그 자리에 앉혀서 아내가 건강을 회복할 수 있도록 도와줄 수 없겠냐고 했다. 이번에는 남편이라는 사람에게 또다시 답장을 써야 했다. 나는 진단이 틀린 것으로 판명되기를 희망하며, 아내의 중환으로 인해 그가 겪어야 할 슬픔에는 공감하지만, 그렇다고 임명을 철회할 수는 없다고 했다. 그 사이 임명안은 통과되었고, 내가 편지를 받은 날로부터 이틀 뒤에 백악관에서 작은 음악회가 열렸다.

음악회에서 나와 내 아내에게 가장 먼저 인사를 건넨 사람은 불과 며칠 전까지 사경을 헤매고 있다던 그 부인과 남편이었다."

솔 휴록Sol Hurok은 미국 최고의 공연 기획자일 것이다. 그는 20년에 걸쳐 표도르 샬랴핀Feodor Chaliapin, 이사도라 덩컨Isadora Duncan[4], 안나 파블로바Anna Pavlova[5]와 같은 세계적인 예술가들과 함께 일했다. 그는 변덕스러운 예술가들과 일하며 깨달은 첫 번째 교훈이 그들의 우스꽝스러울 정도로 강한 개성을 이해하고, 이해하고, 또 이해해야 한다는 것이었다고 내게 말했다.

휴록은 3년간 샬랴핀의 공연 감독으로 일했다. 샬랴핀은 메트로폴리탄의 까다로운 상류층 관객도 열광시킬 만큼 훌륭한 베이스 성악가였다. 하지만 철부지 아이처럼 행동해 문제를 일으킬 때가 많았다. 휴록의 독특한 표현을 빌리자면 "그는 모든 면에서 지옥 같은 동료였다."

예를 들면 샬랴핀은 공연이 있는 날 정오쯤에 휴록에게 전화해서 "솔, 오늘은 몸이 안 좋아. 목 상태가 엉망이야. 오늘 밤 노래를 부르기는 힘들겠어."라고 말했다. 그럴 때 휴록은 샬랴핀과 언쟁을 벌였을까? 아니다. 휴록은 공연 기획자가 예술가를 그런 식으로 다루면

---

4   미국의 무용수. '자유 무용'을 창시하여 현대 무용의 어머니로 불린다. -편집자
5   러시아의 발레리나. 세계 발레 역사상 가장 위대한 인물로 손꼽힌다. -편집자

안 된다는 것을 잘 알았다. 그래서 샬랴핀이 묵고 있는 호텔로 달려가 동정심이 가득한 목소리로 이렇게 말했다. "저런! 불쌍한 친구. 당연히 노래를 부르면 안 되지. 오늘 공연은 당장 취소하겠어. 몇천 달러는 손해를 보겠지만, 자네 명성에 흠이 가는 것에 비하면 아무것도 아니지."

그러면 샬랴핀은 한숨을 내쉬며 이렇게 말했다. "일단 나중에 다시 들러 주면 좋겠어. 5시쯤 와서 내 상태를 봐줘."

5시가 되면 휴록은 다시 호텔로 달려가 샬랴핀을 걱정해 주었다. 그러면서 다시 공연을 취소하자고 주장했고, 샬랴핀은 또 한숨을 내쉬며 이렇게 말했다. "그럼, 좀 이따 다시 와 주는 게 좋겠어. 그땐 내가 괜찮을지도 몰라."

7시 30분이 되면, 위대한 샬랴핀은 무대에 서겠다고 했다. 단, 휴록이 메트로폴리탄 무대 위로 나가 샬랴핀이 심한 감기에 걸려 목 상태가 좋지 않다고 발표할 것을 조건으로 걸었다. 휴록은 알겠다고 거짓말을 했다. 그것이 샬랴핀을 무대에 세울 수 있는 유일한 방법이라는 것을 알았기 때문이다.

아서 I. 게이츠Arthur I. Gates 박사는 《교육 심리학》[6]이라는 책에서 이렇게 말한다. "인간은 보편적으로 동정심을 갈망한다. 아이들은 동

---

6   원제목: Educational Psychology -옮긴이

정심을 얻기 위해 자신의 상처를 드러내려고 안달하고, 심지어 더 많은 동정심을 얻으려고 일부러 몸에 상처나 멍을 내기도 한다. 같은 목적으로 성인도 사람들에게 상처를 보여 주고 사고나 질병 특히 외과 수술의 세세한 사항까지 이야기하려고 한다. 현실에서든 상상에서든 불행에 대한 '자기 연민'은 어느 정도 만인의 보편적인 습성이라 할 수 있다."

그러므로 사람들의 마음을 사로잡고 싶다면, 아홉 번째 원칙은:

상대방의 생각과 욕구에 공감하라.

CHAPTER 10

모두가 좋아하는
호소법

An Appeal That Everybody Likes

나는 악명 높은 무법자인 제시 제임스Jesse James가 활동했던 미주리주 외곽에서 자랐기에, 언젠가 미주리주 커니에 있는 제임스의 농장을 방문한 적이 있다. 농장에는 여전히 제시 제임스의 아들이 살고 있었다.

제시 제임스의 며느리는 내게 이렇게 이야기했다. 제시 제임스는 열차를 강탈하고 은행을 털었지만, 그렇게 훔친 돈을 농부들에게 나눠 주고 빚을 갚게 도와주었다고 했다.

제시 제임스는 두 세대 후에 등장하는 더치 슐츠와 "쌍권총" 크롤리, 알 카포네가 그랬듯이 내심 자신을 이상주의자로 여겼을 것이다. 사실 당신이 만나는 모든 사람은, 심지어 거울에 비치는 우리 자신조차 자기를 높게 평가하고, 자기 딴에는 이기적이지 않은 좋은 사람이 되고 싶어 한다.

J. P. 모건은 자신이 분석하기에 인간이 어떤 행위를 하는 데는 2가지 이유가 있다고 했다. 하나는 듣기 좋은 이유고, 다른 하나는 진짜 이유다.

진짜 이유에 대해서는 자신이 잘 알 것이므로, 이 부분은 강조할 필요가 없을 것이다. 하지만 우리 모두는 마음속으로 자신을 이상주의자라 여기기 때문에 듣기 좋은 동기도 고려하고 싶어 한다. 따라서 사람을 변화시키려면 고상한 동기에 호소해야 한다.

이 원칙을 사업에 적용하기에는 너무 이상적일까? 한번 살펴보자. 펜실베이니아주 글레놀든에 있는 패럴-미첼 회사의 해밀턴 J. 패럴Hamilton J. Farrell의 경우를 예로 들어 보겠다. 패럴에게는 이사를 가겠다고 위협하는 불만 가득한 세입자가 있었다. 월세 55달러인 임대 계약이 넉 달이나 남은 상태였지만, 세입자는 계약을 무시하며 즉시 나가겠다고 통보해 왔다.

패럴은 우리 강좌에서 그 이야기를 들려주며 이렇게 말했다. "그 세입자는 1년 중 비용이 가장 많이 드는 겨울 내내 우리 집에서 살았습니다. 가을이 오기 전까지는 다시 세입자를 구하기가 어렵다는 것을 저는 알고 있었죠. 220달러를 날려야 하는 게 눈에 훤하더군요. 정말 화가 났습니다.

평소 같았으면 곧장 세입자를 찾아가 계약서를 다시 읽어 보라고 했을 겁니다. 이사를 가면 남은 계약 기간의 임대료를 모두 내야 하고, 그 돈은 직접 찾아가서 받아 낼 것이고, 받아 낼 수 있다고 딱 잘라 말했겠죠.

하지만 저는 화를 내고 소란을 피우는 대신 다른 전략을 써 보기로 했습니다. 그래서 이렇게 이야기를 꺼냈지요. '아무개 씨, 말씀은 잘 들었습니다만, 저는 당신이 정말로 이사할 마음은 아니라고 생각합니다. 수년간 임대 사업을 하다 보니 사람을 좀 볼 줄 알게 되었는데, 처음 봤을 때부터 당신은 약속을 잘 지키는 사람이라고 생각했거든요. 사실 내기를 걸어도 좋다고 생각할 정도로 확신하고 있습니다.'

'자, 제가 한 가지만 제안하겠습니다. 결정을 며칠만 미루고 생각해 주세요. 지금부터 다음 달 임대료 기한인 1일 사이에 저에게 돌아와 여전히 이사할 의향이 있다고 말씀하신다면, 그게 최종 결정이라고 알고 군말 없이 받아들이겠다 약속하겠습니다. 집을 비울 수 있도록 해 드리고, 제 판단이 틀렸다는 것도 인정하겠습니다. 하지만 저는 여전히 당신이 약속을 잘 지키는 사람이고 계약을 지킬 것이라고 믿고 있습니다. 결국 우리가 사람이 되느냐 원숭이가 되느냐, 그 선택은 우리 자신에게 달린 일이겠지요!'

다음 달이 되자, 그 신사분은 저를 찾아와 직접 집세를 전해 주었습니다. 아내와 상의한 끝에 그 집에서 계속 살기로 했다고 말해 주더군요. 임대 계약이 끝날 때까지 사는 것만이 명예로운 일이라고 스스로 결론을 내린 것이죠."

노스클리프Northcliffe[1] 공은 공개하고 싶지 않은 자기 사진이 신문에 실린 것을 보고 해당 신문의 편집장에게 편지를 보냈다. 하지만 그가 "그 사진은 이제 더는 싣지 말아 주세요. 제가 원치 않습니다." 라고 했을까? 아니다. 그는 더 고상한 동기에 호소했다. 그는 우리 모두가 갖고 있는 어머니를 향한 존경과 사랑에 호소했다. 그는 이렇게 썼다. "그 사진은 이제 더는 싣지 말아 주세요. 제 어머니께서 원치 않으십니다."

존 D. 록펠러 주니어도 사진 기자들이 아이들 사진을 몰래 찍는 것을 막고자 했을 때, 바로 그 고상한 동기에 호소했다. 그는 "우리 아이들의 사진이 공개되는 것을 원치 않습니다."라고 하지 않았다. 그는 우리 모두의 마음속 깊은 곳에 있는, 아이들을 해치지 않으려는 강렬한 마음에 호소했다. 그래서 이렇게 말했다. "여러분도 아실 겁니다. 여러분 중에도 자녀를 둔 분이 계시겠죠. 여러분도 아이들이 언론에 지나치게 노출되면 좋지 않다는 것을 아실 테지요."

사이러스 H. K. 커티스Cyrus H. K. Curtis는 메인주의 빈민가에서 태어나 훗날 〈새터데이 이브닝 포스트〉와 〈레이디스 홈 저널〉을 창간

---

1 영국의 신문 경영인. 〈데일리 메일〉을 창간하여 영국 신문의 대중화에 크게 기여했다. -편집자

해 백만장자의 반열에 올랐다. 그가 잡지사를 운영하기 시작한 초기에는 다른 잡지사들만큼 원고료를 지급할 형편이 되지 않았다. 오직 돈만으로 일류 작가들을 고용하여 글을 쓰게 하기에는 여유가 없었다. 그래서 그는 작가들의 고상한 동기에 호소했다. 예를 들면 커티스는《작은 아씨들》을 쓴 불멸의 작가 루이자 메이 올컷이 한창 인기를 누리던 시절에 그녀에게 글을 써 달라고 설득했다. 그리고 100달러 수표를 그녀에게 보내는 대신 그녀가 가장 아끼는 자선단체에 기부하겠다고 하여 그녀의 글을 얻는 데 성공했다.

이쯤에서 회의주의자들은 이렇게 말할지도 모른다. "그런 건 노스클리프나 록펠러 아니면 감성적인 작가들에게나 어울릴 법한 이야기겠지. 하지만 작가 양반! 내가 돈을 받아 내야 하는 거친 놈들에게도 그런 방법이 통하는지 보고 싶군!"

그 말이 맞을 수도 있다. 모든 상황, 모든 사람에게 똑같이 통하는 방법은 세상에 없다. 당신이 지금 얻는 결과에 만족한다면 변화할 이유가 있을까? 그러나 그렇지 않다면 시도해 보는 게 어떤가?

어쨌든, 지금부터 예전에 우리 강좌의 수강생이었던 제임스 L. 토머스James L. Thomas가 들려주는 실제 경험담을 즐거운 마음으로 읽어 보길 바란다.

한 자동차 회사에서 고객 6명이 서비스 이용료를 내지 않겠다고 했다. 청구서 전체에 대해 항의한 고객은 없었지만, 각각의 고객은 청구서 중 일부 항목이 잘못되었다고 주장했다. 개별 작업이 완료될 때마다 고객의 서명을 받았기 때문에 회사는 청구서가 옳다는 것을 알았고, 그래서 고객에게도 그렇게 이야기했다. 이것이 첫 번째 실수였다.

다음은 채권 부서 직원들이 미수금을 받기 위해 취한 방법이다. 당신이 보기에는 그들이 성공했을 것 같은가?

1. 직원들은 고객을 찾아가서 납부 기한이 한참 지난 미수금을 받으러 왔다고 직설적으로 말했다.
2. 직원들은 회사가 절대적이고 무조건적으로 옳으므로 고객이 절대적이고 무조건적으로 틀렸다는 것을 매우 분명하게 밝혔다.
3. 직원들은 회사가 자동차에 대해 고객이 생각하는 것보다 훨씬 더 많이 알고 있다는 것을 은근히 암시했다. 그러니 뭘 논쟁하겠는가?
4. 결과: 그들은 논쟁을 벌였다.

이 방법들 가운데 어느 하나라도 고객의 마음을 돌리고 미수금을 정산하는 데 도움이 된 것이 있었을까? 그 답은 당신도 알 것이다.

이 단계에서 채권 관리자는 법률 전문가들을 총동원해 소송 절차에 들어가려고 했지만, 그때 다행히 이 문제가 본부장의 눈에 띄게 되었다. 본부장은 미수금 고객들의 자료를 살펴보았고, 그들 모두가 이전에 비용을 즉시 납부했던 평판이 좋은 고객이라는 사실을 알게 되었다. 수금 방식이 크게 잘못되어 있는 것이 분명했다. 본부장은 제임스 L. 토머스를 불러 이 '수금 불가능한 채권' 문제를 해결하도록 지시했다.

토머스가 취한 조치는 다음과 같다.

1. 토머스는 이렇게 말했다. "제가 고객들을 방문한 것 역시 미수금을 받기 위해서였고, 당연히 제대로 청구되었다는 것도 알고 있었습니다. 하지만 고객에게는 그 점에 대해서 한마디도 하지 않았습니다. 단지 회사가 무엇을 했는지 또는 무엇을 하지 않았는지 알아내기 위해 왔다고만 설명했어요.

2. 저는 고객의 이야기를 듣기 전까지는 어떠한 판단도 내리지 않겠다는 점을 분명히 했습니다. 고객에게 회사가 무조건 옳다고 주장하려는 게 아니라고 말했죠.

3. 저는 오직 고객의 자동차에만 관심이 있고, 그 차에 관해서는 고객이 세상 누구보다 잘 알고 있으며, 이 문제에 있어서는 고객이 전문가라고 말해 주었습니다.

4. 저는 고객이 말하도록 해 주었고, 고객이 원하고 기대했던 모든 관심과 공감을 표현하면서 고객의 말에 귀를 기울였습니다.

5. 마침내 고객이 어느 정도 이성을 찾았을 때, 저는 모든 것을 그의 페어플레이 정신에 맡겼습니다. 그리고 고상한 동기에 호소하며 이렇게 말했습니다. '먼저, 저도 이 문제가 잘못 처리되었

다고 느낀다는 점을 알아주셨으면 합니다. 저희 직원들로 인해 고객님은 큰 불편을 겪었고, 짜증 나고, 화도 나셨을 줄로 압니다. 절대 일어나서는 안 될 일이었습니다. 정말 죄송스럽고, 제가 회사를 대신해서 사과드리겠습니다. 여기 앉아서 고객님의 말씀을 듣고 보니 고객님의 공정성과 인내심에 감명받지 않을 수 없었습니다. 이렇게 공정하고 인내심이 강한 분이시니, 이제 저를 위해 한 가지 부탁을 드리고자 합니다. 이 일은 고객님께서 누구보다 잘할 수 있고, 누구보다 잘 아시는 일입니다. 여기 고객님의 청구서가 있습니다. 고객님께서 우리 회사의 사장님이라고 생각하시고, 이 청구서에서 잘못된 점을 바로잡아 주시면 제가 안심할 수 있을 것 같습니다. 어떤 말씀을 하시든, 모든 것을 고객님께 맡기겠습니다.'

그 고객이 청구서를 수정했을까요? 그럼요. 그는 그 일로 상당히 즐거워했습니다. 청구 금액은 150달러에서 400달러까지 다양했습니다만, 고객들이 자신에게 유리한 대로 수정했을까요? 네, 한 사람은 그랬습니다. 그 고객은 논란이 된 항목에 한 푼도 내지 않겠다고 했습니다. 하지만 나머지 5명은 회사에 유리하게 처리해 주었습니다! 그리고 이 점이 가장 중요한 부분인데, 이 6명의 고객 모두가 2년 안에 우리 회사에서 새 차를 샀다는 점입니다!

저는 이번 일로 깨달은 것이 있습니다. 고객에 관한 정보를 확보할 수 없을 때는 고객이 정직하고, 공정하며, 청구 금액이 정확하다고 확신한다면 기꺼이 비용을 지불하는 사람이라고 가정하는 것만이 일을 진행하는 데 있어 유일한 근거가 될 수 있다는 점입니다. 좀 더 명확하게 표현하자면, 사람들은 기본적으로 정직하고 자신의 의무를 다하고자 합니다. 이 원칙에서 벗어나는 사람은 매우 드물고, 정직하지 않은 사람을 만난다 해도 그 사람을 정직하고, 올바르며, 공정한 사람으로 대우해 주면 대부분 호의적으로 반응할 것이라고 저는 확신합니다."

그러므로 사람들의 마음을 사로잡고 싶다면, 일반적으로 다음 열 번째 원칙을 따르는 것이 좋다. 그 원칙은:

고상한 동기에 호소하라.

CHAPTER 11

영화도 하고, 라디오도 하는 일, 당신도 해 보면 어떨까?

The Movies Do It. Radio Does It. Why Don't You Do It?

몇 년 전 〈필라델피아 이브닝 불리틴〉은 조직적인 입소문으로 인해 명예 훼손에 시달려야 했다. 악의적인 유언비어가 돌고 있었기 때문이다. 광고만 많고 읽을거리가 적어서 독자들이 찾지 않는 신문이 되었다는 이야기가 광고주들의 귀에까지 들어갔다. 즉각적인 조치가 필요했다. 잘못된 소문을 잠재워야 했다.

하지만 어떻게?

이것이 바로 그 방법이다.

〈불리틴〉은 평범한 날을 골라 하루에 실리는 모든 종류의 읽을거리를 뽑아내 주제별로 분류한 후 한 권의 책으로 만들어 출간했다.

책의 제목은 《하루》[1]라고 지었다. 이 책은 307페이지로 2달러짜리 책에 버금가는 분량이었지만, 〈불리틴〉은 이 모든 뉴스와 특집 기사가 담긴 책을 2달러가 아니라, 단돈 2센트에 팔았다.

이 책의 출간은 〈불리틴〉에 흥미로운 읽을거리가 엄청나게 많다는 사실을 극적으로 보여 주었다. 수치나 단순한 설명 자료보다 더 확실하고, 흥미로우며, 인상적으로 그 사실을 전달했다.

케네스 M. 구드와 젠 커프먼Zenn Kaufman이 공동 집필한 《사업의 쇼맨십》[2]을 한번 읽어 보길 바란다. 이 책은 극적인 연출을 통해 매출을 올리는 방법에 관한 흥미로운 이야기들을 보여 준다. 일렉트로룩스사는 자사 냉장고의 조용함을 극적으로 연출하기 위해 냉장고 앞에서 성냥 긋는 소리를 손님들에게 들려주었다. 퍼스널리티사는 미국의 대형 통신 판매 회사인 시어스 로벅의 카탈로그에 들어가기 위해 1.95달러짜리 모자에 앤 소던Ann Sothern[3]의 사인을 새겨 넣었다. 조지 웰바움George Wellbaum은 움직이는 창문 디스플레이가 멈추면 관객의 80%가 떠난다는 사실을 밝혀냈다. 퍼시 와이팅Percy Whiting[4]은 고객에게 두 종류의 채권 목록을 보여 주는 방법으로 증권을 팔았

---

1   원제목: One Day -옮긴이

2   원제목: Showmanship in Business -옮긴이

3   미국의 가수이자 배우. -편집자

4   미국의 저술가. 《판매의 5가지 위대한 법칙The 5 Great Rules of Selling》의 저자이다. -편집자.

다. 각각의 목록은 5년 전에 똑같이 1000달러의 가치가 있었다. 그는 고객에게 어떤 목록을 살 것인지 물었다. 그리고 짠! 현재 시장 수치에 따르면 한쪽 목록(물론 그가 팔고자 하는 목록)의 가치가 훨씬 올라 있었다. **호기심**을 유발하는 것으로 고객의 관심을 끌었던 것이다. 또 미키 마우스가 어떻게 백과사전에 등재될 수 있었는지, 그 이름으로 판매되는 장난감이 어떻게 한 공장을 파산 위기에서 구해 냈는지에 관한 이야기도 있다. 그 외에 이스턴 항공사가 더글러스 여객기에서 실제로 사용하는 계기판을 창문에 구현하여 손님들을 창가에 앉도록 유도한 사례와 해리 알렉산더Harry Alexander 가 자사 제품과 경쟁사 제품의 가상 권투 시합을 방송하여 영업 사원들의 의욕을 고취한 사례, 사탕 진열대에 우연히 조명을 비춰 매출을 두 배로 늘린 사례, 크라이슬러사가 자동차 위에 코끼리를 올려 견고함을 증명한 사례가 담겨 있다.

뉴욕대학교의 리처드 보든Richard Borden과 앨빈 부세Alvin Busse 교수는 1만 5000건의 영업 상담을 분석해 《토론에서 이기는 법》[5]이라는 제목의 책을 썼고, 같은 주제로 "판매의 6가지 원칙"이라는 강의도 했다. 그 내용은 이후 영화로 제작되어 수백 개의 대기업 영업팀 앞에서 상영되었다. 이들은 연구를 통해 밝혀낸 원칙을 말로 설명하는 데 그치지 않고 실제로 상황을 재연했다. 청중 앞에서 말싸움을 벌

---

5   원제목: How to Win an Argument -옮긴이

이며 판매의 올바른 방법과 잘못된 방법을 보여 주었다.

현대는 연출의 시대다. 단순히 진실을 말하는 것만으로는 충분하지 않다. 진실을 더 생생하고, 재미있고, 극적으로 제시할 필요가 있다. 즉, 쇼맨십을 활용할 줄 알아야 한다. 영화와 라디오에서는 그렇게 한다. 사람들의 관심을 끌고 싶다면 당신도 그래야 한다.

상품 진열 전문가들은 연출의 힘이 얼마나 막강한지 잘 안다. 예를 들어 새로운 쥐약을 개발한 회사가 살아 있는 쥐 두 마리가 들어 있는 진열장을 판매자에게 제공했다. 쥐가 전시된 주에는 판매량이 평소의 5배로 급증했다.

〈더 아메리칸 위클리〉의 제임스 B. 보인턴James B. Boynton은 방대한 분량의 시장 보고서를 발표해야 했다. 그의 회사는 유명한 콜드크림 브랜드에 대한 철저한 조사를 막 마친 상태였다. 광고계의 한 고객이 가격 할인의 위험성에 관한 자료를 급하게 요구했다. 그 고객은 광고계에서 거물급 인사이자 막강한 인물로 알려져 있었다.

게다가 보인턴은 이미 첫 대면에서 실패를 경험한 상황이었다.

보인턴은 이렇게 이야기했다. "처음에는 조사 방법에 관해 불필요한 논의를 하느라 주제에서 벗어나 버렸습니다. 우리는 논쟁을 벌였죠. 그는 제가 틀렸다고 말했고, 저는 제가 옳다는 것을 증명하려고 했습니다.

결국 제 논점이 인정받았지만, 시간이 다 되어 회의가 끝나버렸습니다. 아직 아무런 결과물도 얻지 못했는데 말이죠.

두 번째 만남 때는 숫자나 데이터가 적힌 표 같은 것에 연연하지 않았습니다. 그를 만나러 가서 제가 조사한 사실들을 극적으로 제시했죠.

제가 그의 사무실에 들어갔을 때, 그는 전화 통화를 하느라 바빴습니다. 그가 통화를 마치는 동안 저는 가방을 열어 책상 위에 콜드크림 32통을 꺼내 놓았습니다. 그가 알고 있는 모든 제품, 즉 경쟁사들의 제품이었죠.

각 병에는 시장 조사 결과를 항목별로 정리한 꼬리표를 붙여 두었습니다. 각 꼬리표에는 간략하면서도 극적인 이야기가 적혀 있었죠.

어떻게 됐을까요?

더 이상 논쟁은 없었습니다. 이전과 다른 새로운 상황이 펼쳐졌죠. 그는 첫 번째 병을 집어 들더니 다음 병을 차례로 집어 들며 꼬리표에 적힌 정보를 읽어 나갔습니다. 우리의 대화는 점점 우호적으로 흘러갔어요. 추가적인 질문도 하더군요. 큰 관심을 보였습니다. 원래는 그가 발표 시간으로 10분만 주겠다고 했지만, 10분이 지나고, 20분, 40분, 1시간이 다 되도록 여전히 우리는 대화를 이어 갔습니다.

이번에 발표한 것은 이전에 발표한 것과 똑같은 내용이었습니다. 하지만 이번에는 연출과 쇼맨십을 활용했고, 그 차이가 얼마나 컸는지 모릅니다."

그러므로 사람들의 마음을 사로잡고 싶다면, 열한 번째 원칙은:

아이디어를 극적으로 연출하라.

CHAPTER 12

어떤 방법도 통하지 않는다면, 이렇게 하라

When Nothing Else Works,
Try This

찰스 슈왑에게는 직원들이 정해진 작업량을 생산하지 못해 곤란에 처한 공장장이 한 명 있었다.

슈왑은 이렇게 물었다. "당신처럼 유능한 사람이 생산량을 이렇게밖에 내지 못하다니, 어떻게 된 일입니까?"

공장장이 답하길 "저도 모르겠습니다. 직원들을 달래 봐도, 밀어붙여도, 욕을 해도, 해고하겠다고 협박까지 해보았지만, 어떤 방법도 통하지 않았습니다. 직원들이 일하려고 하질 않아요."라고 했다.

이 대화가 오간 것은 일과가 끝날 무렵, 즉 야간 근무조가 오기 직전이었다.

슈왑은 "분필 한 조각만 주시게."라고 하고는 가장 가까운 직원을 향해 이렇게 말했다. "자네 근무조는 오늘 가열 작업을 몇 번이나 했지?"

"6번입니다."

슈왑은 아무 말도 하지 않고 분필로 바닥에 "6"이라고 크게 쓰고는 자리를 떠났다.

야간 근무조가 왔을 때 그들은 "6"을 보고 이게 뭐냐고 물었다.

"낮에 사장님이 다녀가셨어. 오늘 가열 작업을 몇 차례 했는지 물으셔서 6번이라고 했지. 그러더니 바닥에 분필로 저렇게 쓰고 가셨어." 주간 근무조의 직원이 답했다.

다음 날 아침, 슈왑은 다시 공장으로 갔다. 야간 근무조가 "6"을 지우고, 대신 "7"이라고 커다랗게 써 놓았다.

그날 아침 출근한 주간 근무조는 바닥에 커다란 "7"이 분필로 적혀 있는 것을 보았다. 그렇다면 야간 근무조는 자신들이 주간 근무조보다 낫다고 생각할 것이다. 그렇지 않은가? 주간 근무조는 야간 근무조에게 본때를 보여 주어야 했다. 그들은 열정적으로 작업에 뛰어들었고, 그날 밤 일을 끝내고 나가면서 으스대듯 엄청나게 큰 숫자 "10"을 남겼다. 그렇게 상황은 점점 나아졌다.

생산량이 한참 뒤처지던 이 공장은 얼마 지나지 않아 다른 어떤 공장보다 더 많은 작업을 처리하게 되었다.

어떤 원리일까?

찰스 슈왑의 말을 직접 들어 보자. "일이 되게 하려면 경쟁심을 자극해야 합니다. 돈을 벌기 위해 지저분하게 경쟁하라는 말이 아닙니다. 탁월해지고자 하는 욕구를 말하는 겁니다."

탁월해지고 싶은 욕구! 도전! 투쟁심! 이것이야말로 패기 넘치는 사람들에게 호소할 수 있는 절대적으로 확실한 방법이다.

이런 도전 정신이 없었다면 시어도어 루스벨트는 결코 미국의 대통령이 되지 못했을 것이다. 쿠바에서 막 돌아온 이 러프 라이더[1] 부대의 지휘관은 곧 뉴욕 주지사 후보로 지명되었다. 그런데 반대파 사람들이 루스벨트가 더는 뉴욕주의 법적 거주자가 아니라는 사실을 발견했고, 이에 루스벨트는 겁을 먹고 사퇴를 선언했다. 그러자 토머스 콜리어 플랫Thomas Collier Platt[2]이 루스벨트를 도발했다. 그는 갑자기 루스벨트를 찾아가 쩌렁쩌렁한 목소리로 이렇게 소리쳤다. "산후안 언덕[3]의 영웅이 이렇게 겁쟁이였단 말인가?"

결국 루스벨트는 자리에서 물러나지 않고 반대파와 싸웠다. 그 뒷이야기는 역사가 되었다. 도전 정신은 한 사람의 삶을 바꾸어 놓았을 뿐 아니라 한 나라의 역사에도 지대한 영향을 끼쳤다.

---

1   1898년 스페인-미국 전쟁 당시 시어도어 루스벨트가 조직한 민병대 제1의용 기병대의 별칭. -편집자

2   19세기 말과 20세기초 '정치 대부'로 불렸던 미국의 정치인. -편집자

3   스페인-미국 전쟁의 주요 격전지. -편집자

찰스 슈왑은 도전의 힘이 얼마나 막강한지 알았다. 플랫도 그랬고, 앨 스미스Al Smith 역시 그랬다.

앨 스미스는 뉴욕 주지사로 있을 때 한 가지 어려운 문제에 직면했다. 데블 섬 서쪽의 악명 높은 교도소인 싱싱 교도소의 소장 자리가 비어 있었다. 스캔들과 추악한 소문이 교도소를 휩쓸고 있었다. 스미스는 싱싱을 통치할 강력한 사람, 강철 같은 사람이 필요했다. 하지만 그런 사람이 누가 있을까? 스미스는 뉴햄프턴의 루이스 E. 로스를 불러들였다.

"싱싱 교도소를 맡아 보는 게 어떻겠나?" 로스가 왔을 때, 스미스는 가볍게 말을 꺼냈다. "경험 많은 사람이 필요한 곳이지."

로스는 당혹감을 감출 수 없었다. 싱싱 교도소의 위험성을 잘 알았기 때문이다. 그 자리는 정치적인 임명직이었고, 정치 동향에 따라 언제든 주인이 바뀔 수 있는 자리였다. 소장들은 왔다가 떠나기를 반복했고, 어떤 때는 3주를 넘기지 못한 적도 있었다. 로스는 앞으로의 경력을 고려해야만 했다. 그런 위험을 감수할 만한 가치가 있을까?

로스가 주저하는 모습을 보자 스미스가 의자 깊숙이 몸을 기대며 미소를 지었다. "젊은 친구, 겁을 먹었다고 해서 자네를 비난할 생각은 없네. 힘든 자리니까. 거기서 버텨 내려면 어느 정도 큰 인물은 되어야 하거든."

그렇게 스미스는 로스를 도발했다. 그렇지 않은가? 로스는 큰 인물이 되어야 앉을 수 있는 자리에 도전한다는 생각이 마음에 들었다.

그래서 로스는 싱싱 교도소로 갔다. 그리고 버텼다. 그 자리에 오래도록 남아 살아 있는 교도소장 중에서 가장 유명한 사람이 되었다. 그가 쓴 《싱싱에서의 2만 년》[4]은 수십만 부가 팔렸다. 그는 방송에도 출연했고, 교도소 생활에 관한 그의 이야기는 수십 편의 영화에 영감을 주었다. 그리고 범죄자들을 대하는 그의 "인간적인 태도"는 싱싱 교도소 개혁에 기적을 일으켰다.

파이어스톤 타이어 고무 회사의 설립자인 하비 S. 파이어스톤 Harvey S. Firestone은 이렇게 말했다. "돈만으로는 인재를 불러 모으거나 붙들 수 없다. 중요한 것은 경쟁 그 자체다."

성공한 사람들은 모두 경쟁을 즐긴다. 경쟁은 자기표현의 기회다. 자신의 가치를 증명하고, 남보다 앞서고, 승리할 기회. 달리기 경주, 돼지 부르기, 파이 먹기 대회가 열리는 것은 바로 이런 이유 때문이다. 다른 사람을 앞서고자 하는 욕망, 자신이 중요하다는 느낌을 받고자 하는 욕망 때문이다.

그러므로 패기 넘치고 열정 있는 사람들의 마음을 사로잡고 싶다면, 열두 번째 원칙은:

도전 정신을 자극하라.

4   원제목: 20,000 Years in Sing Sing -옮긴이

사람들의 마음을 사로잡는
12가지 방법

1. 논쟁에서 최선의 결과를 얻는 유일한 방법은 논쟁을 피하는 것
   뿐이다.

2. 상대의 의견을 존중하라. 절대 상대가 틀렸다고 말하지 말라.

3. 잘못이 있다면, 빠르게 그리고 단호하게 인정하라.

4. 우호적인 방식으로 시작하라.

5. 상대방이 즉시 "네, 네"라고 말하도록 만들어라.

6. 상대방이 더 많이 말하게 하라.

7. 상대방이 아이디어를 자신의 것이라고 느끼게 하라.

8. 상대의 관점에서 사물을 보려고 진심으로 노력하라.

9. 상대의 생각과 욕구에 공감하라.

10. 고상한 동기에 호소하라.

11. 아이디어를 극적으로 연출하라.

12. 도전 정신을 자극하라.

PART FOUR

불쾌감이나 분노를
일으키지 않고
사람들을 변화시키는
9가지 방법

**NINE WAYS TO CHANGE PEOPLE
WITHOUT GIVING OFFENSE
OR AROUSING RESENTMENT**

CHAPTER 1

잘못을 지적해야 한다면,
이렇게 시작하라.

**If You Must Find Fault,
This Is the Way to Begin**

내 친구 중 한 명은 캘빈 쿨리지Calvin Coolidge 대통령의 재임 시절에 손님 자격으로 백악관에서 주말을 보낸 적이 있다. 우연히 대통령의 개인 집무실에 들어간 그는 쿨리지 대통령이 한 비서에게 하는 말을 듣게 되었다. "오늘 입은 드레스가 참 예쁘더군. 자네는 정말 매력적인 여성이야."

그 말은 말수가 적기로 유명했던 쿨리지 대통령이 아마도 살아생전 비서에게 선사한 가장 빛나는 찬사였을 것이다. 너무 이례적이고 예상치 못한 일이었기에 비서는 당황한 나머지 얼굴을 붉혔다. 그러자 쿨리지가 말했다. "그렇다고 너무 우쭐하지는 말게. 자네 기분 좋아지라고 한 말이니. 앞으로는 구두점 표기에 좀 더 신경을 써 주면 좋겠어."

쿨리지의 방식은 다소 뻔해 보일 수 있지만, 심리적 효과는 대단했다. 사람은 자신의 장점에 대한 칭찬을 듣고 나면 안 좋은 소리를 듣기가 훨씬 편해지는 법이다.

이발사는 면도를 하기 전에 비누칠부터 한다. 1896년 대통령 선거에 출마했던 윌리엄 매킨리도 정확히 이 방법을 사용했다. 당시 저명한 공화당원 중 한 명이 선거 연설문을 준비해 왔는데, 자신의 연설문이 마르쿠스 툴리우스 키케로Marcus Tullius Cicero[1]와 패트릭 헨리 Patrick Henry[2], 대니얼 웹스터의 솜씨를 하나로 합친 것보다 더 훌륭하게 쓰였다고 생각하고 있었다. 이 친구는 신이 나서 자신이 쓴 불후의 연설문을 매킨리 앞에서 큰 소리로 읽었다. 연설문은 괜찮은 점도 있었지만, 그 정도로는 충분하지 않았다. 비판의 소용돌이가 몰아칠 것이 뻔했다. 하지만 매킨리는 그 사람의 기분을 상하게 하고 싶지 않았다. 그의 높은 열의를 꺾지 않으면서도 "안 돼요"라고 말해야 했다. 매킨리가 얼마나 노련하게 대처했는지 살펴보자.

"이보게, 정말 훌륭하고 대단한 연설이었네. 누구도 이보다 좋은 연설을 준비할 수는 없을 걸세. 이 연설문이 적절하게 쓰일 상황은

---

[1] 　고대 로마 시대의 철학자이자 정치가, 웅변가. 《국가론》, 《의무론》, 《우정론》 등의 저술을 남겼다. -옮긴이

[2] 　미국의 정치가이자 독립운동가. 미국의 독립을 주장하며 리치먼드 연설에서 "자유가 아니면 죽음을 달라."라는 말을 남긴 것으로 유명하다. -옮긴이

많을 거야. 그런데 이번 선거처럼 특별한 상황에도 그럴까? 자네의 관점에서는 매우 타당하고 냉철해 보이겠지만, 나로서는 당의 관점에서 그 연설문이 미칠 영향도 고려해야 한다네. 그러니 돌아가서 내가 일러 주는 대로 연설문을 다시 써 주게. 그리고 완성되면 나에게 한 부 보내 주게."

그 당원은 매킨리의 말대로 했다. 매킨리는 그가 작성한 두 번째 연설문의 첨삭을 도왔고, 그해 선거에서 가장 인상적인 연설가가 되었다.

다음으로 살펴볼 글은 에이브러햄 링컨이 쓴 편지 중에서 두 번째로 유명한 편지다. (가장 유명한 편지는 남북전쟁에서 다섯 명의 아들을 잃은 빅스비 부인에게 보낸 위로의 편지였다[3]) 링컨은 아마 이 편지를 5분 만에 써 내려갔을 것이다. 그런데 이 편지는 1926년에 공개 경매에 부쳐져 1만 2000달러에 팔렸다. 참고로 이 금액은 링컨이 반세기 동안 열심히 일해서 모을 수 있는 돈보다 더 큰 액수였다.

이 편지는 남북전쟁 당시 가장 암울했던 시기인 1863년 4월 26일에 작성되었다. 18개월 동안 링컨이 이끄는 북군의 장군들은 패전

3　에이브러햄 링컨의 글 중 명문으로 손꼽히며, 영화 〈라이언 일병 구하기〉에서 육군 참모총장이 라이언 일병을 구하라는 특명을 내리기 위해, 이 편지의 전문을 읽는 장면이 나온다. -옮긴이

만 거듭했다. 그것은 쓸모없고 미련한 인간 학살에 불과했다. 국민들은 공포에 휩싸였다. 수천 명의 군인이 탈영했고, 공화당의 상원의원들마저 반란을 일으켜 링컨을 백악관에서 쫓아내려고 했다. 이때 링컨은 이렇게 말했다. "우리는 지금 파멸의 위기에 처해 있습니다. 신도 우리를 버리신 것 같군요. 나는 한 줄기 희망도 보이지 않습니다." 이 편지는 이렇게 깊은 슬픔과 혼란으로 가득한 시기에 쓰였다.

이 편지를 여기서 인용하는 이유는 국가의 운명이 장군들의 행동에 따라 좌우될 수 있는 시기에, 제멋대로 날뛰는 한 장군을 변화시키기 위해 링컨이 어떠한 노력을 기울였는지를 보여 주기 때문이다.

이 편지는 어쩌면 링컨이 대통령이 된 후에 쓴 편지 중에서 가장 매서운 편지였을지도 모른다. 하지만 링컨은 그런 편지에서조차 후커 장군의 중대한 과오를 지적하기에 앞서 칭찬의 말을 먼저 건넸다는 점에 주목하길 바란다.

그렇다. 후커 장군은 중대한 과오를 저질렀다. 그런데도 링컨은 그렇게 말하지 않았다. 링컨은 그보다 신중하고 사려 깊은 인물이었다. 링컨은 이렇게 썼다. "장군에게 조금 만족스럽지 못한 점이 몇 가지 있습니다." 이 얼마나 재치 있고 노련한가!

후커 장군 앞으로 보낸 편지는 다음과 같다.

나는 장군을 포토맥 부대의 수장으로 임명했습니다. 물론 충분한 이유가 있어서 그리했지만, 장군에게 조금 만족스럽지 못한 점이 몇 가지 있다는 것을 장군도 알아 두는 것이 좋을 것 같습니다.

나는 장군이 용맹하고 노련한 군인이라고 믿고 있으며, 그런 점이 마음에 듭니다. 또한 장군이 자신의 임무와 정치를 혼동하지 않는 분이라고 믿고 있으며, 그런 점에서 장군이 올바른 사람이라고 생각합니다. 장군은 자신에 대한 확신이 있고, 이는 필수적인 자질은 아니지만, 가치 있는 자질이라 할 수 있지요.

장군은 야망이 있고, 적당한 선을 지키기만 한다면 야망은 나쁜 것이 아니라 좋은 것입니다. 그러나 장군은 번사이드 장군의 지휘하에 있을 때, 지나치게 야심에 사로잡혀 번사이드 장군을 심하게 방해했으니, 이는 혁혁한 공을 세운 명예로운 동료 장교에게는 물론이요, 나라에도 크게 잘못한 일이었다고 생각합니다.

나는 장군이 최근에 군대와 정부 모두에 독재자가 필요하다고 말했다는 것을 믿을 만한 소식통을 통해 전해 들었습니다. 물론 장군이 그런 말을 했기 때문이 아니라, 그런 말을 했음에도 불구하고 나는 장군에게 지휘를 맡겼습니다.

성공을 거둔 장군만이 독재자로 나설 수 있는 법입니다. 내가 지금 장군에게 바라는 것은 군사적 성공이며, 그렇다면 독재도 감수할 수 있습니다.

정부는 모든 지휘관에게 지금까지 그래 왔듯이, 앞으로도 최선을 다해 장군을 지원할 것입니다. 장군의 영향으로 상관을 비난하고 신뢰하지 않는 분위기가 생겼습니다. 나는 이 영향이 이제 장군에게 돌아가지 않을까 심히 걱정스럽습니다. 그런 일이 일어나지 않도록 내가 최대한 장군을 돕겠습니다.

군 내부에 그런 분위기가 퍼진다면 장군뿐 아니라 나폴레옹이 살아 돌아와도 좋은 결과를 거둘 수 없을 것이니, 이제 경솔함을 주의하시길 바랍니다. 경솔함은 주의하되, 강력한 전투력과 잠들지 않는 경계 태세로 무장하여 우리에게 승리를 안겨 주기를 바랍니다.

당신은 쿨리지도, 매킨리도, 링컨도 아니다. 따라서 이런 철학이 일상적인 비즈니스 관계에서도 효과가 있을지 궁금할 것이다. 과연 그럴까? 한번 살펴보자. 필라델피아에 있는 워크 컴퍼니의 W. P. 고우W. P. Gaw의 사례를 보자. 고우는 우리와 같은 평범한 시민이다. 그는 필라델피아에서 진행한 강의의 수강생이었는데, 강의 전 발표에서 다음 일화를 들려주었다.

워크 컴퍼니는 필라델피아에서 대규모 사무실 건물을 지정된 날짜까지 완공하기로 계약했다. 모든 일이 계획대로 진행되어 건물이 거의 완공되었는데, 갑자기 건물 외벽의 청동 장식을 담당하는 하청 업체에서 납기를 맞출 수 없다는 말을 통보해 왔다. 이럴 수가! 공사 전체가 멈춰 버렸다! 막대한 위약금에! 엄청난 손실에! 이 모든 게 한 사람 때문이었다!

장거리 통화가 이어지며 논쟁을 벌이고 열띤 대화를 나누었지만,

모두 헛수고였다. 그러고 나서 고우는 하청 업체와 담판을 짓기 위해 뉴욕으로 파견되었다.

고우는 하청 업체의 사장실을 들어서며 이렇게 물었다. "브루클린에서 사장님 성함을 가진 사람이 딱 한 명이라는 걸 알고 계셨나요?" 사장은 깜짝 놀라며 말했다. "아뇨, 몰랐습니다."

"그러시군요. 오늘 아침 기차에서 이곳 주소를 찾으려고 전화번호부를 뒤져 보다가 알게 되었습니다. 사장님 성함을 가진 사람은 사장님 한 분뿐이셨어요."

"전혀 몰랐던 사실입니다." 사장은 그렇게 말하며 전화번호부를 흥미롭게 살펴보았다. 그리고 자랑스럽다는 듯 이렇게 말했다. "사실 제 이름이 흔하진 않죠. 우리 집안은 거의 200년 전에 네덜란드에서 건너와 뉴욕에 정착했습니다." 사장은 그 뒤로 몇 분간 자기 집안과 조상에 관한 이야기를 이어 갔다. 사장이 이야기를 마치자, 고우는 공장이 얼마나 큰지 칭찬하며 그동안 방문했던 다른 공장에 비해 훨씬 좋다면서 이렇게 말했다. "제가 본 청동 공장 중에서 가장 깨끗하고 깔끔합니다."

사장은 이렇게 답했다. "제가 평생을 바쳐 일군 사업입니다. 그래서 더 자부심을 느끼고 있어요. 공장을 한번 둘러보시겠습니까?"

고우는 공장을 둘러보는 동안 그 회사의 제조 시스템에 대해 칭찬을 아끼지 않았고, 경쟁사와 비교해서 어떻게, 왜 뛰어나 보이는지 말해 주었다. 고우는 몇몇 기계를 가리키며 특이하다고 언급했고,

사장은 자신이 그 기계를 직접 발명했다고 알려 주었다. 그러고는 꽤 긴 시간을 들여 그 기계들이 어떻게 작동하는지, 그 결과물이 얼마나 우수한지 보여 주었다. 사장은 고우에게 점심을 대접하겠다고 고집했다. 여기서 주목할 것은 이때까지 고우가 자신이 방문한 진짜 목적에 대해서는 한마디도 언급하지 않았다는 점이다.

점심 식사가 끝나자, 사장은 이렇게 말했다. "자, 이제 본론으로 들어가 봅시다. 고우 씨가 왜 여기 왔는지는 알고 있습니다. 그런데 우리 만남이 이렇게 유쾌하게 흘러갈 줄은 몰랐어요. 안심하고 필라델피아로 돌아가셔도 좋습니다. 다른 주문이 지연되더라도, 고우 씨회사의 주문은 제시간에 맞춰 보내 드리겠다고 꼭 약속드리지요."

고우는 아무것도 요구하지 않고도 자신이 원하는 것을 모두 얻었다. 물건은 제시간에 맞춰 도착했고, 건물은 계약 기간이 끝나는 날에 완공되었다.

만약 고우가 그런 상황에서 사람들이 흔히 쓰는 강압적이고 위협적인 방식을 사용했다면 이런 결과를 얻을 수 있었을까?

그러므로 불쾌감이나 분노를 일으키지 않고 사람들을 변화시키는 첫 번째 원칙은:

청찬과 진심 어린 감사의 말로 시작하라.

CHAPTER 2

비판하고도
미움받지 않는 방법

How to Criticize—
and Not Be Hated for It

어느 날 오후, 찰스 슈왑이 제철 공장 한 곳을 둘러보다 직원 몇 명이 담배 피우는 모습을 발견했다. 그들의 머리 바로 위에는 "금연"이라고 적힌 표지판이 붙어 있었다. 슈왑이 표지판을 가리키며 "자네들은 글도 읽을 줄 모르나?"라고 했을까? 아니다. 슈왑은 그런 사람이 아니었다. 그는 직원들에게 다가가 담배 한 개비씩을 건네며 "자네들, 이 담배는 밖에서 피워 주면 고맙겠네."라고 했다. 직원들은 자신들이 규칙을 어겼고, 슈왑이 그 사실을 목격했다는 점도 알았다. 직원들은 슈왑을 존경하지 않을 수 없었다. 규칙을 어겼다는 점에 대해서는 아무 말도 하지 않고, 오히려 작은 선물을 건네며 자신들을 존중해 주었기 때문이다. 어떻게 그런 사람을 좋아하지 않을 수 있겠는가?

존 워너메이커도 이와 똑같은 방법을 썼다. 워너메이커는 필라델피아에 있는 자신의 백화점을 매일 둘러보곤 했다. 어느 날, 손님 한 명이 계산대 앞에서 기다리고 있는 것을 보게 되었다. 그녀에게 조금이라도 신경 쓰는 사람은 아무도 없었다. 직원들은? 그들은 계산대 맨 끝에 모여서 서로 웃고 떠들고 있었다. 워너메이커는 아무 말도 하지 않았다. 조용히 계산대 뒤로 가서 손님을 직접 응대한 뒤, 판매한 물건을 직원들에게 건네며 포장하게 하고는 자리를 떠났다.

1887년 3월 8일, 유창한 설교가인 헨리 워드 비처Henry Ward Beecher[1]가 세상을 떠났다. 혹은 일본인들의 표현대로 유명을 달리했다. 라이먼 애벗Lyman J. Abbott[2]이 그다음 주 일요일에 비처의 사망으로 공석이 된 연단에서 설교해 달라는 권유를 받았다. 최선을 다하고 싶었던 애벗은 귀스타브 플로베르Gustave Flaubert[3]처럼 세심한 주의를 기울여 설교문을 쓰고, 고치고, 다듬었다. 그러고는 아내에게 설교문을 읽어 주었다. 글로 된 설교문이 대부분 그렇듯, 애벗의 설교문도 형편없었다. 아내가 사려 깊지 못한 사람이었다면 이렇게 말했을지 모른다. "여보, 아주 끔찍해요. 그 설교문은 절대 안 돼요. 사람들을 다 재워 버리겠어요. 백과사전을 읽는 것 같아요. 설교를 몇 년 동안 했

---

1   노예제 폐지를 주장한 미국의 회중교회 목사. -편집자

2   미국 회중교회의 신학자이자 편집자, 작가. -편집자

3   《보바리 부인》을 쓴 19세기 후반의 프랑스 대표 소설가. -편집자

는데, 이런 것도 모르면 어떡해요. 제발 사람처럼 말하는 게 어때요? 왜 자연스럽게 못 하는 거예요? 그런 글을 읽었다간 망신만 당할 거예요."

어쩌면 그랬을 수도 있다는 말이다. 하지만 그녀가 정말로 그랬다면, 어떤 일이 벌어졌을지 우리는 잘 안다. 그녀도 알고 있었다. 그래서 그녀는 그 연설문이 〈노스 아메리칸 리뷰〉에 실리면 훌륭한 기사가 될 것 같다고만 언급했다. 즉, 남편의 글을 칭찬함과 동시에 설교문으로는 적합하지 않다는 것을 넌지시 돌려 말한 것이다. 애벗은 말뜻을 알아듣고는 정성껏 준비한 원고를 찢어 버렸다. 그리고 메모 한 장 없이 설교에 나섰다.

그러므로 불쾌감이나 분노를 일으키지 않고 사람들을 변화시키는 두 번째 원칙은:

잘못을 지적할 때는 간접적으로 하라.

CHAPTER 3

자신의 잘못을
먼저 이야기하라

Talk About Your Own Mistakes First

몇 년 전, 내 조카인 조세핀 카네기Josephine Carnegie 가 내 비서로 일하기 위해 고향 캔자스시티를 떠나 뉴욕으로 왔다. 조카는 그때 19살이었고, 고등학교를 졸업한 지 3년밖에 되지 않았으며, 사회 경험은 0에 가까웠다. 지금은 수에즈 서부 지역에서 가장 완벽한 비서가 되었지만, 처음에는 뭐랄까, 개선의 여지가 많은 아이였다. 어느 날 조카에게 한 소리를 하려다 이런 생각이 들었다. "잠깐, 데일, 잠깐만. 너는 조세핀보다 나이가 두 배나 많잖아. 사회 경험은 만 배나 많고. 설령 그게 평범한 수준이라도, 어떻게 조세핀이 네가 가진 관점, 판단력, 추진력을 가졌기를 기대하는 거야? 그리고 잠깐만, 데일. 너는 19살 때 뭘 했지? 네가 저지른 어리석고 바보 같은 실수들이 기억나? 네가 이런 실수도 했었고… 저런 잘못도 했었고… 기억나지?"

이 문제를 솔직하고 공정하게 생각해 본 결과, 조세핀의 타율이 내가 19살이었던 때보다 훨씬 낮다는 결론을 내렸다. 하지만 미안하게도 나는 조카에게 칭찬의 말을 거의 해주지 않고 있었다.

그래서 그 후로 조세핀의 실수를 지적하고 싶을 때면 나는 먼저 이렇게 말했다. "조세핀, 네가 실수를 했구나. 하지만 맹세컨대 내가 저지른 많은 실수들보다는 나쁘지 않단다. 판단력은 타고나는 게 아니라 경험을 통해서만 얻어지는 법이지. 게다가 너는 내가 네 나이였을 때보다 잘하고 있어. 나도 바보 같고 어리석은 짓을 너무 많이 저질렀기 때문에 너나 다른 사람을 나무라고 싶은 마음은 없구나. 하지만 네가 이러저러했다면 훨씬 더 현명한 일이었을 거라고 생각하지 않니?"

비판하는 상대가 스스로 그리 완벽한 사람이 아니라고 먼저 겸손하게 인정한다면, 자신의 잘못에 관한 이야기를 듣는 것도 그리 어려운 일은 아닐 것이다.

기품 있기로 알려진 베른하르트 폰 빌로Bernhard von Bülow 후작도 1909년에 이 원칙의 필요성을 절실히 깨달았다. 당시 그는 독일 제국의 총리였고, 옥좌에는 빌헬름 2세가 앉아 있었다. 빌헬름 2세는 거만하고 안하무인인 독일의 마지막 황제로, 자신이 양성하는 육군과 해군이 어떤 나라라도 손쉽게 휩쓸어 버릴 수 있다고 자랑하곤 했다.

어느 날 큰 사건이 터졌다. 빌헬름 2세가 유럽 대륙을 뒤흔들고 전 세계를 들끓게 한 엄청난 말실수를 한 것이다. 영국을 방문했을 때 유치하다 못해 어리석고 독선적인 발언을 공개적인 자리에서 서슴없이 내뱉었고, 설상가상으로 이 발언을 〈데일리 텔레그래프〉에 실어도 좋다고 왕실의 이름으로 허락했다. 예를 들면 영국에 우호적인 감정을 가진 독일인은 자신이 유일하다거나, 일본의 위협에 맞서 해군을 양성하고 있다거나, 러시아와 프랑스의 침략에 굴복한 영국을 구한 것은 오직 자신이었으며, 영국의 프레데릭 로버츠Frederick Roberts 공이 남아프리카에서 보어인을 무찌를 수 있었던 것도 모두 자신의 작전 계획 덕분이었다는 등등의 주장을 펼쳤다.

과거 100년을 통틀어 유럽의 어떤 왕도 평화가 유지되던 시기에 이런 엄청난 실언을 내뱉은 적은 없었다. 유럽 전역이 벌집을 쑤신 듯 시끄러웠고, 영국인들은 격분했으며, 독일의 정치인들은 경악했다. 이 모든 혼란 속에서 황제는 당황한 나머지 황실 총리인 폰 뷜로에게 대신 책임져 달라고 제안했다. 그렇다. 황제는 폰 뷜로가 모든 것이 자신의 책임이며 황제에게 이 엄청난 발언들을 하도록 조언했다고 공표해 주기를 바랐다.

폰 뷜로는 이렇게 항변했다. "하지만 폐하, 그건 말이 안 됩니다. 독일이나 영국의 어느 누구도 제가 폐하께 그런 발언을 하도록 조언할 수 있을 거라 생각지 않을 겁니다."

폰 뷜로의 입에서 그 말이 나오는 순간, 그는 자신이 중대한 실수를 저질렀다는 것을 깨달았다. 황제는 노발대발했다.

"총리는 나를 바보로 여기는군! 자네라면 절대 하지 않을 짓을 나는 저질렀다는 말이 아닌가!"

폰 뷜로는 상대를 비판하기 전에 칭찬부터 해야 한다는 사실을 알고 있었다. 하지만 이미 늦었기 때문에 그는 차선책을 선택했다. 그는 비판한 후에 칭찬하기로 했다. 그 효과는 기적을 일으켰다.

폰 뷜로는 정중하게 대답했다. "절대 그런 뜻이 아닙니다. 폐하께서는 여러 면에서 저보다 훨씬 뛰어난 분이십니다. 해군과 육군 지식은 물론이고, 자연 과학에서도 그렇지요. 폐하께서 기압계나 무선 전신, 뢴트겐선에 관해 설명하실 때 저는 감탄하며 들은 적이 종종 있습니다. 저는 부끄럽게도 자연 과학의 모든 분야에 무지하고, 화학이나 물리학에 관한 개념도 없으며, 아주 단순한 자연 현상도 설명하지 못합니다. 그 대신에 저는 약간의 역사 지식과 정치, 특히 외교 분야에서 도움이 되는 일부 자질이 있을 뿐이지요."

황제의 얼굴이 밝아졌다. 폰 뷜로는 황제를 칭찬했다. 황제를 높이고 자신을 낮췄다. 그러자 황제는 무엇이든 용서할 수 있는 사람이 되었다. 황제는 열정적으로 외쳤다. "내가 항상 우리는 서로를 훌륭하게 보완한다고 말하지 않았소? 우리는 함께 뭉쳐야 해. 그렇고말고!"

황제는 한 번이 아니라 여러 번 폰 뷜로의 손을 잡고 흔들었다. 그리고 그날 저녁, 두 주먹을 불끈 쥐고 열정적인 목소리로 이렇게 외쳤다. "누구든 폰 뷜로 공에 대해 함부로 이야기하는 자가 있다면 **내**

가 그 코에 한 방 먹여 줄 것이오!"

폰 뷜로는 늦지 않게 화를 모면할 수 있었다. 하지만 유능한 외교관인 그도 한 가지 실수를 저질렀다. 그는 황제가 뒤를 봐줘야 할 만큼 얼빠진 사람이라고 암시할 것이 아니라, **먼저** 자신의 단점과 황제의 우월성을 이야기하는 것으로 시작했어야 했다.

자신을 낮추고 상대를 칭찬하는 몇 마디의 말이 모욕감을 느끼던 거만한 황제를 든든한 친구로 만들 수 있다면, 당신과 나처럼 평범한 사람들의 일상생활에서 겸손과 칭찬이 어떤 힘을 발휘할 수 있을지 상상해 보라. 올바르게 사용한다면 인간관계에서 실제로 기적 같은 효과를 발휘할 것이다.

그러므로 불쾌감이나 분노를 일으키지 않고 사람들을 변화시키는 세 번째 원칙은:

상대를 비판하기 전에 자신의 잘못을 먼저 이야기하라.

CHAPTER 4

명령받기를 좋아하는
사람은 없다

No One Likes to Take Orders

나는 최근에 미국 전기 작가들의 대모 격인 아이다 타벨과 식사를 함께하는 기쁨을 누렸다. 내가 이 책을 쓰고 있다고 말하자 우리는 세상에서 가장 중요한 주제, 즉 사람들과 잘 지내는 방법에 관하여 이야기하기 시작했다. 타벨은 오언 D. 영의 전기를 쓰는 동안, 그와 3년간 같은 사무실을 쓴 사람을 인터뷰한 일이 있다고 말했다. 그 사람은 함께하는 동안 오언 D. 영이 누구에게도 직접 지시하는 것을 들어본 적이 없었다고 했다. 오언 D. 영은 항상 명령이 아니라 제안을 했다. 예를 들면 "이렇게 해라, 저렇게 해라." 또는 "이렇게 하지 마라, 저렇게 하지 마라."라는 식으로는 절대 말하지 않았다. 그는 "이런 것도 고려해 보는 게 어떨까요?"라든가 "그렇게 하면 효과가 있을 거라고 보시나요?"라고 말했다. 종종 편지를 받아쓰게 한 후에는 "이건 어떻게 생각하세요?"라고 의견을 물었다. 조수가 쓴 편지를 검토한 후에는 "이 문장은 이렇게 고치면 더 좋을 것 같군요."라고 말하기도 했다. 그는 항상 상대가 직접 일을 해결할 수 있도록 기회를 제공했다. 조수들에게 절대 직접적인 지시는 내리지 않았고, 그들이 알아서 하게 두어 실수를 통해 배우도록 했다.

이런 방식은 상대가 좀 더 쉽게 자신의 실수를 고칠 수 있게 해 준다. 상대의 자존심을 지켜 주고 자신이 중요하다는 느낌이 들게 해 준다. 그래서 반감을 일으키지 않고 협조하고 싶게 만든다.

그러므로 불쾌감이나 분노를 일으키지 않고 사람들을 변화시키는 네 번째 원칙은:

직접 명령하는 대신 질문하라.

CHAPTER 5

상대의 체면을
세워 줘라

Let the Other Man Save His Face

몇 년 전 제너럴 일렉트릭사는 찰스 스타인메츠Charles Steinmetz를 부서장 자리에서 해임해야 하는 난감한 상황에 놓였다. 스타인메츠는 전기 분야에서 천재적인 인물이었지만, 회계 부서의 책임자로서는 부적격이었다. 하지만 회사는 그의 비위를 거스를 엄두를 감히 내지 못했다. 그는 대체 불가능한 인재였고 동시에 무척 예민한 사람이었기 때문이다. 그래서 회사는 그에게 새로운 직책을 맡겼다. 스타인메츠가 원래 하고 있던 업무에 직함만 새롭게 하여 컨설팅 엔지니어라는 자리를 만들어 그를 임명하고, 부서장 자리에는 다른 사람을 앉혔다.

스타인메츠는 회사의 결정에 만족했다.

회사 임원진도 마찬가지였다. 그들은 스타인메츠의 체면을 세워 줌으로써 회사에서 가장 성격이 까다로운 스타급 인재의 인사 문제를 온화하고 말썽 없이 처리할 수 있었다.

상대의 체면을 세워 주는 것! 이것은 중요한, 절대적으로 중요한 문제다! 그런데도 잠시 멈춰서 이 문제를 생각해 보는 사람은 거의 없다! 우리는 상대방의 자존심에 난 상처를 고려하지 않으면서 다른 사람의 감정을 거칠게 다루고, 자기 방식만 고집하며, 흠을 잡고, 위협을 가하고, 남들이 보는 앞에서 자녀나 종업원을 비난하곤 한다! 반면에 단 몇 분의 생각, 사려 깊은 말 한두 마디, 상대의 태도에 대한 진정한 이해를 보여 준다면 상대가 받을 마음의 상처를 크게 줄일 수 있다!

다음에 직원이나 종업원을 해고해야 하는 불편한 상황을 마주하게 된다면 이 점을 꼭 기억해 두기를 바란다.

"직원을 해고하는 것은 썩 유쾌한 일이 아닙니다. 해고당하는 쪽은 더하겠죠. 우리 회사 일은 계절에 영향을 받습니다. 그래서 3월에는 많은 직원을 해고해야 합니다. (이 이야기는 공인회계사인 마셜 A. 그레인저Marshall A. Granger가 내게 보낸 편지에서 발췌한 것이다)

이쪽 분야의 사람들이 흔히 하는 말로 '도끼 휘두르는 것을 좋아하는 사람은 아무도 없다.'라는 말이 있습니다. 그렇다 보니 해고 업무는 되도록 빨리 끝내야 한다는 관행이 생겼고, 보통 다음과 같은 방식으로 끝내곤 합니다. '스미스 씨, 앉으시죠. 바쁜 시즌이 끝났으니 이제 저희가 드릴 일이 없습니다. 물론 성수기 동안만 고용하기로 되어 있다는 점을 이해하시리라고 생각합니다. 등등…….'

그러면 직원들에게 실망감과 허탈감을 안겨 주게 됩니다. 그들 대부분이 평생 회계 분야에 몸담아 왔는데, 그렇게 아무렇지 않게 자신들을 해고하면 회사에 특별한 애정을 가질 리 없겠죠.

그래서 저는 최근에 임시직 직원들을 내보낼 때, 좀 더 신중하고 요령 있게 하기로 마음먹었습니다. 내보내야 하는 사람들을 부르기 전에 그들이 지난겨울에 한 일들을 꼼꼼히 살펴봅니다. 그리고 그들을 불러 이렇게 말합니다. '스미스 씨, (그가 일을 잘했다면) 그동안 정말 잘해 주셨습니다. 지난번 뉴어크에서는 힘든 임무를 맡으셨더군요. 하지만 현장에서 일을 훌륭하게 처리해 주셨고 회사가 무척 자랑스럽게 생각한다는 것을 알아주셨으면 합니다. 스미스 씨는 능력이 있는 분이니 어디서든 잘하시리라 믿습니다. 저희가 스미스 씨를 항상 믿고 응원한다는 사실을 잊지 말아 주세요!'

효과요? 그들은 예전보다 훨씬 좋은 감정을 가지고 회사를 떠나게 되었습니다. 실망감을 느끼지도 않았죠. 회사에 일이 있다면 우리가 내보내지 않았을 거라는 사실도 알아주었습니다. 그리고 우리가 다시 그들을 필요로 할 때 더 개인적인 애정을 가지고 우리를 찾아 주었습니다."

드와이트 모로Dwight Morrow[1]는 서로를 못 잡아먹어 안달 난 두 사람을 화해시키는 신기한 재주가 있었다. 어떻게 했을까? 그는 양쪽 모두에서 정당하고 옳은 부분을 꼼꼼하게 찾아낸 다음, 그 점을 칭찬하고 강조하며 세심하게 조명했다. 그리고 어떤 식으로 합의가 이뤄지더라도 절대 한쪽이 틀린 편이 되지 않도록 만들었다.

상대의 체면을 세워 주는 것. 이는 중재자라면 누구나 중요하다는 것을 잘 알고 있다.

세계적으로 널리 알려진 진짜 위대한 인물들은 개인적인 승리에 자만하며 시간을 낭비하지 않는다.

1922년, 튀르키예는 수 세기에 걸친 격렬한 대립 끝에 그리스인들을 튀르키예 영토에서 영원히 몰아내기로 했다.

무스타파 케말Mustapha Kemal[2]은 병사들을 향해 나폴레옹처럼 연설하며 "우리의 목표는 지중해다."라고 외쳤다. 그리고 현대사에서 가장 참혹한 전쟁이 시작되었다. 승리는 튀르키예에 돌아갔다. 그리스의 두 장군, 트리쿠피스Trikoupis와 디오니스Dionis가 항복 선언을 하기 위해 케말의 본부를 찾아왔을 때, 튀르키예 국민은 패배한 적군에게

---

1   미국의 전 상원 의원. 대사로 활동하며 미국-멕시코 관계를 개선한 것으로 잘 알려져 있다. -편집자

2   군인 출신의 정치인이자 튀르키예의 초대 대통령. 튀르키예 독립전쟁의 영웅이자 현대 튀르키예의 국부로 칭송받고 있다. -편집자

온갖 저주를 퍼부었다.

하지만 케말의 태도에는 승자의 기쁨이 드러나지 않았다.

케말은 두 장군의 손을 붙잡으며 이렇게 말했다. "여러분, 앉으십시오. 힘드셨겠습니다." 그런 다음 군사 문제를 상세히 논의한 후에 그들의 패배감을 덜어주고자, 군인 대 군인으로서 이렇게 말했다. "전쟁이란 게임과 같아서 뛰어난 사람이 질 때도 있는 법입니다."

승리의 절정을 누리는 순간에도, 케말은 다음의 중요한 원칙(우리의 다섯 번째 원칙)을 잊지 않았다:

상대의 체면을 세워 줘라.

CHAPTER 6

사람들을 성공으로
이끄는 방법

How to Spur Men on to Success

피트 발로Pete Barlow는 내가 오랫동안 알고 지낸 사람이다. 그는 평생 서커스단이나 보드빌[1] 극단과 유랑하며 개와 조랑말 쇼를 공연했다. 나는 그가 공연을 위해 새로 온 개들을 훈련하는 모습을 구경하길 좋아했다. 그는 개가 조금이라도 발전하는 모습을 보이면, 즉시 개를 어루만지며 칭찬하고, 고기를 주고, 크게 수선을 떨었다.

이는 새로운 방식이 아니다. 동물 조련사들은 수 세기 동안 같은 기법을 사용해 왔다.

나는 궁금했다. 왜 우리는 사람들을 변화시키고자 할 때, 동물에

---

1   19세기에서 20세기 초까지 미국에서 큰 인기를 끌었던 오락 목적의 쇼. 오늘 날 버라이어티 쇼의 원형으로 여겨진다. -편집자

게도 통하는 상식적인 기법을 쓰지 않을까? 왜 우리는 채찍 대신에 당근을 쓰지 않을까? 왜 우리는 비난 대신에 칭찬을 쓰지 않을까? 조금이라도 발전하는 모습을 본다면 칭찬하자. 그러면 상대방이 계속 발전하도록 동기를 부여할 것이다.

루이스 E. 로스 교도소장은 범죄에 익숙해진 싱싱 교도소의 수감 자들에게도 사소한 발전에 대해 칭찬하는 것이 효과를 발휘한다는 것을 깨달았다. 내가 이번 장을 쓸 때 받은 편지에서 로스 소장은 이렇게 말했다. "저는 수감자들의 노력에 대해 적절하게 칭찬하는 것이 그들의 잘못을 심하게 비판하거나 규탄하는 것보다 협조를 얻어 내기가 쉽고, 궁극적으로 그들을 교화하는 데도 더 좋은 결과를 낸다는 것을 알게 되었습니다."

내가 싱싱 교도소에 수감된 적은 없지만(적어도 아직은), 내 인생을 돌아보면 칭찬 몇 마디로 미래가 송두리째 바뀐 경험을 발견하게 된다. 당신의 인생에서도 마찬가지이지 않은가? 역사에도 칭찬이 마법 같은 힘을 발휘한 놀라운 사례가 많다.

예를 들어, 반세기 전 나폴리의 한 공장에서 일하던 10살 소년이 있었다. 소년은 가수가 되고 싶었지만, 그의 첫 번째 선생님은 소년의 의욕을 꺾어 버렸다. "너는 노래를 못 해. 목소리가 별로잖니. 문틈으로 새는 바람 소리 같거든."

하지만 가난한 농사꾼인 소년의 어머니는 아들을 꼭 안아 주며 칭찬했다. 어머니는 아들이 가수가 될 수 있다고, 벌써 노래 실력이 점점 나아지고 있다고 말해 주었다. 그리고 아들의 레슨비를 마련하기 위해 맨발로 걸어 다니는 수고를 마다하지 않았다. 농사꾼 어머니의 칭찬과 격려는 소년의 인생을 바꿔 놓았다. 당신도 그 소년의 이름을 들어본 적이 있을 것이다. 그의 이름은 엔리코 카루소Enrico Caruso[2]였다.

몇 년 전 런던의 한 청년은 작가가 되기를 꿈꿨다. 하지만 모든 것이 그에게 불리하게 작용하는 것 같았다. 그는 학교라고는 4년밖에 다니지 못했다. 그의 아버지는 빚을 갚지 못해 감옥에 갇혀 있었고, 청년은 굶주림에 시달려야 했다. 결국 그는 쥐가 득실대는 창고에서 구두약 병에 상표를 붙이는 일을 해야 했고, 밤에는 런던 빈민가에서 온 부랑아 소년 2명과 음침한 다락방에서 잠을 자야 했다. 글쓰기 능력에 자신이 없었던 청년은 아무도 비웃지 못하도록 한밤중에 몰래 나가 그의 첫 원고를 우편으로 보냈다. 하지만 원고는 매번 퇴짜를 맞았다. 마침내 그의 원고가 채택되는 기념비적인 날이 왔다. 사실 원고료는 한 푼도 받지 못했지만, 한 편집자가 그를 칭찬하고 작가로서 인정해 준 것이다. 청년은 너무 감격해서 턱까지 흐르는 눈물과 함께 하염없이 거리를 걸었다.

2　이탈리아의 세계적인 성악가. 아름다운 목소리로 이름을 날렸다. -편집자

청년이 한 편의 작품을 출간하며 받은 인정과 찬사는 그의 삶을 송두리째 바꿔 놓았다. 그 격려가 없었다면 청년은 평생 쥐가 우글대는 공장에서 일하며 살았을지도 모른다. 그의 이름도 들어본 적이 있을 것이다. 그의 이름은 찰스 디킨스였다.

반세기 전 런던의 또 다른 소년은 포목점 점원으로 일했다. 소년은 매일 새벽 5시에 일어나 매장을 쓸고 닦으며 하루 14시간씩 노예처럼 일해야 했다. 정말 고된 일이었고, 소년은 그 일이 끔찍하게 싫었다. 그렇게 2년을 버티다 더는 참을 수 없어진 소년은 어느 날 아침, 일어나자마자 밥도 먹지 않고 24km를 걸어 가정부로 일하고 있는 어머니를 만나러 갔다.

소년은 미쳐 날뛰기도 하고, 애원하기도 하고, 울기도 했다. 그 가게에서 계속 일하느니 차라리 죽어 버리겠다고 했다. 그러고는 예전 학교의 교장 선생님께 가슴이 아프고 더는 살고 싶지 않다는 내용의 길고 애처로운 편지를 보냈다. 교장 선생님은 소년에게 약간의 칭찬을 해 주었다. 그리고 그가 정말 똑똑하고 더 나은 일을 해야 마땅하다며 교사직을 제안했다.

그 칭찬은 소년의 미래를 바꾸고 영국 문학사에 길이 남을 결과를 만들었다. 그 소년은 이후 77권의 책을 쓰고, 그 책들로 100만 달러가 넘는 돈을 벌었기 때문이다. 그의 이름도 아마 다들 들어 봤을 것이다. 그의 이름은 H. G. 웰스H. G. Wells[3]였다.

1922년, 캘리포니아주 변두리에서 힘들게 가족을 부양하며 살아가는 한 사내가 있었다. 그는 일요일이면 교회 성가대에서 노래를 불렀고, 이따금 결혼식에서 〈오, 약속해 주오〉를 부르며 5달러를 벌었다. 사내는 돈이 없어 시내에서 지낼 수 없게 되자, 포도 농장 한 가운데 있는 낡은 집을 빌렸다. 한 달에 12달러 50센트밖에 안 되는 집세였지만, 그 돈도 제때 내지 못해 열 달 치를 밀렸다. 그는 밀린 집세를 내기 위해 포도밭에서 포도 따는 일을 해야 했다. 어떤 때는 포도밖에 먹을 것이 없던 시절도 있었다. 의기소침해진 그가 가수의 꿈을 접고 생계를 위해 트럭 파는 일을 하기로 마음을 정했을 때, 루퍼트 휴스로부터 칭찬의 말을 들었다. 휴스는 이렇게 말했다. "자네는 훌륭한 목소리를 가지고 있네. 뉴욕에 가서 공부해야 해."

그 젊은이가 얼마 전 내게 말하기를, 휴스의 몇 마디 칭찬과 작은 격려가 삶의 큰 전환점이 되었다고 했다. 그 말에 용기를 얻어 2500달러를 빌려 과감히 동부로 떠날 수 있었기 때문이다. 그의 이름도 들어 봤을 것이다. 그의 이름은 로런스 티빗Lawrence Tibbett[4]이다.

3　SF로 유명한 영국의 소설가. 《타임머신》, 《투명인간》 등 SF 100여 편을 썼으며 '과학 소설의 아버지'로 불린다. -편집자

사람을 변화시키는 방법을 이야기하겠다. 우리가 마주치는 사람들에게 그들이 가지고 있는 숨은 보물을 깨닫도록 영감을 불어넣는다면, 우리는 사람을 변화시키는 것 이상의 일을 할 수 있다. 말 그대로 한 사람의 인생을 바꿀 수도 있다.

과장이라고? 그렇다면 미국이 낳은 가장 저명한 심리학자이자 철학자인 윌리엄 제임스 하버드대학교 교수의 말을 들어 보라.

우리가 마땅히 되어야 할 모습과 비교했을 때, 우리는 단지 반만 깨어 있다. 우리는 우리의 신체적, 정신적 자원의 아주 작은 부분만을 이용하고 있다. 넓은 의미에서 보자면, 인간 개개인은 그로 인해 자신의 한계에 한참 못 미치는 삶을 살고 있다. 인간은 습관적으로 활용하지 않는 다양한 종류의 능력을 가지고 있다.

그렇다. 이 책을 읽고 있는 당신은 습관적으로 활용하지 않는 다양한 종류의 능력을 가지고 있다. 그리고 당신이 완전하게 발휘하지 못하고 있는 능력 중에는 사람들을 칭찬하고 그들의 잠재된 가능성을 깨닫도록 영감을 주는 마법 같은 능력도 있을 것이다.

---

4   미국의 오페라 가수로 뉴욕 메트로폴리탄 오페라단에서 600회 이상 주연으로
     공연했다. -편집자

그러므로 불쾌감이나 분노를 일으키지 않고 사람들을 변화시키는 여섯 번째 원칙은:

아주 작은 발전도 칭찬하라.

어떤 발전이라도 칭찬하라.

"진심으로 인정하고 아낌없이 칭찬하라."

CHAPTER 7

개에게도 좋은 이름을
지어 줘라

Give the Dog a Good Name

뉴욕주 스카스데일 브루스터 로드 175번지에 사는 내 친구 어니스트 젠트_{Ernest Gent}는 하녀 한 명을 고용해 다음 주 월요일부터 출근하라고 했다. 그 사이 젠트는 이전에 그 하녀를 고용했던 여성에게 전화를 걸었다. 그 하녀가 어땠는지 물었더니 모든 게 별로였다는 답이 돌아왔다. 하녀가 일을 시작하러 왔을 때 젠트는 이렇게 말했다. "넬리, 네가 예전에 일했던 집의 부인께 전화를 걸었단다. 그 부인 말로는 네가 정직하고, 믿음직스럽고, 요리도 잘하고, 아이들도 잘 돌보았다고 하더구나. 하지만 네가 좀 덜렁거리는 편이고 집을 깨끗하게 유지하지 못했다는 말도 했단다. 내 생각엔 그 부인이 거짓말을 한 것 같아. 너는 복장이 단정해. 누가 봐도 알 수 있지. 분명 네가 옷 입는 것처럼 집도 단정하고 깨끗하게 유지할 거라고 믿어. 너랑 나랑은 앞으로 잘 지낼 것 같구나."

정말로 그랬다. 넬리는 부응할 만한 좋은 평판을 얻었고, 실제로 그 평판에 부응했다. 믿어도 좋다. 넬리는 집을 반짝반짝하게 유지했다. 넬리는 아마 젠트 부인의 기대를 저버리느니, 시간을 더 들여서라도 기꺼이 집 안을 쓸고 닦았을 것이다.

볼드윈 기관차 제조 회사의 새뮤얼 보클레인Samuel Vauclain 회장은 이렇게 말했다. "만약 상대가 당신을 존경하고 당신이 그 사람의 어떤 능력을 존중한다는 것을 보여주면, 대개의 사람은 쉽게 이끌 수 있다."

요컨대 누군가를 어떤 방면으로 발전시키고 싶다면, 그 특정 방면의 자질이 이미 그 사람의 장점인 것처럼 생각하고 행동해야 한다. 셰익스피어는 이렇게 말했다. "덕이 없더라도 덕이 있는 것처럼 여겨라." 즉, 상대방이 개발했으면 하는 장점을 이미 가지고 있다고 가정하고 공개적으로도 그렇게 대하는 것이 좋다. 상대방에게 부응할 만한 좋은 평판을 주어라. 그러면 상대방은 당신을 실망시키지 않으려 엄청난 노력을 기울일 것이다.

조흐제트 르블랑Georgette Leblanc[1]은 《추억, 마테흐링크와 함께한 내

---

[1] 프랑스의 오페라 소프라노이자 배우, 작가로 활동했다. 수년 동안 벨기에의 작가인 모리스 마테흐링크와 연인 사이였다. -편집자

삶》²이라는 자신의 책에서 평범한 벨기에 소녀의 놀라운 변신을 보여 주는 신데렐라 이야기를 들려주었다.

"우리 집 근처 호텔에는 내 식사를 가져다주는 심부름꾼 소녀가 있었다. 소녀는 주방 보조로 일을 시작해서 '접시닦이 마리'라고 불렸다. 소녀는 눈이 사시였고, 다리는 굽었으며, 육체와 정신이 모두 가련한 볼품없는 아이였다.

어느 날 마리가 불그레한 손으로 내 저녁이 담긴 마카로니 접시를 들고 서 있을 때 내가 대뜸 이렇게 말했다. '마리, 너는 네 안에 어떤 보물이 감춰져 있는지 모르는구나.'

감정을 숨기는 데 익숙했던 마리는 야단이라도 들을까 걱정했는지 감히 사소한 제스처도 취하지 못한 채 가만히 서 있었다. 그런데 잠시 후 마리가 접시를 테이블에 내려놓더니 한숨을 내쉬며 솔직담백한 목소리로 이렇게 말했다. '부인, 그 말씀이 없으셨다면 저는 결코 그렇게 생각하지 못했을 거예요.' 마리는 내 말을 의심하지도, 반문하지도 않았다. 그저 주방으로 돌아가 내가 한 말을 몇 번이고 되뇌었다. 그리고 믿음의 힘이 그토록 강했기에 아무도 그녀를 놀리지 못했다. 그날 이후로 사람들은 마리를 눈여겨보기 시작했다. 하지만 가장 신기한 변화는 보잘것없던 마리 자신에게서 일어났다. 자기 안에 경이로운 보물이 감춰져 있다고 믿게 되자, 마리는 얼굴과 몸을

2   원제목: Souvenirs, My Life with Maeterlinck -옮긴이

정성스럽게 가꾸기 시작했고, 시들어 가던 젊음이 서서히 꽃을 피워 볼품없던 모습이 적당히 가려졌다.

두 달 뒤, 내가 그곳을 떠날 때쯤 마리는 주방장의 조카와 결혼한다는 소식을 전해 주었다. 그녀는 '저도 이제 부인이 된답니다.'라며 내게 고마워했다. 몇 마디 말이 한 소녀의 인생을 바꾸어 놓은 것이다."

조흐제트 르블랑은 "접시닭이 마리"에게 부응할 만한 평판을 주었고, 그 평판이 마리를 탈바꿈해 놓았다.

헨리 클레이 리스너Henry Clay Risner도 프랑스에 주둔 중인 미국 보병 대원들의 품행에 영향을 주고 싶었을 때 같은 기법을 사용했다. 미국에서 유명한 지휘관이었던 제임스 G. 하보드James G. Harbord 장군이 리스너에게 말하길, 지금까지 글에서 읽었거나 실제로 만나 본 병사 가운데 프랑스에 있는 미국 보병 200만 명이 가장 깔끔하고 이상적이라고 했다.

너무 과한 칭찬이라고? 그럴지도 모른다. 하지만 리스너가 이 말을 어떻게 활용했는지 보자.

리스너는 이렇게 적었다. "나는 장군의 말씀을 잊지 않고 병사들에게 전했다. 그 말이 사실인지 아닌지는 한순간도 의심하지 않았지만, 설령 사실이 아니라 해도 하보드 장군의 생각을 안다면 병사들이 그 기준에 도달하려고 노력할 것을 알았기 때문이다."

옛말에 이런 말이 있다. "개에게 나쁜 이름을 지어 주느니 목을 매달아 버리는 편이 낫다." 반대로 좋은 이름을 지어 준다면 어떤 일이 일어나겠는가!

부자든, 가난뱅이든, 거지든, 도둑이든 거의 모든 사람은 자신에게 주어진 정직함에 대한 평판대로 산다.

싱싱 교도소의 소장으로서 악인에 관해서라면 누구보다 잘 알고 있어야 하는 루이스 E. 로스는 이렇게 말했다. "악인을 상대해야 한다면 그를 이길 방법은 하나뿐이다. 그를 명예로운 신사처럼 대우하는 것이다. 그가 그 정도 대우를 받는 게 당연하다고 여겨야 한다. 악인은 그런 대우를 받으면 기분이 좋아져 이에 부응할 것이고, 누군가가 자신을 믿어 준다는 사실에 자부심을 느낄 것이다."

이 말은 대단히 훌륭하고 의미심장한 말이므로 한 번 더 반복하겠다. "악인을 상대해야 한다면 그를 이길 방법은 하나뿐이다. 그를 명예로운 신사처럼 대우하는 것이다. 그가 그 정도 대우를 받는 게 당연하다고 여겨야 한다. 악인은 그런 대우를 받으면 기분이 좋아져 이에 부응할 것이고, 누군가가 자신을 믿어 준다는 사실에 자부심을 느낄 것이다."

그러므로 불쾌감이나 분노를 일으키지 않고 사람들의 행동에 영향을 미치고자 한다면 일곱 번째 원칙은:

상대방에게 부응할 만한 좋은 평판을 주어라.

CHAPTER 8

잘못을 고치기
쉬워 보이게 하라

Make the Fault Seem Easy to Correct

얼마 전 40살쯤 된 내 미혼 친구가 약혼을 했고, 약혼녀의 설득으로 늦은 나이에 춤 강습을 받게 되었다. 친구는 그때의 일을 이렇게 고백했다. "내가 춤을 배워야 한다는 건 세상이 다 아는 사실이지. 20년 전에 춤을 처음 추었을 때랑 별반 다를 게 없으니까. 내가 처음 찾아간 춤 선생은 아마 내게 사실 그대로를 말해 주었을 거야. 내 춤이 완전히 엉망이라고 했거든. 전에 알던 건 전부 잊어버리고 완전히 새로 시작해야 한다고 그랬지. 하지만 그 말을 들으니 배우고 싶은 마음이 싹 사라졌어. 의욕이 생기질 않더라고. 그래서 바로 그만둬 버렸지.

다음 선생은 내게 거짓말을 하는 것 같았지만, 기분은 좋더군. 내 춤이 약간 구식이긴 하지만, 기본기는 괜찮아서 몇 가지 새로운 스텝을 배우는 건 문제없을 거라고 편하게 말해 주더라고. 첫 번째 선생은 내 부족한 점만 꼬집어서 의욕을 꺾어 놓았지. 이 새로운 선생은 그 반대였어. 잘하는 건 잘한다고 계속 칭찬해 주고, 실수는 되도록 언급하지 않더군. '리듬감을 타고나셨어요. 타고난 춤꾼이시네요.'라며 나를 안심시켰지. 지금 봐도 상식적으로 생각하면 나는 4류 무용수였고 앞으로도 그럴 것 같지만, 마음 깊은 곳에서는 두 번째 선생의 말이 진심이었다고 생각하고 싶네. 하긴 내가 돈을 내니까 그런 말을 하겠지만, 그게 뭐가 중요하겠나?

어쨌든 리듬감을 타고났다는 말을 들은 덕분에 내 춤이 나아졌다는 사실은 알고 있네. 그 말을 들으니 용기가 생겼고 희망이 보였지. 더 분발하고 싶은 마음이 들었다네."

자녀와 배우자 혹은 직원에게 그들의 어떤 점에 대해 바보라거나, 멍청하다거나, 재능이 없다거나, 완전히 잘못하고 있다는 식으로 말하는 것은 잘하고 싶은 거의 모든 의욕을 꺾어 버리는 일이다. 그러나 정반대의 기술을 사용한다면, 그들을 아낌없이 격려하고, 그 일이 쉬워 보이도록 하고, 그들의 능력을 믿는다는 것을 보여 주고, 그 능력을 아직 개발하지 못했을 뿐이라고 말해 준다면 그들은 더 나아지기 위해 새벽까지 연습을 거듭할 것이다.

이것이 바로 로웰 토머스가 쓰는 방법이다. 내가 장담하건대, 로웰 토머스는 진정 인간관계의 장인이라고 할 수 있다. 토머스는 상대를 높여주고 자신감을 북돋아 주었다. 용기와 믿음을 불어넣어 상대를 격려해 주었다. 예를 들어 얼마 전 토머스 부부와 함께 주말을 보낸 적이 있었는데, 토요일 밤에 브리지 게임을 즐기자며 내게 벽난로 앞에 앉기를 권했다. 브리지 게임이라고? 내가? 오, 안 되지. 안 되고 말고. 나는 그 게임에 관해서는 아무것도 몰랐다. 나에게는 깜깜한 미스터리 같은 영역이었다. 안 되지 안 돼! 불가능한 일이야!

로웰은 이렇게 말했다. "이봐, 데일. 이 게임은 전혀 어렵지 않다네. 기억력과 판단력만 조금 있으면 되거든. 자네는 기억력에 관한 책도 쓰지 않았나. 브리지쯤이야 금방 잘할 수 있을 걸세. 자네에게 딱 맞는 게임이라네."

놀랍게도 내가 뭘 하고 있는지 깨닫기도 전에 나는 생전 처음으로 브리지 테이블 앞에 있는 자신을 발견하게 되었다. 이는 순전히 내게 타고난 재능이 있고, 브리지 게임이 쉬워 보인다는 말을 들었기 때문이다.

브리지 게임을 이야기하니 일리 컬버트슨Ely Culbertson이 생각난다. 그의 이름은 브리지 게임을 하는 곳이라면 어디에서나 들을 수 있다. 브리지 게임에 관한 그의 책은 수십 개 언어로 번역되어 100만 부 이상 판매되었다. 하지만 그는 한 젊은 여성이 자신에게 브리지 게임에 재능이 있다고 말해 주지 않았다면, 결코 브리지를 업으로 삼지 못했을 거라고 내게 말했다.

1922년에 그가 미국에 왔을 때 철학과 사회학 강사 자리를 구하려 했지만, 뜻대로 되지 않았다.

다음에 석탄 파는 일을 시작했지만, 실패했다.

그다음에는 커피 파는 일을 시작했지만, 이 또한 실패했다.

당시에는 브리지 게임을 가르친다는 것을 생각해 본 적도 없었다. 그는 카드 실력이 형편없었을 뿐 아니라 고집도 매우 강했다. 게임을 하는 동안 질문을 너무 많이 했고, 게임이 끝난 뒤에도 너무 따지고 들어서, 아무도 그와는 게임을 하고 싶어 하지 않았다.

그러다 브리지 게임을 가르치는 아리따운 강사인 조세핀 딜런 Josephine Dillon을 만나 사랑에 빠졌고 결혼까지 이르렀다. 딜런은 컬버트슨이 카드 게임을 얼마나 철저하게 분석하는지 눈여겨보고는 그가 카드 게임에 천재적인 재능이 있다고 설득하였다. 바로 그 격려, 오로지 그 말 덕분에 브리지 게임을 업으로 삼게 되었다고 컬버트슨은 내게 말해 주었다.

그러므로 불쾌감이나 분노를 일으키지 않고 사람들을 변화시키는 여덟 번째 원칙은:

격려를 활용하라.
상대가 고치기를 바라는 잘못을 고치기 쉬워 보이게 하라.
상대가 했으면 바라는 일을 하기 쉬워 보이게 하라.

CHAPTER 9

내가 원하는 것을
상대가 기꺼이 하게 만들어라

Making People Glad to Do What You Want

1915년 당시, 미국은 충격에 휩싸였다. 인류의 피비린내 나는 역사를 통틀어 누구도 상상하지 못했던 규모의 살육이 1년이 넘도록 유럽 국가들 사이에서 벌어지고 있었다. 다시 평화가 찾아올 수 있을까? 그때는 누구도 알지 못했다. 하지만 미국의 우드로 윌슨 대통령은 한번 시도해 보기로 결심했다. 자신을 대리하는 평화 사절단을 파견하여 전쟁 중인 유럽의 지도자들과 협의하고자 했다.

평화주의자로 알려진 윌리엄 제닝스 브라이언 당시 국무부 장관은 자신이 그 임무를 맡고 싶었다. 임무를 훌륭하게 완수함으로써 자신의 이름을 후세에 남길 좋은 기회라고 여겼다. 하지만 윌슨 대통령은 자신과 절친한 관계인 에드워드 M. 하우스 대령에게 그 일을 맡겼다. 그리고 브라이언 장관의 기분을 상하게 하지 않으면서,

이 반갑지 않은 소식을 전해야 하는 임무도 하우스 대령에게 맡겼다.

하우스 대령은 당시 상황을 일기에 이렇게 기록했다. "브라이언 장관은 내가 평화 사절단으로 유럽에 간다는 소식을 듣자 실망감을 감추지 않았다. 그는 자신이 직접 이 일을 하려고 계획 중이었다고 말했다…

나는 그에게 대통령께서는 누구든 이 일을 공식적으로 수행하는 것이 현명하지 못하다고 생각하고 있으며, **브라이언 장관이 가게 된다면 많은 관심을 끌게 될 것이고** 그가 왜 거기에 갔는지 사람들이 모두 의아하게 여길 것이라고 대답했다…"

이 말의 의도를 이해하겠는가? 하우스 대령은 사실상 브라이언 장관이 그 임무를 맡기에 **너무 중요한** 사람이라고 말한 것과 다름없었다. 그리고 브라이언은 그 말에 만족했다.

세상 물정에 밝고 노련한 하우스 대령은 인간관계의 중요한 원칙 중 하나를 따르고 있었다. **"항상 내가 제안하는 것을 상대가 기꺼이 하게 만들어라."**

윌슨 대통령은 윌리엄 깁스 매커두를 내각의 일원으로 초대할 때도 이 원칙을 따랐다. 내각의 일원이 된다는 것은 당사자에게 매우 영광스러운 일이었지만, 윌슨은 그 일을 할 때조차도 상대방이 갑절은 더 자신을 중요하다고 느끼도록 만들었다. 매커두의 말을 그대로 옮겨 보겠다. "윌슨 대통령께서는 자신이 내각을 구성하고 있는데, 내가 재무부 장관 자리를 수락한다면 대단히 기쁠 것이라고 말씀하섰다. 그분은 상대가 기분 좋게 받아들이도록 말하는 재주가 있었다. 그런 영광스러운 제안을 수락하면서도 내가 그분께 호의를 베푸는 것 같은 인상을 주셨다."

유감스럽게도 윌슨 대통령이 항상 그런 방법을 사용한 것은 아니었다. 만약 그랬다면 역사는 달라졌을지도 모른다. 예를 들면 윌슨은 미국을 국제연맹에 가입시키는 문제를 처리할 때, 상원과 공화당을 만족시키지 못했다. 윌슨은 평화 회담에 엘리후 루트Elihu Root, 찰스 에번스 휴스Charles Evans Hughes, 헨리 캐벗 로지Henry Cabot Lodge와 같은 공화당의 중요 인사들을 데려가는 것을 거부했다. 대신 그는 당에서 이름이 알려지지 않은 사람들을 데려갔다. 윌슨은 공화당원들을 무시했고, 그들이 연맹을 구상하는 데 일조했다고 느끼지 못하게 했으며, 그들에게 사안에 관여할 기회조차 주지 않았다. 이렇게 조잡하게 인간관계를 처리한 결과 윌슨은 정치 경력에 큰 오점을 남겼고, 갑자기 큰 병을 얻어 일찍 세상을 떠나고 말았다. 그 일로 미국은 국제연맹에 가입하지 못했고, 세계사의 흐름도 바뀌고 말았다.

더블데이 페이지라는 미국의 유명한 출판사는 '**내가 제안하는 것을 상대가 기꺼이 하게 만들어라.**'라는 원칙을 항상 충실히 지켰다. 그 원칙을 얼마나 잘 해냈는지, O. 헨리O. Henry[1]는 더블데이 페이지

---

1   본명은 윌리엄 시드니 포터William Sydney Porter. O. 헨리는 필명이다. 미국의 작

가 그의 소설을 거절하더라도 상냥하고 존중하는 태도로 거절했기 때문에, 다른 출판사가 그의 소설을 받아 주겠다고 할 때보다 기분이 더 좋았다고 했다.

나는 많은 강연 요청을 거절해야 했던 한 남자를 알고 있다. 강연을 요청하는 사람이 친구일 때도 있고, 신세를 진 사람일 때도 있다. 하지만 거절을 너무나 능숙하게 해내서 적어도 상대방이 거절에 만족할 수 있도록 만들었다. 어떻게 그럴 수 있었을까? 그저 이런저런 일로 바쁘다는 말만 하는 게 아니었다. 초대에 대한 감사를 표하고, 응하지 못해 유감이라고 말한 뒤, 자신을 대신할 다른 강연자를 추천해 주었다. 다시 말해, 그는 상대방이 거절에 대해 불만을 느낄 시간을 주지 않았다. 즉시 상대방의 관심을 섭외할 수 있는 다른 강연자에게로 돌려놓았다.

그는 이렇게 제안했다. "저 대신 〈브루클린 이글〉의 편집자인 제 친구 클리블랜드 로저스Cleveland Rodgers에게 강연을 부탁하는 건 어떠십니까? 아니면 가이 히콕Guy Hickok은 어떠신가요? 그 친구는 유럽 특파원으로 파리에서 15년 동안 살아서 놀라운 이야깃거리가 아주 많습니다. 아니면 리빙스턴 롱펠로Livingston Longfellow는 어떠세요? 그 친구는 인도에서 맹수 사냥에 관한 웅장한 영화를 찍었습니다."

가로 전 세계에서 많은 사랑을 받았다. -편집자

뉴욕에서 가장 큰 활자 및 사진 오프셋 인쇄² 기업인 J. A. 원트 오거니제이션의 사장 J. A. 원트J.A.Want는 한 정비사의 태도와 요구를 변화시키면서도 불만을 일으키지 말아야 하는 일에 직면해 있었다. 이 정비공은 수십 대의 타자기와 조작이 까다로운 기계들이 밤낮으로 원활하게 작동하도록 관리하는 일을 맡고 있었다. 그는 근무 시간이 너무 길고, 일이 너무 많으며, 조수를 붙여 달라고 끊임없이 불평했다.

J. A. 원트는 정비공에게 조수를 구해 주지도, 그렇다고 근무 시간을 단축하거나 일을 줄여 주지 않고도 그가 만족하도록 만들었다. 어떻게 했을까? 그 정비공에게 개인 사무실을 내어 주었다. 문에는 그의 이름과 함께 "서비스 부서 관리자"라는 직함이 적혀 있었다.

그 정비공은 이제 아무나 와서 이래라저래라할 수 있는 사람이 아니었다. 그는 한 부서의 관리자가 되었다. 그는 존엄성과 인정 그리고 자신이 중요하다는 느낌을 받았다. 그리고 불평 없이 행복하게 일할 수 있었다.

유치하다고? 그럴지도 모른다. 하지만 나폴레옹이 '레지옹 도뇌르'라는 프랑스 최고의 훈장을 만들어 1500명의 병사에게 하사하고, 18명의 장군에게 "프랑스 육군 원수"라는 직함을 내리고, 자신의 군

---

2   금속판에 칠해진 잉크가 고무 롤러를 통해 종이에 묻게 하는 인쇄 방식. 금속판이 직접 종이에 닿지 않기 때문에 오프셋이라고 부른다. -편집자

대에 "대 육군"이라는 이름을 내걸었을 때도 사람들은 이를 유치하
다고 했다. 전쟁 용사들에게 "장난감"이나 준다는 비판을 받자, 나폴
레옹은 이렇게 답했다. "장난감으로 지배당하는 것이 인간이다."

지위와 권한을 부여하는 기술이 나폴레옹에게 효과가 있었다면
당신에게도 효과가 있을 것이다. 예를 들면 앞에서 언급한 뉴욕주
스카스데일에 사는 내 친구 젠트 부인은 자기 집 잔디밭을 뛰어다니
며 망가뜨리는 아이들로 골머리를 앓았다. 아이들을 혼내기도 하고,
달래보기도 했지만, 둘 다 소용이 없었다. 그러자 그녀는 그 갱단에
서 두목 노릇을 하는 아이에게 지위와 권한을 부여해 보기로 했다.
그 아이를 "탐정"으로 임명하고 모든 침입자를 잔디밭에서 쫓아내는
임무를 맡겼다. 그러자 문제는 해결됐다. 그 "탐정"은 뒷마당에 모닥
불을 피우고 쇠막대기를 시뻘겋게 달구고는 누구든 잔디밭에 들어
오면 뜨거운 맛을 보여 주겠다고 아이들에게 겁을 주었다.

이것이 인간의 본성이다. 그러므로 불쾌감이나 분노를 일으키지
않고 사람들을 변화시키는 아홉 번째 원칙은:

내가 제안하는 것을 상대가 기꺼이 하게 만들어라.

불쾌감이나 분노를 일으키지 않고
사람들을 변화시키는 9가지 방법

1. 칭찬과 진심 어린 감사의 말로 시작하라.

2. 잘못을 지적할 때는 간접적으로 하라.

3. 상대를 비판하기 전에 자신의 잘못을 먼저 이야기하라.

4. 직접 명령하는 대신 질문하라.

5. 상대의 체면을 세워 줘라.

6. 아주 작은 발전도 칭찬하라. 어떤 발전이라도 칭찬하라.

   "진심으로 인정하고 아낌없이 칭찬하라."

7. 상대방에게 부응할 만한 좋은 평판을 주어라.

8. 격려를 활용하라. 상대가 고치기를 바라는 잘못을 고치기 쉬워

   보이게 하라. 상대가 했으면 바라는 일을 하기 쉬워 보이게 하라.

9. 내가 제안하는 것을 상대가 기꺼이 하게 만들어라.

PART FIVE

기적을 일으킨
편지들

LETTERS THAT PRODUCED
MIRACULOUS RESULTS

나는 지금 당신이 무슨 생각을 하는지 안다. 아마도 이런 생각을 할 것이다. "**'기적을 일으킨 편지들!'** 황당하군! 돌팔이 약장수 냄새가 풍기는걸!"

그렇게 생각하더라도 당신을 탓하진 않겠다. 15년 전에 이 책을 읽었다면 나 역시 그렇게 생각했을 것이다. 의심이 많다고? 음, 나는 의심 많은 사람을 좋아한다. 나는 20살 때까지 미주리주에서 살았다. 따라서 직접 보여 줘야만 직성이 풀리는 사람들을 좋아한다.[1] 인

---

[1] 미주리주의 별칭이 'Show-me' State이다. 이 슬로건은 강인하고, 보수적이며, 남을 쉽사리 믿지 않는 미주리 주민들의 성격을 나타내는 데 사용된다. -편집자

류의 사고에서 이루어진 거의 모든 진보는 의심하는 도마Thomas[2]들, 질문하는 사람, 도전하는 사람, '내게 보여 달라'고 외치는 사람들에 의해 이루어졌다.

그렇다면 좀 더 솔직해지자. "기적을 일으킨 편지들"이라는 제목은 적확한 것일까?

아니, 솔직히 말해서 그렇지 않다.

실제로는 의도적으로 사실을 **과소평가한** 것이다. 이번 장에서 소개할 편지들은 기적의 두 배라고 평가해야 할 정도의 결과를 거두었다. 그 평가를 누가 했느냐고? 미국에서 가장 유명한 판촉 전문가이자 전 존스-맨빌사의 판촉부장이었고, 현재는 콜게이트-팜올리브-피트 컴퍼니의 홍보이사 겸 전국 광고주 협회 회장인 켄 R. 다이크 Ken R. Dyke가 했다.

다이크가 말하길 판매업자에게 정보를 요청하는 편지를 보내면, 회신율이 5~8%를 넘는 경우가 거의 없다고 했다. 15%만 되어도 대단한 결과이고, 20%까지 치솟았다면 기적에 가까운 일이라 여겼을 거라고 말했다.

하지만 이번 장에 소개할 다이크의 편지는 회신율이 42.5%에 달

2　예수의 12제자 중 한 사람. 예수의 부활을 의심하여 손과 옆구리에 난 구멍에 손가락을 넣고 나서야 부활을 인정했다. 그로 인해 회의적인 사람을 상징하는 의미로 쓰이기도 한다. -편집자

했다. 다시 말해 그 편지는 기적의 두 배를 이룬 셈이다. 단순히 웃어 넘길 일이 아니었다. 게다가 이 편지는 일시적인 예외나 요행, 우연이 아니었다. 다른 여러 편지에서도 비슷한 결과를 얻었기 때문이다.

어떻게 해낸 걸까? 켄 다이크의 말을 그대로 옮겨 보겠다. "편지의 효율이 이토록 놀랍게 증가한 것은 카네기 선생님의 '효과적인 말하기와 인간관계' 강좌를 수강한 직후에 일어났습니다. 제가 이전에 사용했던 접근 방식이 완전히 잘못되었다는 것을 알게 되었어요. 이 책에서 배운 원칙을 적용하려고 노력했더니, 정보를 요청하는 편지의 효율이 500~800%까지 높아지는 결과가 나왔습니다."

편지의 내용은 다음과 같다. 이 편지는 상대방에게 작은 부탁, 즉 자신을 중요하다고 느끼도록 작은 부탁을 함으로써 상대의 호감을 얻고 있다.

편지에 대한 내 견해는 괄호 안에 담았다.

존 ○○ 귀하

애리조나주 ○○ 시

친애하는 ○○ 씨께.

제가 약간의 어려움을 겪는 일이 있어 도움을 청하고자 합니다.

(상황을 정리해 보자. 애리조나주에 사는 목재상이 존스-맨빌사의 임원으로부터 편지를 받았는데, 편지의 첫 줄에서 뉴욕에 있는

고액 연봉의 임원이 어려움을 겪고 있어 도움을 구한다고 한다. 그러면 애리조나주의 목재상이 이렇게 말하는 것을 상상할 수 있을 것이다. "흠, 뉴욕에 있는 이 친구가 곤경에 처해 있다면, 사람 하나는 제대로 찾아온 것이 분명하군. 나는 항상 너그럽고 사람들을 도와주고자 노력했으니까. 그럼, 뭐가 문제인지 어디 한번 볼까?")

우리 회사의 판매상들은 지붕 개축 판매를 늘리기 위해 연중 내내 진행하는 우편 마케팅의 비용을 존스-맨빌사에서 전액 부담해 주는 일이 꼭 필요했습니다. 그런데 작년에 제가 회사를 설득해 마침내 그 일을 해낼 수 있었습니다.

(애리조나주의 목재상은 아마 이렇게 말할 것이다. "당연히 그들이 비용을 지불해야지. 수익 대부분을 독차지하고 있으니 말이야. 자기네가 수백만 달러를 벌어들이는 동안 나는 임대료를 내기도 버거우니… 그런데 이 친구는 대체 뭐가 문제라는 거야?")

최근에 우편 마케팅에 참여한 1600명의 판매상에게 설문지를 보냈고, 수백 통의 답장을 통해 그들이 이러한 협력 형태를 얼마나 감사하게 생각하고 유용하게 활용하는지 알 수 있어 매우 기쁘게 생각했습니다.
이에 힘입어 저희는 여러분께서 훨씬 더 좋아하실 새로운 우편 마케팅 계획을 준비했습니다.

그런데 오늘 아침 대표님께서 저와 함께 지난해 계획에 관한 보고서를 살펴보시면서, 여느 회사의 대표들처럼 그 계획이 얼마나 많은 매출로 이어졌는지 물어보셨습니다. 당연히 그 질문에 답하기 위해 저는 여러분의 도움을 받아야 합니다.

("그 질문에 답하기 위해 저는 여러분의 도움을 받아야 합니다."와 같은 표현은 상당히 좋다. 뉴욕의 거물이 진실을 말하고 있으며, 애리조나주에 있는 존스-맨빌사의 거래 상대방을 솔직하고 진지하게 인정하고 있다는 뜻이기 때문이다. 켄 다이크는 자신의 회사가 얼마나 대단한지 이야기하는 데 시간을 낭비하지 않았다는 점에 주목하라. 대신 그는 자신이 상대에게 얼마나 의지하고 있는지 바로 보여 주었다. 켄 다이크는 목재상의 도움 없이는 존스-맨빌사의 대표에게 보고조차 할 수 없다는 점을 인정하고 있다. 당연히 애리조나주의 목재상도 인간이기 때문에 그런 말을 들으면 기분이 좋아질 것이다)

그래서 제가 부탁드리는 바는 다음과 같습니다. 첫째, 작년 우편 마케팅이 지붕 공사 및 개축 공사를 확보하는 데 얼마나 도움이 되었다고 생각하는지, 둘째, 작업에 적용된 비용 대비 매출액이 얼마나 되는지 가능한 한 정확하게 달러와 센트로 표기하여 동봉한 엽서에 적어 보내 주시길 바랍니다.

여러분께서 이와 같이 해 주신다면 대단히 감사하겠습니다. 아울러 그러한 정보를 보내 주신 친절함에도 미리 감사의 말씀을 전합니다.

진심을 담아
판촉부장
켄 다이크 올림

(마지막 단락에서 글쓴이가 어떻게 "나"를 낮추면서 "여러분"을 높이는지 주목하라. 또한 "대단히 감사하겠습니다.", "친절함에", "감사의 말씀을 전합니다."와 같이 친절과 감사의 표현을 얼마나 잘 활용하는지에도 주목하라)

단순한 편지다. 그렇지 않은가? 하지만 상대에게 작은 호의를 베풀어 달라고 부탁함으로써 상대가 자신을 중요하다고 느낄 수 있게 했고, 결국 "기적"을 일으켰다.

이러한 심리는 석면 지붕을 판매하든, 포드 자동차로 유럽을 여행하든 상관없이 똑같은 효과를 볼 수 있다.

예를 들어 보겠다. 한번은 내 친구 호머 크로이Homer Croy와 자동차로 프랑스 내륙을 여행하다가 길을 잃은 적이 있다. 우리는 구식 T형 포드 자동차를 길가에 세우고, 근처 농부들에게 다음에 나올 큰 마을로 가는 길을 물어보았다.

그 질문의 효과는 놀라웠다. 나무로 만든 신발을 신고 있던 그 농부들은 미국 사람이면 다 부자인 줄 아는 것 같았다. 게다가 그 지역에서는 자동차가 아주 희귀했다. 자동차를 타고 프랑스를 여행하는 미국인! 우리는 틀림없이 백만장자처럼 보였을 것이다. 어쩌면 헨리 포드의 사촌쯤 된다고 여겼을지도 모른다. 하지만 그들은 우리가 모르는 사실을 알고 있었다. 우리가 그들보다 돈이 많을지는 몰라도, 다음 마을로 가는 길을 알아내기 위해서는 모자를 벗고 정중한 태도로 그들에게 다가가야 했다. 그리고 그런 행동은 그들에게 자신이 중요하다는 느낌을 주었다. 그들은 모두 한꺼번에 말하기 시작했다. 그중 한 친구가 흔치 않은 기회를 만난 것에 잔뜩 들뜬 얼굴로 다른 농부들에게 조용히 하라고 명령했다. 우리에게 길을 알려 주는 쾌감을 혼자 만끽하고 싶은 눈치였다.

당신도 한번 시도해 보라. 다음에 낯선 도시에 가게 된다면 당신보다 경제적, 사회적으로 어려운 위치에 있는 사람을 붙잡고 이렇게 말해 보라. "제가 조금 어려움을 겪고 있는데 도와주실 수 있을까요? 어디 어디로 가는 길을 알려 주시겠습니까?"

벤저민 프랭클린은 이 기술로 차디찬 적을 평생의 친구로 만들었다. 당시 청년이었던 프랭클린은 모아 둔 전 재산을 작은 인쇄소에 투자했다. 그 후 필라델피아 의회의 서기직으로 선출되었는데, 그 덕분에 모든 공문서 인쇄 일감이 그에게 떨어졌다. 그 일로 얻는 수익이 상당했기 때문에 프랭클린은 의회 서기직을 계속 유지하고 싶었다. 하지만 위기가 불쑥 찾아왔다. 의회에서 가장 부유하고 능력 있던 한 의원이 프랭클린을 몹시 싫어했던 것이다. 싫어하는 정도를 넘어 공개 연설에서 프랭클린을 비난하고 다닐 정도였다.

위험한, 매우 위험한 상황이었다. 그래서 프랭클린은 그 의원이 자신을 좋아하도록 만들어 보기로 했다.

하지만 어떻게? 그것이 문제였다. 적에게 호의를 베풀면 될까? 아니다. 그러면 의심을 살 수도 있고, 어쩌면 비웃음만 살지도 모를 일이었다.

프랭클린은 그런 함정에 빠지기에는 훨씬 현명하고 노련한 사람이었다. 그래서 그는 정반대의 행동을 취했다. 그는 적에게 호의를 베풀어 달라고 요청했다.

그렇다고 돈을 좀 빌려 달라고 부탁하지는 않았다. 아니다! 절대 아니었다! 프랭클린은 상대를 기분 좋게 하는 부탁, 즉 상대의 허영심을 건드리는 부탁, 상대를 인정해 주는 부탁, 상대의 지식과 업적에 대한 프랭클린의 은근한 존경심을 드러내는 부탁을 했다.

다음은 프랭클린이 직접 밝힌 그 뒷이야기다.

나는 그의 서재에 매우 진귀하고 흥미로운 책이 있다는 소식을 듣고, 그에게 편지를 써서 그 책을 정독하고 싶다는 의사를 밝히며 며칠만 빌려줄 수 있는지 물어보았다.

그는 곧장 책을 보냈고, 나는 일주일 뒤에 그 책을 돌려주며 호의를 베풀어 주셔서 정말 감사하다고 또 한 번 편지를 보냈다.

다음에 우리가 의회에서 만났을 때, 그가 나에게 말을 걸었다. (전에는 한 번도 그런 적이 없었다) 그것도 아주 정중하게 말을 걸었다. 그 후로 그는 내가 부탁하는 일이 있을 때마다 흔쾌히 들어주었고, 우리는 매우 절친한 사이가 되었다. 우리의 우정은 그가 세상을 떠나기 전까지 계속되었다.

벤저민 프랭클린은 150년 전에 세상을 떠났지만, 그가 사용했던 심리, 즉 상대에게 호의를 요청함으로써 마음을 사로잡는 방법은 지금도 유용하게 사용되고 있다.

일례로 우리 강좌의 수강생인 앨버트 B. 암셀Albert B. Amsel은 이 기술을 써서 굉장한 성과를 냈다. 배관과 난방 자재 판매원이었던 암셀은 브루클린의 한 배관업자와 거래를 트고자 수년간 공을 들였다. 이 배관업자의 사업은 매우 규모가 컸고, 그의 신용도 상당히 좋았다. 하지만 암셀은 처음부터 그의 기세에 완전히 눌려 버렸다. 그 배관업자는 사납고, 거칠고, 심술궂은 것을 자랑으로 삼아 상대를 쩔쩔매게 하는 사람이었다. 커다란 시가를 삐딱하게 물고 책상 뒤에 앉아 암셀이 문을 열고 들어설 때마다 이렇게 소리쳤다. "오늘은 아무것도 안 사요! 피차 시간 낭비하지 맙시다! **가던 길이나 가시오!**"

그러던 어느 날 암셀은 새로운 기술을 시도했다. 그 기술 덕분에 거래를 튼 것은 물론이요, 그와 친구 사이가 되었고, 수익이 괜찮은 주문도 많이 받게 되었다.

암셀의 회사는 롱아일랜드의 퀸스 빌리지에 새로운 지점을 내고자 매입 협상을 진행하고 있었다. 그곳은 배관업자가 잘 아는 지역이었고, 사업상 거래도 많이 하는 곳이었다. 그래서 이번에는 암셀이 그 사장을 찾아가 이렇게 말했다. "사장님, 오늘은 물건을 팔러 온 게 아닙니다. 다른 부탁이 있어서 왔는데, 잠시만 시간을 좀 내어 주시겠습니까?"

"흠…" 배관업자가 시가를 옮겨 물며 말했다. "무슨 일이요? 읊어 봐요."

"저희 회사에서 이번에 퀸스 빌리지에 지점을 열려고 하는데, 사장님께서는 그 지역을 누구보다 잘 아시잖아요. 그래서 어떻게 생각하시는지 여쭤보러 왔습니다. 이쪽으로 오는 게 잘하는 일일까요?"

이것은 새로운 상황이었다! 이 배관업자는 수년 동안 영업 사원들에게 으르렁대며 가던 길이나 가라고 명령하는 것으로 자신이 중요하다는 느낌을 만끽했었다.

하지만 여기 그에게 조언을 구걸하는 한 영업 사원이 있었다. 그렇다. 큰 회사의 영업 사원이 어떻게 하면 좋을지 자신의 의견을 구하고 있었다.

"앉으시죠." 배관업자가 의자를 내주며 말했다. 그리고 다음 한 시간 동안 그는 퀸스 빌리지의 배관 시장이 지닌 독특한 이점과 장점에 관해 자세히 알려 주었다. 그리고 매장의 위치가 좋다는 말과 함께 건물 매입, 재고 관리, 영업을 시작할 때의 주의점 등 지점 개설과 관련된 전반적인 사항에 대해 자신이 아는 모든 것을 설명해 주었다. 그는 이제 배관 도매업체에 사업 운영 방식을 알려 줌으로써 자신이 중요하다는 느낌을 받았다. 게다가 개인적인 영역까지 대화주제를 넓혔다. 암셀과 가까워지면서 자기 집안 문제와 부부싸움 이야기까지 털어놓았다.

암셀은 그때 일을 이렇게 말했다. "그날 저녁 그곳을 떠날 때쯤 그에게서 첫 장비 주문서를 받았을 뿐만 아니라 사업상의 우정을 위한 단단한 초석도 다질 수 있었습니다. 전에는 저만 보면 으르렁대며 소리치던 사람과 지금은 함께 골프를 치고 있습니다. 그의 태도가 이렇게 바뀔 수 있었던 건 그에게 작은 부탁을 건네서 그가 중요하다고 느끼게 해 준 덕분입니다."

켄 다이크의 또 다른 편지를 살펴보면서, 그가 이 '부탁하기' 심리 작전을 얼마나 능숙하게 활용하는지 주목해 보길 바란다.

다이크는 몇 년 전만 해도 사업가, 계약자, 건축업자들에게 정보를 요청하는 편지를 보내면, 제대로 회신받지 못해 고민이 많았다.

당시에는 건축업자와 기술자한테서 회신받는 경우가 1%를 넘지 않았다. 2%만 넘겨도 괜찮은 편이었고, 3%를 넘기면 훌륭한 편이라고 할 수 있었다. 그럼 10%는? 만약 10%였다면 기적이라고 칭송받았을 것이다.

그러나 다음에 소개할 편지는 회신율이 무려 50%에 달했다. 기적의 다섯 배나 된다. 게다가 회신 내용도! 2~3쪽에 달하는 장문의 편지였다! 그 편지들은 친절한 조언과 협조로 빛나고 있었다.

편지의 내용은 다음과 같다. 여기에 사용된 심리 기법과 일부 표현은 앞에서 인용한 켄 다이크의 편지와 거의 똑같다는 것을 당신도 확인할 수 있을 것이다.

이 편지를 정독하면서 행간을 읽고, 편지를 받은 사람이 어떤 기분을 느꼈을지 생각해 보라. 그리고 이 편지가 왜 기적보다 다섯 배나 더 좋은 결과를 냈는지 생각해 보라.

존스-맨빌

뉴욕시

40번가 이스트 22번지

뉴저지주 ○○ 시

○○가 617번지

존 ○○ 귀하

친애하는 ○○ 씨께,

제가 약간의 어려움을 겪는 일이 있어 도움을 청하고자 합니다.

약 1년 전, 저는 건축업자들에게 가장 필요한 것이 존스-맨빌사의 건축 자재와 수리 및 개조 부품 일체를 소개하는 카탈로그라고 회사를 설득했습니다.

동봉한 자료는 그렇게 해서 만들어진 첫 번째 카탈로그입니다.

하지만 이제 카탈로그의 재고가 부족해져 대표님께 이 사실을 말씀 드렸더니, 대표님께서는 (여느 회사의 대표들처럼) 카탈로그가 계획대로 효과가 있었다는 만족스러운 증거를 제시해야만 다음 카탈로그를 제작하는 데 반대하지 않겠다고 하셨습니다.

당연히 저는 이를 위해 여러분께 도움을 청해야 했고, 귀하와 더불어 전국의 건축업자 49분께 배심원 역할을 부탁드리고자 합니다.

귀하의 수고를 덜어드리고자 이 편지 뒤에 간단한 질문지를 첨부하였습니다. 각 질문에 답을 표시해 주시고, 추가로 남길 말씀이 있으면 질문지에 적으신 후, 동봉된 회신 봉투에 넣어 보내 주신다면 제게 개인적인 호의를 베풀어 주신 것으로 여기고 감사히 받겠습니다.

말할 필요도 없이 이 질문지에 답하는 것은 강제 사항이 아니며, 이제 카탈로그를 중단할지 아니면 개선하여 다시 인쇄할지를 귀하의 경험과 조언을 바탕으로 귀하의 판단에 맡기고자 합니다.

어떠한 경우라도 귀하의 협조를 항상 감사하게 생각할 것입니다. 감사합니다!

진심을 담아

판촉부장

켄 다이크 드림

한 가지 당부할 점이 있다. 내 경험으로 보면 이 편지를 읽고 여기에 쓰인 방법을 기계적으로 따라 하려는 사람이 일부 있을 것으로 안다. 그들은 진실하고 참된 감사가 아니라 아첨과 위선으로 상대의 자존심을 세워 주고자 할 것이다. 그리고 그들의 기술은 통하지 않을 것이다.

명심하라. 우리 모두는 칭찬과 인정을 갈망하고, 이를 얻기 위해서라면 무슨 일이든 할 것이다. 하지만 위선을 원하는 사람은 없다. 아첨을 원하는 사람도 없다.

다시 한번 강조하지만, 이 책에서 가르치는 원칙들은 마음에서 우러나올 때만 효과가 있다. 나는 속임수를 지지하려는 게 아니다. 나는 새로운 삶의 방식에 관해 이야기하고 있다.

PART SIX

가정생활을 더 행복하게 만드는
7가지 원칙

CHAPTER 1

결혼 생활을 무덤으로 만드는
가장 빠른 방법

How to Dig Your Marital Grave
in the Quickest Possible Way

75년 전, 나폴레옹 보나파르트의 조카인 나폴레옹 3세는 절세의 미인으로 알려진 테바의 백작 부인 외제니 드 몽티조Eugénie de Montijo와 사랑에 빠져 결혼했다. 참모들은 그녀가 스페인 일개 백작의 딸이라는 점을 지적했다. 하지만 나폴레옹은 "그게 뭐 어떻다는 말인가?"라고 되받아쳤다. 그녀의 우아함, 젊음, 매력, 아름다움은 나폴레옹을 신성한 환희로 가득 채웠다. 그는 옥좌에서 한 연설을 통해 국가 전체를 상대로 반박하며 이렇게 선언했다. "나는 내가 알지도 못하는 여인이 아니라, 내가 사랑하고 존중하는 여인을 선택하겠노라."

나폴레옹과 그의 신부는 건강, 부, 권력, 명성, 아름다움, 사랑 그리고 존경에 이르기까지 완벽한 로맨스를 위한 모든 요건을 갖추고 있었다. 결혼이라는 신성한 불꽃이 이보다 더 밝게 불타오른 적은 없었다.

하지만 슬프게도 성스러운 광채는 꺼져 가기 시작했고, 타오르는 불길은 차갑게 식어 재가 되고 말았다. 나폴레옹은 외제니를 황후로 만들 수는 있었지만, 사랑의 힘으로도, 옥좌의 권위로도, 프랑스에 있는 그 어떤 것으로도 막을 수 없는 것이 있었으니, 바로 그녀의 잔소리였다.

외제니는 질투에 눈이 멀고 의심에 사로잡혀 황제의 명령을 무시했고, 황제의 사생활도 인정하지 않았다. 황제가 국사를 보고 있을 때 집무실 문을 벌컥 열고 들어오는가 하면, 대단히 중요한 회의를 방해하기도 했다. 그녀는 황제가 다른 여자와 바람을 피울까 봐 항상 두려워하며 잠시도 그를 내버려 두지 않았다.

툭하면 언니에게 달려가 남편의 험담을 늘어놓았으며 불평하고, 울고, 잔소리하고, 협박하기를 일삼았다. 남편의 서재에 쳐들어가 고함을 지르고 욕을 퍼붓기도 했다. 나폴레옹은 호화로운 궁전을 여럿 소유하고 있는 프랑스의 황제였지만, 마음 편히 쉴 작은 공간조차 찾을 수 없었다.

이 모든 행동으로 외제니가 얻은 것은 무엇일까?

여기 그 답이 있다. E. A. 라인하르트E. A. Reinhardt의 명저 《나폴레옹과 외제니: 제국의 희비극》[1]에서 인용한 내용이다. "그래서 나폴레

---

[1] 원제목: Napoleon and Eugénie: The Tragicomedy of an Empire —옮긴이

옹은 밤이면 자주 작은 옆문으로 몰래 빠져나와, 눈을 가릴 정도로 부드러운 모자를 눌러쓰고, 그의 절친한 친구 중 한 명과 함께, **정말로** 그를 기다리는 아리따운 여성에게로 향하거나, 아니면 예전처럼 대도시를 이리저리 거닐며, 황제가 동화 속에서나 볼 법한 거리를 지나면서, 어쩌면-있었을지도-모를 일들을 떠올리며 상념에 잠겼다."

외제니가 잔소리로 얻은 성과가 바로 이것이다. 그녀가 프랑스의 옥좌에 앉았던 것은 사실이다. 그녀가 세상에서 가장 아름다운 여인이라는 점도 사실이다. 하지만 권세나 아름다움도 지독한 잔소리 앞에서는 사랑을 지켜낼 수 없었다. 외제니는 구약 성서의 욥처럼 소리 높여 통곡했을 수도 있다. "내가 두려워하던 일이 내게 왔구나."[2] 그녀에게 왔다고? 그 결과는 질투와 잔소리로 인해 그녀 자신, 그 가련한 여인이 스스로 불러온 일이었다.

사랑을 파괴하기 위해 지옥의 악마들이 발명한 가장 확실하고 치명적인 수단이 바로 잔소리다. 잔소리는 실패하는 법이 없다. 킹코브라의 독처럼 항상 파괴적이고, 항상 치명적이다.

레프 톨스토이Leo Tolstoi의 아내 소피아 톨스타야Sophia Tolstaya도 이 사실을 깨달았다. 하지만 너무 늦게 깨달았다. 그녀는 세상을 떠나기 전에 딸들에게 이렇게 고백했다. "너희 아버지를 죽게 만든 사람은 나였단다." 딸들은 아무 대답도 하지 않았다. 그저 눈물만 흘렸다.

2　　욥기 3장 25절. -편집자

어머니가 진실을 말하고 있다는 것을 알았기 때문이다. 아버지를 죽음으로 내몬 것은 어머니의 끝없는 불평과 비난 그리고 잔소리였다.

하지만 톨스토이 부부야말로 행복할 수밖에 없는 사람들이었다. 톨스토이는 역사에 길이 남을 위대한 소설가였다. 그의 두 걸작《전쟁과 평화》와《안나 카레니나》는 인류 문학의 영광 속에서 영원히 빛날 것이다.

톨스토이는 너무나 유명해서 그의 추종자들이 밤낮으로 그를 따라다니며 그가 말하는 모든 단어를 속기로 받아 적을 정도였다. 심지어 그가 무심코 내뱉는 "잠이나 자러 가야겠군." 같은 사소한 말까지도 전부 받아 적었다. 현재 러시아 정부는 그가 적었던 모든 문장을 인쇄하고 있으며, 이를 책으로 엮으면 족히 100권은 될 것이다.

명성뿐만이 아니었다. 톨스토이 부부는 부와 사회적 지위, 많은 자녀까지 있었다. 이보다 축복받은 결혼 생활도 없을 것이다. 처음에는 그들의 행복이 너무 완벽하고 강렬해서 불안한 마음이 들 정도였다. 그래서 두 사람은 함께 무릎을 꿇고 그들의 행복이 영원할 수 있게 해 달라고 신께 기도했다.

그런데 믿기 힘든 일이 일어났다. 톨스토이가 점점 달라졌다. 그는 완전히 다른 사람이 되었다. 그동안 자신이 쓴 위대한 책들을 부끄러워했고, 그때부터 전쟁과 빈곤 퇴치를 설파하는 선전문을 쓰는 일에 평생을 바쳤다.

젊은 시절에 상상할 수 있는 모든 죄, 심지어 살인까지 저질렀다고 고백한 톨스토이는 이제 예수의 가르침을 문자 그대로 따르고자 노력했다. 자신이 소유한 모든 땅을 나눠 주고 청빈한 삶을 살았다. 그는 들판에서 일하며 나무를 베고 건초를 쌓았다. 직접 신발을 만들고, 방을 쓸고, 나무 그릇에 밥을 먹고, 원수를 사랑하려고 노력했다.

레프 톨스토이의 삶은 비극이었고, 그 비극의 원인은 결혼이었다. 아내는 사치를 좋아했지만, 남편은 사치를 경멸했다. 아내는 사회적 명성과 찬사를 갈망했지만, 이런 경박한 것들은 남편에게 아무 의미도 없었다. 아내는 돈과 재물을 간절히 바랐지만, 남편은 부와 사유 재산이 죄악이라고 믿었다.

소피아 톨스타야는 수년 동안 잔소리를 하고, 욕을 퍼붓고, 소리를 질러댔다. 톨스토이가 인세도 받지 않고 자신이 쓴 책들의 판권을 무료로 나눠 주겠다고 고집했기 때문이다. 하지만 그녀는 그 책들이 벌어다 주는 돈이 필요했다.

남편이 말을 듣지 않자, 그녀는 아편을 먹고 죽겠다며 바닥에 뒹굴거나, 우물에 투신하겠다고 위협하는 등 심한 히스테리를 부렸다.

그들의 삶에는 내가 보기에 역사상 가장 애처로운 장면이라 할 만한 일화가 하나 있다. 앞서 말했지만 이 부부는 처음 결혼했을 때 아주 행복한 삶을 살았다. 하지만 48년의 세월이 흐른 뒤, 남편은 아내의 모습을 보는 것조차 견디기 힘들어했다. 어느 날 저녁, 애정에 굶주린 늙고 상심한 아내가 남편에게 다가와 그의 발치에 앉았다. 그리고 50년 전에 그가 일기장에 썼던 자신을 향한 아름다운 사랑의 글을 읽어 달라고 애원했다. 남편은 이제 영원히 사라져 버린 아름답고 행복했던 시절의 일기를 읽어 주었고, 두 사람은 하염없이 눈물을 흘렸다. 오래전 꿈꾸던 낭만과 현실의 삶이 얼마나 다른지, 얼마나 극명하게 다른지 깨달았기 때문이다.

끝내 82살이 되던 해 톨스토이는 비극적인 가정의 불행을 견디지 못하고, 1910년 10월의 눈 내리는 어느 날 밤에 아내를 피해 어디로 가는지도 모른 채 추위와 어둠 속으로 도망쳤다.

11일 후, 톨스토이는 어느 기차역에서 폐렴으로 숨을 거두었다. 그가 죽기 직전 남긴 유언은 아내가 자기 곁에 오지 못하게 해달라는 것이었다.

이것이 소피아 톨스타야가 남편에게 잔소리하고 불평하고 히스테리를 부린 대가였다.

잔소리를 할 만했으니 했을거라 생각하는 독자도 있을 것이다. 물론 그럴 수 있다. 하지만 요점은 그게 아니다. 문제는 잔소리가 그녀에게 도움이 되었느냐 또는 문제를 끊임없이 악화시켰느냐 하는 점이다.

"내가 제정신이 아니었던 것 같아." 소피아 톨스타야는 자신을 돌아보며 이렇게 생각했다. 하지만 너무 늦은 뒤였다.

에이브러햄 링컨에게 일어난 가장 큰 비극 역시 결혼이었다. 암살이 아니라 결혼이라는 점을 염두에 두길 바란다. 존 윌크스 부스에게 저격당했을 때, 링컨은 총에 맞았다는 사실을 전혀 깨닫지 못했다. 하지만 동료 변호사 윌리엄 헌든William Herndon[3]의 표현을 빌리자면, 링컨은 23년간 거의 매일 "불행한 결혼으로 인한 쓰라린 대가"를 치러야만 했다. "불행한 결혼?" 이것도 완곡한 표현이다. 링컨의 아내 메리 토드 링컨은 거의 사반세기 동안 잔소리를 퍼부으며 남편을 괴롭혔다.

그녀는 항상 불평하고, 남편을 비난했다. 남편에게는 마음에 드는 구석이 하나도 없었다. 어깨가 구부정했고, 걸음걸이도 이상했다. 아메리카 원주민처럼 다리를 뻣뻣하게 들어 올리며 걸었다. 그녀는 남편의 걸음걸이에 활기가 없고 움직임에 우아함이 없다며 불평했다. 그리고 남편의 걸음걸이를 흉내 내며 자신이 예전에 렉싱턴의 마담 멘텔 기숙학교에서 배운 대로 발끝을 아래로 향하게 해서 걸으라고 잔소리를 해댔다.

또, 남편의 귀가 너무 크고 위쪽으로 삐죽 솟아 있다고 싫어했다. 코가 삐뚤어졌다, 아랫입술이 튀어나왔다, 폐병 환자처럼 보인다, 손발이 너무 크고 머리는 너무 작다 등등 심한 말도 서슴지 않았다.

에이브러햄 링컨과 메리 토드 링컨은 교육 수준, 성장 배경, 성격, 취향, 가치관 등 모든 면에서 달랐다. 두 사람은 서로에게 끊임없이

---

3 변호사이자 초기 공화당원이었으며 에이브러햄 링컨의 전기를 쓴 작가이기도 하다. -편집자

언짢은 존재였다.

링컨에 관한 당대 최고의 권위자인 앨버트 J. 베버리지Albert J. Beveridge 상원 의원은 이런 글을 남겼다. "링컨 여사의 날카로운 목소리는 길 건너편까지 들릴 정도였고, 이웃집 사람이라면 누구나 끊임없이 폭발하는 그녀의 분노를 들을 수 있었다. 그녀의 분노는 종종 말이 아닌 다른 수단으로 표출되었으며, 그녀의 폭력성에 관한 기록은 무수히 많아 반박할 여지가 없을 정도이다."

예를 들면 이런 일도 있었다. 링컨 부부는 결혼하고 얼마간 스프링필드에 있는 제이컵 얼리Jacob Early 부인의 집에서 살았다. 부인은 의사였던 남편을 잃은 미망인으로 하숙을 받아야 하는 처지였다.

어느 날 아침 링컨 부부가 아침 식사를 하고 있을 때 남편이 어떤 행동을 하는 바람에 아내의 불같은 성미가 폭발했다. 아무도 이유를 기억하지는 못하지만, 아무튼 아내는 화가 나서 잔에 담긴 뜨거운 커피를 남편의 얼굴에 끼얹었다. 그것도 다른 하숙생들이 보는 앞에서 그랬다.

링컨은 아무 말도 하지 않은 채 굴욕감과 침묵 속에 앉아 있었고, 얼리 부인이 수건을 가져와 그의 얼굴과 옷을 닦아 주었다.

메리 토드 링컨의 질투심은 너무나 어리석고 극심하고 믿을 수 없을 정도여서, 그녀가 사람들 앞에서 벌인 한심하고 수치스러운 장면에 관한 글은, 심지어 75년이 지난 지금 읽기에도 숨이 턱 막힐 정도다. 그녀는 결국 정신 이상자가 되고 말았다. 아마도 그녀의 성격이 항상 정신 이상 초기 증세의 영향을 받았을 것이라는 점이 그나마 그녀에 대해 할 수 있는 가장 관대한 설명일 것이다.

이 모든 잔소리와 비난과 분노가 링컨을 변화시켰을까? 어떤 면에서는 그랬다. 아내를 대하는 태도는 확실히 달라졌다. 링컨은 불행한 결혼 생활을 후회하게 되었고, 가능한 한 아내와 마주치지 않으려고 했다.

스프링필드에는 11명의 변호사가 있었는데, 모두가 그곳에서 생계를 유지할 수는 없었다. 그래서 그들은 데이비드 데이비스David Davis 판사가 여러 지역에서 진행하는 재판을 따라 말을 타고 주 경계를 넘나들며 일할 때가 많았다. 그런 식으로 제8사법구 전역의 모든 마을에서 사건을 수임할 수 있었다.

다른 변호사들은 매주 토요일마다 스프링필드로 돌아와 가족과 함께 주말을 보냈다. 하지만 링컨은 아니었다. 그는 집에 돌아가는 것을 몹시 꺼렸다. 봄에 3개월, 가을에 3개월 동안은 항상 순회 법정을 돌며 스프링필드 근처에는 얼씬도 하지 않았다.

그는 해마다 이런 생활을 계속했다. 시골 호텔의 생활 환경은 열악할 때가 많았다. 하지만 집에 가서 아내의 그치지 않는 잔소리와 거칠게 날뛰는 성미를 마주하는 것보다는 나았다.

이것이 메리 토드 링컨, 외제니 황후, 소피아 톨스타야가 잔소리로 얻은 결과다. 그들의 삶에 비극만을 가져왔고, 그들이 가장 소중하게 여겼던 모든 것들을 파괴하고 말았다.

뉴욕시 가정법원에서 11년간 일하며 수천 건의 가출 사례를 검토한 베시 햄버거Bessie Hamburger는 남편이 집을 떠나는 주된 이유 중 하나가 아내의 잔소리 때문이라고 말한다. 혹은 〈보스턴 포스트〉의 표현을 빌리자면 "많은 사람들이 잔소리라는 삽으로 결혼 생활의 무덤을 조금씩 파고 있다."

그러므로 가정생활을 행복하게 유지하고 싶다면 첫 번째 원칙은:

절대로 잔소리하지 마라!!!

CHAPTER 2

있는 그대로
사랑하라

Love and Let Live

디즈레일리는 이렇게 말했다. "나는 살면서 여러 가지 어리석은 짓을 저지르겠지만, 사랑 때문에 결혼할 생각은 절대 없다."

그리고 정말로 그랬다. 그는 35살 때까지 독신으로 살다가 자신보다 15살이나 많은 부유한 미망인에게 청혼했다. 50번의 겨울을 지나면서 머리가 하얗게 변한 여성에게 말이다. 사랑 때문이었을까? 아니다. 그녀도 알았다. 그가 돈 때문에 결혼했다는 것을 알고 있었다! 그래서 그녀는 딱 한 가지 조건을 걸었다. 그의 성격을 파악할 수 있게 1년만 기다려 달라고. 그리고 그 시간이 끝난 뒤, 그녀는 그와 결혼했다.

너무 지루하고 계산적으로 들린다. 그렇지 않은가? 그러나 역설적이게도 디즈레일리의 결혼은 수많은 파탄과 진흙탕 싸움으로 얼룩진 결혼의 역사에서 가장 빛나는 성공 사례로 손꼽힌다.

디즈레일리가 선택한 부유한 미망인은 젊지도, 아름답지도, 총명하지도 않았다. 오히려 그와는 거리가 멀었다. 그녀는 문학적, 역사적 소양이 부족해서 실소를 자아내는 실수를 저지르기 일쑤였다. 예를 들면 그녀는 그리스 시대가 먼저인지, 로마 시대가 먼저인지도 몰랐다. 그녀의 옷 취향은 특이했고 가구를 고르는 취향도 괴상했다. 하지만 결혼 생활에서 가장 중요하다고 할 수 있는, 남자를 대하는 기술만큼은 가히 천재적이었다.

그녀는 자신의 지성을 남편과 견주려 하지 않았다. 남편이 똑똑한 귀족 부인들과 재담을 주고받느라 오후 늦게 지치고 피곤한 상태로 집에 왔을 때도 아내인 메리 앤Mary Anne의 가벼운 수다 덕분에 긴장을 풀 수 있었다. 디즈레일리에게 집은 메리 앤의 따뜻한 사랑을 듬뿍 받으며 마음의 안식을 취할 수 있는 곳이었고, 시간이 흐를수록 집에서 얻는 기쁨은 더욱더 커졌다. 나이 든 아내와 집에서 보내는 시간은 그의 인생에서 가장 행복한 순간이었다. 아내는 그의 조력자이자, 친구이자, 조언가였다. 그는 매일 밤 의회에서 서둘러 집으로 돌아와 아내에게 그날 있었던 일을 이야기했다. 그리고 이 점이 중요한데, 메리 앤은 남편이 무슨 일을 하든 실패할 것이라고는 전혀 생각지 않았다.

30년 동안 메리 앤은 디즈레일리를 위해, 오직 그만을 위해 살았다. 심지어 그녀가 자기 재산을 소중히 여겼던 것도, 그 재산으로 남편의 삶을 더 안락하게 해준다는 이유에서였다. 그 대가로 그녀는 남편의 존경과 사랑을 받았다. 그녀가 죽고 난 후 디즈레일리는 백작의 작위를 받았다. 하지만 그는 작위를 받기 전, 아직 평민의 신분이었음에도 빅토리아 여왕을 설득해 메리 앤을 귀족의 신분으로 격상시켰다. 그리하여 메리 앤은 1868년에 비콘스필드 자작 부인의 작위를 얻었다.

디즈레일리는 아내가 사람들 앞에서 어리석거나 경솔한 모습을 보여도 아내를 절대 비난하거나 책망하는 말을 하지 않았다. 감히 그녀를 조롱하는 사람이 있으면, 맹렬한 충성심으로 달려들어 아내를 보호했다.

메리 앤은 완벽하지 않았지만, 30년 동안 한결같이 남편에 대해 이야기하고, 남편을 칭찬하고, 남편을 존경했다. 결과는? 디즈레일리는 이렇게 말했다. "나는 30년간 그녀와 부부로 살면서 한 번도 그녀에게 싫증을 느낀 적이 없다." (하지만 어떤 사람들은 메리 앤이 역사를 모른다는 이유로 멍청한 여자라고 말한다!)

디즈레일리는 메리 앤이 자신의 인생에서 가장 중요한 존재라는 사실을 절대 숨기지 않았다. 결과는? 메리 앤은 친구들에게 자주 이렇게 말했다. "자상한 남편 덕분에 내 인생은 늘 행복의 연속이야."

둘 사이에는 자기들끼리 주고받는 농담이 있었다. 디즈레일리가 "당신도 알다시피 난 어차피 돈 때문에 당신과 결혼했어요."라고 하면, 메리 앤은 웃으며 "그럼요. 하지만 다시 결혼한다면 사랑 때문에 나와 결혼할 거잖아요. 그렇죠?"라고 대답했다.

그러면 그도 웃으며 그렇다고 했다.

메리 앤은 완벽하지 않았다. 하지만 디즈레일리는 현명하게도 그녀를 있는 그대로 내버려 두었다.

헨리 제임스Henry James[1]는 이렇게 말했다. "다른 사람과 관계를 맺을 때 첫 번째로 알아야 할 것은 상대가 행복을 찾는 특유의 방식에 간섭하지 말아야 한다는 점이다. 단, 그 방식이 우리의 방식을 폭력으로 방해하지 않는다면 말이다."

이 말은 매우 중요하므로 한 번 더 반복하겠다. "다른 사람과 관계를 맺을 때 첫 번째로 알아야 할 것은 상대가 행복을 찾는 특유의 방식에 간섭하지 말아야 한다는 점이다…"

혹은 릴런드 포스터 우드Leland Foster Wood가 그의 저서《가족으로 함께 성장하기》[2]에서 말했듯이 "결혼 생활의 성공은 잘 맞는 사람을 찾는 것 이상의 의미가 있다. 그것은 자신도 잘 맞는 사람이 되어야 한다는 것을 의미한다."

---

[1] 미국과 영국을 오가며 활동한 소설가로, 많은 사람들에게 최고의 영문학 소설가로 인정받고 있다. -편집자

[2] 원제목: Growing Together in the Family -옮긴이

그러므로 가정생활이 행복하길 원한다면 두 번째 원칙은:

배우자를 바꾸려 하지 마라.

CHAPTER 3

이렇게 하면, 리노[1]로 가는
시간표를 찾아보게 될 것이다

Do This You'll Be Looking Up the Time-Table to Reno

디즈레일리의 최대 정적은 위대한 윌리엄 글래드스턴William Gladstone[2]
이었다. 두 사람은 제국에서 일어나는 모든 논란거리마다 서로 충돌
했으나, 한 가지 공통점이 있었다. 바로 사생활 면에서는 최상의 행
복을 누렸다는 점이다.

윌리엄 글래드스턴과 그의 아내 캐서린 글래드스턴Catherine Glad-
stone은 59년을 함께 했으며, 거의 60년 동안 변치 않는 헌신으로 아
름다운 삶을 살았다. 나는 영국에서 가장 위엄 있는 총리로 알려진

---

1   '이혼의 도시'로 유명하다. 자세한 내용은 200쪽을 참고. -편집자
2   영국의 전 총리. 1867년에 자유당의 당수가 되어 보수당의 디즈레일리와 라
     이벌 관계를 이루었다. -편집자

글래드스턴이 아내의 손을 잡고 벽난로 앞에서 춤추는 모습을 상상하곤 하다. 이런 노래를 부르면서 말이다.

> "누더기 남편과 왈가닥 아내,
>> 우리는 인생의 고락도
>>> 엎치락뒤치락 잘 헤쳐 나간다네."

공적인 자리에서는 무시무시한 적이었던 글래드스턴이지만, 집에서는 절대 다른 사람을 비난하는 일이 없었다. 그는 아침에 식사하러 내려왔다가 나머지 가족들이 아직 자고 있는 것을 발견하면, 자신만의 부드러운 방식으로 가족들을 나무랐다. 이상한 노래를 목청껏 부르며 집안을 소음으로 가득 채웠고, 그렇게 영국에서 가장 바쁜 남자가 아래층에서 혼자 아침밥을 기다리고 있다는 것을 나머지 가족들에게 상기시켰다. 이처럼 노련하고 배려심 있던 그는 가정 내에서 비판적인 말을 철저하게 조심했다.

러시아의 여제 예카테리나 2세도 그런 모습을 자주 보였다. 예카테리나는 세계 역사상 가장 큰 제국을 다스리며 수백만 국민의 생살여탈권을 쥐고 있었다. 불필요한 전쟁을 일으키고, 수많은 정적들을 총살형에 처하는 등 정치적으로는 잔인한 폭군이었다. 하지만 요리사가 고기를 태워도 그녀는 아무 말도 하지 않았다. 그녀는 평범한 미국의 남편과 아내들이 본받아야 할 관용을 베풀며 미소와 함께 그 고기를 먹었다.

가정불화의 원인에 관한 미국 최고의 권위자인 도로시 딕스는 전체 결혼의 50% 이상이 실패라고 선언했다. 그리고 수많은 로맨틱한 꿈이 리노의 바위 위에서 깨지는 이유 중 하나가 상대의 마음을 아프게 하는 쓸데없는 비난이라고 했다.

그러므로 가정생활을 행복하게 유지하고 싶다면 기억해야 할 세 번째 원칙은:

비난하지 마라.

아이들을 꾸짖고 싶은 생각이 든다면… 당신은 내가 **하지 말라**고 말할 거라 생각할 것이다. 하지만 그렇지 않다. 나는 단지 아이들을 혼내기 **전에** 미국 저널리즘의 고전 중 하나인 "아버지는 잊는다"를 읽어 보라고 말하겠다. 이 글은 원래 〈피플스 홈 저널〉에 실린 사설이었다. 저자의 동의를 받아 〈리더스 다이제스트〉에 실린 요약본을 그대로 옮겨 여기에 소개한다.

"아버지는 잊는다"는 진솔한 감정의 순간에 써 내려간 짧은 글로 많은 독자의 심금을 울려 꾸준히 재발행되는 인기 글이 되었다. 이 글의 저자인 W. 리빙스턴 라네드W. Livingston Larned는 다음과 같이 말한다. "약 15년 전에 처음 발표된 이래로 '아버지는 잊는다'는 수백 개의 잡지와 사보, 미국 전역의 신문에 재발행되었습니다. 전 세계 수많은 언어로도 번역되었죠. 학교나 교회, 강연장에서 이 글을 낭독하고 싶다는 수천 명의 사람들에게 직접 낭독을 허락해 주기도 했습니다. 이 글은 수없이 많은 행사와 프로그램에서 '전파를 탔습니다.' 특이하게도 대학 학보와 고등학교 잡지에 실린 적도 있죠. 때로는 짧은 글이 신기하게도 '흥행'하는 경우가 있는 것 같습니다. 바로 이 글처럼 말이죠."

아버지는 잊는다
- W. 리빙스턴 라네드

아들아, 내 말을 들어 보렴. 나는 지금 잠든 네 옆에서 이 말을 하고 있단다. 너의 조그만 손은 네 뺨을 받치고 있고, 땀방울 맺힌 이마에는 금발 곱슬머리가 달라붙어 있구나. 나는 혼자 조용히 네 방을 찾아왔다. 불과 몇 분 전, 서재에서 서류를 읽는데 숨 막히는 후회의 물결이 나를 휩쓸었단다. 그래서 미안한 마음에 이렇게 네 머리맡에 앉았단다.

아들아, 아버지는 이런 일들이 떠올랐단다. 나는 너에게 화가 났다. 학교에 가려고 준비하면서 수건으로 얼굴만 살짝 문지르고 말았다며 너를 야단쳤었지. 신발을 더럽혔다고 혼냈고, 물건을 아무렇게나 바닥에 던져두었다고 화를 냈어.

아침을 먹을 때도 나는 네 잘못을 들춰냈지. 음식을 흘린다고, 제대로 씹지 않는다고, 팔꿈치를 식탁에 올렸다고, 빵에 버터를 너무 많이 바른다고. 그리고 내가 기차를 타러 나설 때 네가 놀러 가다 나를 향해 뒤돌아보며 "아빠, 잘 다녀오세요."라고 밝게 손을 흔들었는데도, 나는 눈살을 찌푸리며 "어깨 펴!"라고만 대답했구나.

그러고 나서 늦은 오후에 또다시 잔소리가 시작되었지. 집에 오는 길에 네가 무릎을 꿇고 구슬치기하는 걸 봤단다. 타이츠에 구멍이 났더구나. 나는 너를 앞세워 집으로 들어가며 친구들 앞에서 창피를 주었어. "타이츠가 얼마나 비싼데. 네가 번 돈으로 샀으면 더 조심했겠지!" 생각해 보렴, 아들아. 이게 아버지한테서 듣는 말이라니!

그 뒤에 내가 서재에서 서류를 보고 있는데, 네가 상처받은 표정으로 머뭇거리며 들어왔던 거 기억하니? 방해를 받아 짜증이 난 나는 서류 너머로 힐끔 쳐다보며 쭈뼛거리는 너를 향해 퉁명스럽게 말했어. "뭐 때문에 왔어?"

너는 잠깐 가만히 서 있다 갑자기 달려와 내 목을 끌어안고 내게 뽀뽀를 했어. 너의 조그만 두 팔은 신께서 네 마음에 꽃피운, 심지어 돌보지 않아도 시들지 않는 꽃처럼 사랑으로 가득 차 나를 꽉 껴안았지. 그러고 나서 너는 계단을 쿵쿵거리며 뛰어 올라갔어.

그런데 아들아, 잠시 후 나는 손에 들고 있던 서류를 떨어뜨리고 말았단다. 갑자기 무서운 생각이 들더구나. 습관이 내게 무슨 짓을 한 걸까? 나쁜 점만 찾아내서 꾸짖는 습관. 이게 아들이 되어준 너에게 주는 아빠의 보상이라니. 너를 사랑하지 않아서 그런 게 아니란다. 어린 너에게 너무 많은 걸 기대했어. 어른의 잣대로 너를 판단하고 있었기 때문이지.

그리고 네 성격에는 착하고 멋지고 순수한 점이 많이 있단다. 네 작은 가슴에는 넓은 언덕 너머로 밝아 오는 새벽 햇살처럼 큰 마음이 있더구나. 본능이 이끄는 대로 내게 달려와 뽀뽀하는 네 모습을 보면 알 수 있지. 아들아, 오늘 밤 다른 건 아무것도 중요하지 않구나. 그래서 캄캄한 밤 중에 네 방을 찾아와 부끄러운 마음으로 이렇게 무릎을 꿇었단다!

이건 작은 속죄에 불과하겠지. 네가 깨어 있을 때 내가 이런 말을 하면, 너는 아마 이해하지 못할 거야. 하지만 내일부터 나는 진짜 아빠가 될 거란다! 네 친구가 되어주고, 네가 아파할 때 같이 아파하고, 네가 웃을 때 같이 웃어 줄 거야. 참을성 없이 잔소리가 나오려고 하면 차라리 혀를 깨물어 버리마. 그리고 이 말을 주문처럼 외울 거란다. "너는 아직 아이, 어린아이일 뿐이다."

그동안 너를 어른으로 생각한 것 같아 미안하구나. 하지만 지금 침대에서 웅크리고 잠든 너를 보니, 너는 여전히 아기인 것 같구나. 어제도 엄마 품에 안겨 어깨에 머리를 얹고 있었지. 내가 많은 것을, 너무도 많은 것을 바란 것 같구나.

CHAPTER 4

모두가 행복해지는
빠른 방법

A Quick Way to Make Everybody Happy

로스앤젤레스에서 가족 관계 연구소를 운영하는 폴 포페노Paul Popenoe 소장은 이렇게 말한다. "남성 대부분은 신붓감을 찾을 때 고위직의 여성을 찾는 게 아닙니다. 남자의 자존심을 세워 주고 기를 살려 줄 매력과 의지를 지닌 여성을 찾습니다. 고위직 여성이라도 점심 식사에 초대받을 수 있죠. 한 번은 그럴 수 있습니다. 하지만 그 여성이 '현대 철학의 주요 흐름' 같은 대학 시절의 고리타분한 이야기를 늘어 놓거나, 자신이 식사값을 계산하겠다고 고집을 부리면, 그 결과 그녀는 이후에 혼자 점심을 먹게 됩니다.

반면에 대학을 나오지 못한 타이피스트가 점심 식사에 초대받으면, 자신을 에스코트해 준 사람을 향해 초롱초롱한 눈빛을 보내며 간절히 말할 겁니다. '이제 당신에 대해 좀 더 이야기해 주세요.' 그 결과, 남자는 동료들에게 이렇게 말할 겁니다. '엄청난 미녀는 아니지만, 이보다 나은 대화 상대는 본 적이 없어.'"

남자들은 외모를 가꾸고 옷을 잘 차려입으려는 여자들의 노력에 반드시 칭찬을 표현해야 한다. 남자들은 여자들이 옷에 얼마나 관심이 많은지 모르고, 안다 해도 잊어버린다. 예를 들어 한 쌍의 남녀가 길거리에서 다른 남녀를 보게 된다면, 여자들은 대개 상대 남자를 보지 않고 상대 여자가 옷을 얼마나 잘 입었는지를 살피는 경우가 많다.

우리 할머니는 몇 년 전에 98세의 나이로 돌아가셨다. 돌아가시기 얼마 전, 우리는 할머니께 30년 전에 찍은 할머니의 사진을 보여 드렸다. 할머니는 눈이 나빠져 사진을 잘 볼 수 없었고, 단 한 가지 질문만 하셨다. "내가 어떤 드레스를 입고 있었지?" 생각해 보라! 지난 12월에 병상에 누워, 한 세기 세월의 그늘 속에서 나이 듦에 지친 채, 기억력이 흐려져 자기 딸조차 알아보지 못하는 노파가, 여전히 30년 전에 입었던 드레스가 무엇인지 알고 싶어 하다니! 할머니께서 그 질문을 했을 때 나는 침대 곁에 있었다. 그때 일은 나에게 영원히 사라지지 않을 깊은 인상을 남겼다.

이 글을 읽는 남자들은 5년 전에 자신이 어떤 정장이나 셔츠를 입고 있었는지 기억하지 못하며, 기억하고 싶은 마음도 없을 것이다. 하지만 여자들은 다르다. 우리 남자들은 그 점을 인식해야만 한다. 프랑스의 상류층 남자아이들은 어릴 때부터 여자들이 입고 있는 옷과 모자에 찬사를 보내도록, 그것도 한 번이 아니라 저녁 내내 여러 번 찬사를 보내도록 교육받는다. 5000만 명이나 되는 프랑스 남자들이 다 틀렸을 리는 없지 않은가!

내가 수집해 놓은 이야기 중에 실제 있었던 일은 아니지만, 진리를 담은 이야기가 있어 소개하고자 한다.

이 우스꽝스러운 이야기에 따르면, 농장에서 일하던 한 여성이 고된 하루를 보내고 집으로 돌아와 남자들 앞에 건초 한 무더기를 내어놓았다고 한다. 남자들이 미쳤느냐며 버럭 소리를 지르자 그녀는 이렇게 대꾸했다. "왜요? 내가 당신들이 눈치챌 줄 어떻게 알았겠어요? 지난 20년 동안 당신 남자들을 위해 요리를 해다 바쳤지만, 그 모든 시간 동안 건초만 먹은 게 아니라는 걸 알려 주는 감사의 말은 단 한마디도 듣지 못했는 걸요!"

모스크바와 상트페테르부르크의 사치스러운 귀족들은 더 나은 매너를 가지고 있었다. 제정 러시아 시대에는 근사한 만찬을 즐기고 나면 요리사를 불러내 칭찬하는 것이 상류층의 관습이었다.

왜 배우자를 위해서는 이런 배려를 하지 않는가? 다음에 닭요리가 부드럽게 잘 익었다면, 배우자에게 그렇다고 말해 보라. 건초만 먹는 것이 아니라는 사실에 감사하고 있다는 걸 알려 주어라. 아니면 텍사스 기넌Texas Guinan[1]이 말했듯이 "배우자에게 큰 박수"를 보내

---

[1] 미국의 배우이자 프로듀서. 금주법 시대에 밀주 클럽을 운영한 것으로 유명한

주어라!

그리고 그 과정에서 배우자가 당신에게 얼마나 소중한 존재인지 알려 주는 것을 두려워하지 마라. 디즈레일리는 영국이 배출한 위대한 정치가였지만, 앞서 살펴본 것처럼 자신이 "아내의 덕"을 얼마나 많이 보았는지 세상에 드러내기를 부끄러워하지 않았다.

얼마 전 나는 잡지를 읽다가 이 글을 발견했다. 에디 캔터Eddie Cantor[2]와의 인터뷰를 다룬 내용이었다.

에디 캔터는 이렇게 말했다. "저는 세상 누구보다 아내에게 많은 빚을 졌습니다. 아내는 어린 시절 가장 가까운 친구였고, 제가 바른 길로 갈 수 있도록 도와주었습니다. 결혼 후 아내는 동전 한 푼도 아껴가며 저축하고, 이를 투자하고, 다시 투자했습니다. 그렇게 상당한 재산을 모았죠. 우리에게는 사랑스러운 자녀도 다섯이나 있습니다. 그녀는 항상 저를 위해 멋진 가정을 일구어 왔습니다. 제가 지금까지 이룬 것이 있다면, 그건 모두 아내 덕분입니다."

할리우드는 런던의 로이즈 보험 거래소조차 보장하지 못할 정도로 결혼 생활이 위태위태한 곳이다. 그런 곳에서 눈에 띄게 행복한

사교계의 스타였다. -편집자

2　미국의 코미디언이자 배우, 가수로 활동했다. 가족처럼 친근한 이미지로 인기를 끌었다. -편집자

결혼 생활을 누리는 몇 안 되는 커플 중 하나가 바로 백스터 부부[3]다. 백스터 부인Mrs. Baxter이 된 위니프리드 브라이슨Winifred Bryson은 결혼과 함께 화려한 배우 생활을 접었다. 하지만 그녀의 희생이 두 사람의 행복을 방해하는 일 따위는 없었다. 워너 백스터Warner Baxter는 이렇게 말했다. "아내는 무대에서 받는 박수갈채를 그리워했지만, 제가 대신 그 박수갈채를 보내고 있다는 사실을 아내가 알 수 있도록 노력했습니다. 결혼한 여성이 남편에게서 행복을 찾고자 한다면, 남편의 감사와 헌신에서 찾아야 합니다. 그 감사와 헌신이 진짜라면, 남편이 찾는 행복에 대한 해답도 거기에 있습니다."

자, 어떤가? 그러므로 가정생활을 행복하게 유지하고 싶다면 가장 중요한 원칙인 네 번째 원칙은:

진심으로 고마움을 전하라.

---

[3]   아내 위니프리드 브라이슨은 무성영화 배우로 명성을 얻었으며, 남편 워너 백스터는 아카데미 남우주연상을 수상하고, 할리우드 명예의 전당에 이름을 올렸다. -편집자

CHAPTER 5

여자들이 중요하게
생각하는 것

They Mean So Much to a Woman

먼 옛날부터 꽃은 사랑의 언어로 여겨졌다. 특히 제철 꽃은 크게 비싸지 않고 길거리에서도 쉽게 살 수 있다. 하지만 보통의 남편들이 수선화 한 다발을 집에 사 들고 가는 모습을 보기는 좀처럼 쉽지 않다. 이를 고려하면 수선화는 난초만큼 비싸고, 구름에 가려진 알프스 절벽에 피는 에델바이스만큼 구하기 어렵다고 여길 만하다.

왜 아내가 병원에 갈 때까지 기다렸다가 꽃 몇 송이를 선물하는가? 바로 내일 밤 장미 몇 송이를 선물해 보는 건 어떤가? 여러분은 실험하기를 좋아하는 사람들이다. 시도해 보라. 그리고 무슨 일이 일어나는지 살펴보자.

조지 M. 코핸George M. Cohan[1]은 브로드웨이에서 바쁜 나날을 보냈지만, 어머니가 돌아가시기 전까지 매일 두 번씩 전화를 드렸다. 매번 놀라운 소식이 있었던 걸까? 아니다. 작은 관심의 의미란 바로 이런 것이다. 사랑하는 사람에게 당신이 그 사람을 항상 생각하고 있고, 그 사람을 기쁘게 해주고 싶고, 그 사람의 행복과 안녕이 당신에게 매우 중요하며, 이를 당신의 마음에 항상 담아 두고 있다는 것을 보여 주는 것이다.

여자들은 생일과 기념일을 대단히 중요하게 생각한다. 왜 그런지는 여자들에 관한 영원한 수수께끼로 남을 것이다. 평범한 남자들은 기념일을 기억하지 않아도 사는 데 큰 문제가 없다. 하지만 피할 수 없는 날들이 몇 있다. 1492[2], 1776[3], 아내의 생일, 결혼기념일이다. 부득이한 경우 앞의 둘은 외우지 않고도 잘 지낼 수 있지만, 뒤의 둘은 아니다!

4만 건의 이혼 분쟁을 다루고, 2000쌍을 화해시킨 시카고의 조셉 사바스Joseph Sabbath 판사는 이렇게 말한다. "가정불화의 근저에는 대부분 사소한 일들이 있다. 아내가 출근하는 남편에게 손을 흔들어 배웅해 주는 일처럼 간단한 일만으로도 많은 이혼을 피할 수 있다."

기록에 따르면 로버트 브라우닝은 그의 아내 엘리자베스 배럿 브

---

1   미국의 가수이자 극작가. 36개 이상의 브로드웨이 뮤지컬에 출연했으며, 미국 뮤지컬의 아버지로 불린다. -편집자

2   크리스토퍼 콜럼버스가 신대륙을 발견한 해. -편집자

3   미국이 독립을 선언한 해. -편집자

라우닝Elizabeth Barrett Browning과 함께 매우 목가적인 삶을 살았던 것으로 여겨지는데, 그는 아무리 바빠도 작은 칭찬과 관심으로 사랑을 가꾸는 시간만큼은 소홀히 하지 않았다. 그가 병든 아내를 얼마나 극진히 배려해 주었던지 엘리자베스는 자매들에게 다음과 같은 편지를 쓰기도 했다. "요즘에는 내가 진짜 천사가 아닐까 하는 생각이 자연스럽게 들 정도야."

이런 일상적인 작은 관심의 가치를 과소평가하는 남성이 너무 많다. 게이너 매독스Gaynor Maddox는 여성 잡지 〈픽토리얼 리뷰〉에 기고한 기사에서 이렇게 말했다. "미국 가정에는 몇 가지 새로운 악습을 꼭 도입할 필요가 있다. 가령 아내들은 침대에서 아침을 즐기는 소박한 사치 정도는 누릴 수 있어야 한다. 여자들이 침대에서 아침을 먹는 것은 남자들이 사교 클럽에 가는 것과 거의 같은 기능을 한다."

결혼이란 결국 사소한 일들의 연속이다. 그 사실을 간과하는 부부는 불행이 따를 것이다. 에드나 세인트 빈센트 밀레이Edna St. Vincent Millay는[4] 간결한 운율로 이 모든 것을 함축하여 표현했다.

나의 나날이 고통스러운 것은 사랑이 떠나서가 아니라
사랑이 사소한 것들로 떠나서다.

---

[4] 미국의 서정 시인이자 극작가. 1923년에 시 부문에서 퓰리처 상을 수상했다. -편집자

이 구절은 외워 두면 좋을 것이다. 리노의 법원에서는 주 6일에 걸쳐 10분에 한 건씩 이혼을 허가한다. 그중 얼마나 많은 결혼이 심각한 비극의 암초에 부딪혀 난파된 걸까? 내가 장담하건대 얼마 없을 것이다. 리노의 법정에 앉아 불행한 부부의 증언을 하루 종일 듣고 있노라면, 사랑은 정말 "사소한 것들로 떠난다"는 것을 알게 될 것이다.

지금 바로 주머니칼을 가져다가 다음 인용구를 오려 두어라. 그리고 모자 안쪽에 붙여 두거나, 매일 아침 면도할 때 볼 수 있도록 거울에 붙여 두길 바란다.

"나는 이 길을 한 번만 지나가리니. 그러므로 내가 누군가에게 할 수 있는 선행이나 베풀 수 있는 친절이 있다면 지금 당장 행하게 하소서. 내가 다시는 이 길을 지나지 않을 것이니, 미루거나 게을리하지 않게 하소서."[5]

그러므로 가정생활을 행복하게 유지하고 싶다면 다섯 번째 원칙은:

작은 관심을 기울여라.

---

5   저명한 프랑스계 미국인 퀘이커 선교사 스티븐 그렐렛이 한 말이다. -편집자

CHAPTER 6

행복해지고 싶다면
이 점을 소홀히 하지 말라

**If You Want to Be Happy,
Don't Neglect This One**

발터 담로슈Walter Damrosch[1]는 미국 최고의 연설가이자 한때 대통령 후보이기도 했던 제임스 G. 블레인James G. Blaine의 딸과 결혼했다. 두 사람은 수년 전 스코틀랜드에 있는 앤드루 카네기의 집에서 처음 만난 후, 눈에 띄게 행복한 삶을 살았다.

비결이 무엇일까?

담로슈의 아내인 마거릿 담로슈Margaret Damrosch는 이렇게 말한다. "배우자를 신중하게 고르는 일 다음으로 중요한 것은 결혼 후 예의를 갖추는 것입니다. 젊은 부부들이 낯선 사람을 대하는 것만큼이라도 배우자에게 예의를 갖추었으면 좋겠어요! 배우자가 입이 거칠면

---

[1] 프로이센 왕국 출신으로 뉴욕 필하모닉에서 지휘자로 활동했다. -편집자

어떤 사람이라도 도망칠 거예요."

무례함은 사랑을 집어삼키는 암 덩어리와 같다. 누구나 알고 있는 사실이지만, 우리는 가까운 사람보다 낯선 사람에게 더 예의를 차리는 것으로 악명이 높다.

우리가 낯선 사람의 말을 끊으며 "맙소사, 그 옛날이야기를 또 하시려고요?"라고 끼어드는 것은 상상조차 못 할 일이다. 친구의 편지를 허락 없이 뜯어보거나, 사적인 비밀을 엿볼 생각은 꿈에도 없을 것이다. 그런데 우리가 감히 사소한 잘못에도 모욕을 서슴지 않는 대상은 우리의 가족, 즉 우리에게 가장 가깝고 소중한 사람들뿐이다.

다시 한번 도로시 딕스의 말을 인용하자면, "놀랍게도 분명한 사실은 우리에게 비열하고, 모욕적이며, 상처 주는 말을 하는 사람은 대부분 우리의 가족뿐이다."

헨리 클레이 리스너는 이렇게 말한다. "예의란 부서진 대문을 놔두고, 그 대문 너머 마당에 핀 꽃에 관심을 기울이는 마음가짐이다."

결혼 생활에서 예의는 자동차의 윤활유만큼이나 중요하다.

올리버 웬들 홈스는 《아침 식탁의 독재자》[2]라는 책으로 많은 사랑을 받았지만, 정작 자기 집에서는 전혀 독재자 같지 않았다. 사실 그는 배려심이 깊어서 기분이 울적하고 우울할 때도 가족들에게 이를 내색하지 않으려고 노력했다. 그가 말하길, 그런 감정을 혼자 감

---

2   원제목: Autocrat of the Breakfast Table -옮긴이

내하는 것도 충분히 힘들었지만, 다른 사람들에게 이를 짊어지게 하는 것은 더욱 피하고 싶었다고 한다.

이것이 바로 올리버 웬들 홈스가 한 일이다. 하지만 평범한 사람들은 어떤가? 회사에서 일이 잘 풀리지 않았다. 판매가 부진하거나 상사에게 불려 가 야단을 맞았다. 머리가 깨질 듯 아프거나 집에 가는 5시 15분 버스를 놓쳤다. 그리고 집에 도착하기가 무섭게 가족들에게 분풀이를 하기 시작한다.

네덜란드에서는 집에 들어가기 전에 현관 앞에서 신발을 벗고 들어간다. 이럴 수가, 우리는 정말로 네덜란드 사람들로부터 교훈을 얻어야 한다. 밖에서 있었던 힘든 일들은 집에 들어가기 전에 벗어 놓도록 하자.

윌리엄 제임스는 《인간의 특정한 무지에 관하여》[3]라는 수필을 쓴 적이 있다. 가까운 도서관에 가서 이 책을 구해 읽어 보는 것은 가치 있는 걸음이 될 것이다. 제임스는 이렇게 썼다. "지금부터 이 글에서 다루고자 하는 인간의 무지는 우리 모두를 고통스럽게 하는 타자의 감정에 관한 무지를 말한다."

"우리 모두를 고통스럽게 하는 무지." 많은 남자가 고객이나 동료에게 큰소리 내는 것은 꿈도 꾸지 못하면서, 아내에게는 아무렇지 않게 소리를 질러 댄다. 하지만 그들의 개인적인 행복을 위해서는

---

3   원제목: On a Certain Blindness in Human Beings -옮긴이

일보다 훨씬 더 중요하고 절실한 것이 바로 결혼이다.

결혼해서 행복하게 사는 평범한 남자가 고독하게 사는 천재보다 훨씬 더 행복하다. 러시아의 위대한 소설가 이반 투르게네프Ivan Turgenev는 문명화된 모든 나라에서 찬사를 받았다. 그럼에도 그는 이렇게 말했다. "내가 밤 늦게 집에 오더라도 저녁을 먹었는지 아닌지 걱정해 주는 여인이 어딘가에 있다면, 내 모든 천재성과 내 모든 작품도 포기할 수 있다."

그나저나 결혼 생활이 행복할 확률은 얼마나 될까? 앞에서 보았듯이, 도로시 딕스는 절반 이상이 실패라고 믿었다. 하지만 폴 포페노 박사는 다르게 생각한다. 그는 이렇게 말한다. "사업보다 결혼 생활에서 성공할 확률이 더 높습니다. 식료품 사업에 뛰어든 사람 중 70%가 실패합니다. 결혼에 골인하는 남녀 중 70%는 성공합니다."

도로시 딕스는 이 모든 것을 다음과 같이 요약했다.

"결혼에 비하면 탄생은 우리 인생에서 하나의 에피소드에 불과하고, 죽음은 사소한 사건에 불과하다.

어떤 여자도 왜 남자들이 사업이나 직장에서 성공하려고 노력하는 만큼 좋은 가정을 일구기 위해서는 노력하지 않는지 절대 이해하지 못할 것이다.

아내를 만족시키고 가정의 평화와 행복을 이루는 것은 100만 달러를 버는 것보다 남자에게 더 큰 의미가 있지만, 성공적인 결혼 생활을 위해 진지하게 고민하거나 진심으로 노력하는 남자는 100명

중 1명도 찾아보기 힘들다. 남자들은 자신의 인생에서 가장 중요한 문제를 운에 맡기고, 운이 함께하느냐 마느냐에 따라 성공하거나 실패한다. 여자들은 왜 남편이 자신들을 세련되게 대하지 않는지 전혀 이해하지 못한다. 강압적인 방법 대신 부드러운 방법을 쓰면 그들에게 더 이득일 텐데 말이다.

모든 남자는 아내의 기분을 조금만 맞춰 주면 아내가 무슨 일이든 해주리라는 것을, 그리고 어떤 것도 바라지 않으리라는 것을 알고 있다. 아내가 얼마나 집안일을 잘하는지, 얼마나 내조를 잘하는지 사소한 칭찬 몇 마디만 건네면 그녀가 동전 한 푼까지 아껴 쓸 거라는 것도 알고 있다. 아내가 작년에 산 드레스를 입었을 때 얼마나 아름답고 사랑스러워 보이는지 말하면 파리에서 최신 유행하는 수입품과도 바꾸지 않으리라는 것도 알고 있다. 아내의 눈에 입을 맞추면 아내가 모든 잘못을 눈감아 줄 것이고, 아내의 입술에 뜨겁게 키스해 준다면 아내가 아무런 잔소리도 하지 않으리라는 것을 모든 남자는 알고 있다.

그리고 모든 아내는 남편이 이런 점들을 안다는 것을 알고 있다. 왜냐하면 그녀를 어떻게 대하는 것이 효과적인지 완벽한 도표를 제공해 왔기 때문이다. 그리고 아내는 남편에게 화를 내야 할지 넌더리를 내야 할지 절대 알지 못한다. 왜냐하면 남편이 아내에게 약간의 칭찬을 건네는 노력을 기울이고 아내가 대우받기를 간절히 바라는 방식으로 아내를 대하니, 차라리 아내와 싸우고 나서 그 대가로 맛없는 밥을 먹거나 새 드레스와 리무진 그리고 진주를 사주느라 돈을 낭비하는 것을 택하기 때문이다."

그러므로 가정생활을 행복하게 유지하고 싶다면 여섯 번째 원칙은:

예의를 갖춰라.

CHAPTER 7

"결혼 문맹"이
되지 말라

Don't Be a "Marriage Illiterate"

미국 사회위생국의 총책임자인 캐서린 비먼트 데이비스Katharine Be-
ment Davis 박사는 기혼 여성 1000명을 대상으로 몇 가지 내밀한 문제
에 관해 솔직한 답변을 요구하는 설문을 진행한 적이 있다. 그 결과
는 평균적인 미국 성인의 성적 불만족에 관한 충격적인, 믿을 수 없
을 정도로 충격적인 내용을 담고 있었다. 데이비스 박사는 기혼 여
성 1000명으로부터 받은 답변을 검토한 후, 미국에서 일어나는 이
혼의 주요 원인 중 하나가 바로 성적 부조화라는 그녀의 확신을 주
저 없이 발표했다.

G. V. 해밀턴G. V. Hamilton 박사의 설문 조사도 이를 뒷받침한다. 해
밀턴 박사는 4년간 기혼남녀 각각 100명을 대상으로 결혼 생활을
연구했다. 그는 이 남녀에게 결혼 생활에 관한 400여 개의 질문을

개별적으로 묻고, 그들의 문제를 철저하게, 전체 조사에 4년이 걸릴 정도로 철저하게 검토했다. 이 연구는 사회학적으로 매우 중요한 것으로 여겨져 주요 자선 단체의 후원을 받았다. 그 결과물은 G. V. 해밀턴 박사와 케네스 맥고완Kenneth Macgowan의 공저인《결혼의 문제는 무엇인가?》[1]에서 확인할 수 있다.

그렇다면 결혼의 문제는 과연 무엇일까? 해밀턴 박사는 이렇게 말한다. "부부간 마찰의 대부분이 성적 부조화에서 기인하지 않는다고 말하는 것은 대단히 편향되거나 신중하지 못한 정신의학자나 할 법한 소리다. 어쨌든 성관계 자체가 만족스럽다면, 다른 어려움으로 인해 발생하는 마찰은 아주아주 많은 경우에 있어 큰 문제가 되지 않는다."

로스앤젤레스에 있는 가족 관계 연구소의 소장인 폴 포페노 박사는 수천 건의 결혼을 검토한 미국 최고의 가정생활 권위자이다. 포페노 박사에 따르면 결혼의 실패는 보통 4가지 원인으로 발생한다. 그가 제시한 순서는 다음과 같다.

1. 성적 부조화
2. 여가를 보내는 방식에 관한 의견 차이
3. 재정적 어려움

---

1 원제목: What's Wrong with Marriage? -옮긴이

4. 정신적, 신체적 또는 정서적 이상

여기서 주목할 점은 섹스가 첫 번째이고, 이상하게도 금전적인 어려움은 세 번째에 불과하다는 점이다.

이혼 관련 전문가들은 성적인 만족이 절대적으로 필요하다는 데 동의한다. 예를 들어 수천 건의 이혼 재판을 진행한 신시내티 가정법원의 찰스 W. 호프만Charles W. Hoffman 판사는 다음과 같이 발표했다. "이혼 소송의 열에 아홉은 성적인 문제가 원인이다."

유명한 심리학자 존 B. 왓슨John B. Watson은 이렇게 말했다. "섹스는 인생에서 가장 중요한 문제임이 틀림없다. 남성과 여성의 행복에 가장 많은 파멸을 가져오는 것도 명백한 사실이다."

우리 강좌에서 발표한 많은 현직 의사들이 사실상 이와 똑같은 말을 할 때가 많았다. 그렇다면 수많은 책과 교육이 존재하는 20세기에, 가장 원초적이고 자연스러운 본능에 무지하여 결혼이 파괴되고 삶이 망가져야 한다는 것은 실로 안타까운 일이 아니겠는가?

올리버 M. 버터필드Oliver M. Butterfield 목사는 18년 동안 감리교 목사로 활동한 후, 뉴욕시에 있는 가족상담소를 이끌기 위해 목사직을 포기했다. 그는 아마 현존하는 사람 중에서 누구보다도 많은 젊은이들의 주례를 맡았을 것이다. 그는 이렇게 말한다.

"이제 막 목사로 일하던 시절에 결혼 서약을 위해 찾아오는 많은 연인이 서로에 대한 사랑과 호의에도 불구하고 결혼 문맹이라는 사실을 발견했습니다."

결혼 문맹!

이어서 그는 이렇게 말했다. "결혼이라는 매우 어려운 적응을 우연에 맡긴다는 점을 고려하면, 이혼율이 16%에 불과하다는 것은 경이로운 일입니다. 끔찍한 수의 남편과 아내가 실제로 결혼한 것이 아니라 단순히 이혼하지 않은 채 일종의 연옥에서 살고 있습니다.

행복한 결혼은 대부분 우연의 산물이 아닙니다. 지능적이고 신중하게 계획되었다는 점에서 건축과 같습니다."

그 계획을 돕기 위해 버터필드 수년 동안 자신이 주례를 서는 모든 커플들에게 자신과 미래에 관한 계획을 솔직하게 논의해야 한다고 주장해 왔다. 그리고 이러한 논의의 결과, 그는 많은 약혼 당사자들이 "결혼 문맹"이라는 결론에 도달하게 되었다.

버터필드 박사는 "섹스는 결혼 생활에서 얻을 수 있는 여러 만족감 중 하나일 뿐이지만, 이것이 제대로 되지 않으면 다른 어떤 것도 제대로 될 수 없습니다."라고 말한다.

하지만 어떻게 해야 제대로 할 수 있을까?

계속해서 버터필드 박사의 말을 인용하겠다. "감정적으로 입을 다무는 행동은 객관적으로 토론할 수 있는 능력과 결혼 생활의 관행으로부터 초연한 태도로 대체되어야 합니다. 이 능력을 얻는 데는 건전한 배움과 좋은 취향이 담긴 책들을 읽는 것만큼 훌륭한 방법도 없습니다. 저는 제가 직접 쓴 〈결혼과 성적인 조화〉[2]라는 소책자 외에도 여러 좋은 책들을 꾸준히 나눠 주고 있습니다.

시중에 나와 있는 책들 가운데 전반적으로 제가 가장 만족스럽게 읽었던 책 3권이 있습니다. 이사벨 E. 허턴Isabel E. Hutton의 《결혼 생활에 필요한 성적 테크닉》[3], 맥스 엑스너Max Exner의 《결혼의 성적 측면》[4], 헬레나 라이트Helena Wright의 《결혼의 성적 요인》[5]입니다."

그러므로 "가정생활을 더 행복하게 만드는 방법"의 일곱 번째 원칙은:

결혼의 성적인 측면에 관한 좋은 책을 읽어라.

책으로 섹스를 배운다? 안 될 게 뭔가? 몇 년 전 컬럼비아대학교와 미국 사회 위생 협회는 교육계 인사들을 초청해 대학생들의 성과 결혼 문제에 관해 토론했다. 그 토론에서 포페노 박사는 이렇게 말했다. "이혼이 감소하고 있습니다. 감소하는 이유 중 하나는 사람들

---

2   원제목: Marriage and Sexual Harmony -옮긴이

3   원제목: The Sex Technique in Marriage -옮긴이

4   원제목: The Sexual Side of Marriage -옮긴이

5   원제목: The Sex Factor -옮긴이

이 성과 결혼에 관한 공인된 책들을 더 많이 읽고 있기 때문입니다."

따라서 나는 이 비극적인 문제를 과학적인 방식으로 진솔하게 다루는 책 목록을 추천하지 않고는 "가정생활을 더 행복하게 만드는 방법"에 관한 이번 장을 완성할 권리가 없다고 진심으로 생각한다.

《이상적인 결혼Ideal Marriage》

- 테오도어 헨드릭 반 데 벨데Theodoor Hendrik Van de Velde 의학 박사 저

유명 의사들이 양서로 추천하는 결혼 생활과 성관계에 관한 책

뉴욕시 매디슨가 457 랜덤하우스... 7.5달러

《인생의 성적 측면The Sex Side of Life》

- 메리 웨어 데넷Mary Ware Dennett 저

젊은 사람들을 위한 성생활에 관한 조언

뉴욕 우드사이드 56번가 32번지 저자 출판 0.25달러

《결혼과 성생활의 조화Marriage and Sexual Harmony》

- 올리버 M. 버터필드Oliver M. Butterfield 박사 저

뉴욕시 매디슨가 342번지 가족상담소... 0.50달러

《결혼의 성적 측면The Sexual Side of Marriage》

- M. J. 엑스너M. J. Exner 의학 박사 저

결혼 생활의 성 문제를 적절한 범위 안에서 유용하게 다룬 책

뉴욕시 5번가 70번지 WW 노튼 출판사 또는 뉴욕시 6번가 1230번지 포켓북 출판사

....2달러

《결혼 생활에 필요한 성적 테크닉The Sex Technique in Marriage》

- 이사벨 엠슬리 허턴Isabel Emslie Hutton 의학 박사 저

성 문제를 중심으로 결혼 생활을 더 행복하게 만드는 실제적 조언

뉴욕시 19번가 웨스트 251번지 에머슨 출판사......................................2달러

《부부의 사랑Married Love》

- 마리 C. 스토프Marie C. Stopes 저

부부 관계에 대한 솔직한 논의를 담은 책

뉴욕시 35번가 웨스트 370번지 우생학 출판사..0.25달러

《결혼 생활 매뉴얼Marriage Manual》

- 한나 스톤 & 에이브러햄 스톤Hannah and Abraham Stone 박사 공저

결혼과 성에 대한 실용적 안내서

뉴욕시 6번가 1230번지 사이먼 & 슈스터 출판사..2.50달러

《결혼한 여성The Married Woman》

- 로버트 A. 로스Robert A. Ross & 글래디스 H. 그로브스Gladys H. Groves

행복한 결혼 생활을 위한 실제적 조언을 담은 책

오하이오주 클리블랜드 110번가 웨스트 2231번지 월드 출판사................ 0.59달러

※ 본 내용은 《데일 카네기 인간관계론》 원서 내용을 그대로 옮긴 것으로, 여기에 적힌 주소와
가격은 현재의 상황과 맞지 않다는 점을 알려드립니다.

요약

가정생활을 더 행복하게 만드는
7가지 원칙

1. 절대로 잔소리하지 마라!!!

2. 배우자를 바꾸려 하지 마라.

3. 비난하지 마라.

4. 진심으로 고마움을 전하라.

5. 작은 관심을 기울여라.

6. 예의를 갖춰라.

7. 결혼의 성적인 측면에 관한 좋은 책을 읽어라.

결혼 생활 평가 설문지

〈아메리칸 매거진〉은 1933년 6월호에 에밋 크로지어Emmet Crozier가 쓴 "왜 결혼이 잘못되는가"라는 기사를 실었다. 다음은 그 기사에서 발췌한 설문지이다. 이 질문에 답하면 많은 도움이 될 것이다. 각 질문에 긍정적으로 답할 수 있는 항목에 10점씩 점수를 매기면서 질문에 답해 보아라.

남편용

1. 아직도 가끔 꽃을 선물하거나, 생일과 결혼기념일을 기념하거나, 예상치 못한 관심, 예상치 못한 다정함으로 아내에게 '구애'하고 있는가?

2. 다른 사람들 앞에서 아내를 비판하지 않도록 조심하는가?

3. 생활비 외에 아내가 자유롭게 쓸 수 있는 돈을 주는가?

4. 아내의 잦은 감정 변화를 이해하려고 노력하고 아내가 피곤하거나, 예민하거나, 짜증 나는 시기를 극복할 수 있도록 도와주려고 노력하는가?

5. 여가의 절반 이상을 아내와 함께 보내는가?

6. 칭찬할 때를 제외하고, 아내의 요리나 살림 솜씨를 당신의 어머니 또는 다른 집 아내와 비교하는 것을 적절하게 자제하는가?

7. 아내의 지적 생활, 취미 활동, 사회 활동, 독서 취향, 정치관 등에 관심을 표현하는가?

8. 아내가 다른 남자들과 춤을 추거나 그들에게 주목받아도 질투하는 발언을 하지 않는가?

9. 기회가 있을 때마다 아내를 칭찬하고 찬사를 표현하는가?

10. 단추를 달고, 양말을 꿰매고, 옷을 세탁소에 맡기는 일처럼 아내가 해 주는 작은 일에 고마움을 표현하는가?

아내용

1. 남편의 직장 생활에 완전한 자유를 부여하고 남편의 동료, 비서를 선택하는 방식, 근무 시간 등에 대한 비판을 자제하는가?

2. 흥미롭고 매력적인 가정을 만들기 위해 노력하는가?

3. 남편이 식탁에 앉을 때 무엇이 나올지 예상조차 못 할 정도로 음식 메뉴를 다양하게 준비하는가?

4. 남편의 사업을 지능적으로 파악하여 남편에게 도움이 될 수 있도록 논의할 수 있는가?

5. 경제적 어려움이 있어도 남편을 비난하거나 다른 사람과 비교하지 않고 씩씩하고 밝게 대처하는가?

6. 시부모님이나 다른 시댁 식구들과 잘 지내기 위해 특별한 노력을 기울이고 있는가?

7. 옷을 입을 때 남편이 좋아하거나 싫어하는 색상과 스타일을 신경 쓰는가?

8. 원만한 결혼 생활을 위해 사소한 의견 차이는 양보하는가?

9. 남편이 즐기는 취미를 배우기 위해 노력하고, 그 결과 남편과 여가를 함께할 수 있는가?

10. 남편과 지적 호기심을 공유하고자 그날의 뉴스, 새로운 책, 새로운 아이디어를 꾸준히 파악하는가?

이 책을 만들어 낸 대중 연설 강좌에
참석하기를 원하십니까?

네, 이러한 강좌는 현재 미국 전역에서 진행되고 있습니다. 언제든 이 수업 중 하나를 방문해 주시면 감사하겠습니다. 아래 뉴욕 사무실로 연락해 주시면 댁에서 가장 가까운 곳에서 진행되는 강좌를 알려 드리겠습니다.

데일 카네기의 효과적인 말하기와 인간관계 연구소

뉴욕주 뉴욕시 17, 42번가 이스트 50번지 B 구역

※ 본 내용은 《데일 카네기 인간관계론》 원서 내용을 그대로 옮긴 것으로, 이 책을 펴낸 출판사 상상스퀘어에서는 스피킹 강좌를 진행하고 있지 않습니다.

데일 카네기의 다른 저서들

《데일 카네기 링컨이야기Lincoln The Unknown》(2.50달러)

포레스트 힐스 출판사, 뉴욕 포레스트 힐스 71번 도로 31번지

이 책은 링컨의 생애에 관한 흥미롭고 극적인 사실들을 바쁜 현대인들을 위해 간략하고 간결하게 설명한다. 로웰 토머스는 이 책을 "미국 역사상 가장 놀라운 이야기"라고 평했고, 컬럼비아대학교의 전 역사학과 교수이자 유니언 대학의 현 총장인 딕슨 라이언 폭스 박사Dixon Ryan Fox는 "라파엘 사바티니Rafael Sabatini[1]의 소설만큼 극적인 매력이 있는 책"이라고 평했다.

---

1   이탈리아 출신의 영국 로맨스, 모험 소설 작가. -편집자

《데일 카네기 성공대화론Public Speaking and Influencing Men in Business》
(3. 50달러)

포레스트 힐스 출판사, 뉴욕 포레스트 힐스 71번 도로 31번지

이 책은 데일 카네기의 효과적인 말하기, 인성 개발 및 인간관계 강좌에서 사용하는 공식 교재이다.

《잘 알려진 사람들에 관한 알려지지 않은 사실들Little Known Facts About Well Known People》(2. 50달러)

포레스트 힐스 출판사, 뉴욕 포레스트 힐스 71번 도로 31번지

이 책은 데일 카네기가 NBC 방송의 프로그램 '말텍스'에서 다룬 유명인 50인의 이야기를 제공한다.

《데일 카네기 5분 성공습관Five Minute Biographies》(2. 50달러)

포레스트 힐스 출판사, 뉴욕 포레스트 힐스 71번 도로 31번지

데일 카네기가 라디오 프로그램에서 소개한 유명인들의 이야기 모음. 유명인의 인생 개요를 5분 안에 읽을 수 있도록 압축했다.

《데일 카네기 전기 모음Biographical Roundup》(2. 50달러)

그린버그 출판사, 뉴욕시 매디슨가 400

버나드 쇼부터 표트르 차이콥스키Pyotr Tchaikovsky, 드와이트 D. 아이젠하워Dwight D. Eisenhower에 이르기까지 40인의 유명인을 다룬

10분짜리 전기.

《데일 카네기 자기관리론How to Stop Worrying and Start Living》(2.95달러)
사이먼 & 슈스터 출판사, 뉴욕주 뉴욕시 20, 6번가 1230번지

이 책은 걱정을 떨쳐 내는 것에 관한 실용적이고, 구체적이며, 읽기 쉽고, 영감을 주는 안내서이다. 카네기는 이 책에서 내일 당장 실천할 수 있고 평생 지속할 수 있도록 불안감을 없애는 실용적인 방식을 제시한다.

※ 본 내용은 《데일 카네기 인간관계론》 원서 내용을 그대로 옮긴 것으로, 여기에 적힌 주소와 가격은 현재의 상황과 맞지 않다는 점을 알려드립니다.

찾아보기

이 책에서 가르치는 원칙들을
적용한 경험